Heidi Maria & Martin Kuhnle

Pfälzerwald

Wandern für die Seele

20 Wohlfühlwege

Alle Touren auf einen Blick

AUSZEITEN

WEITBLICKE

GENUSS

ENTSCHLEUNIGUNG

ERFRISCHUNG

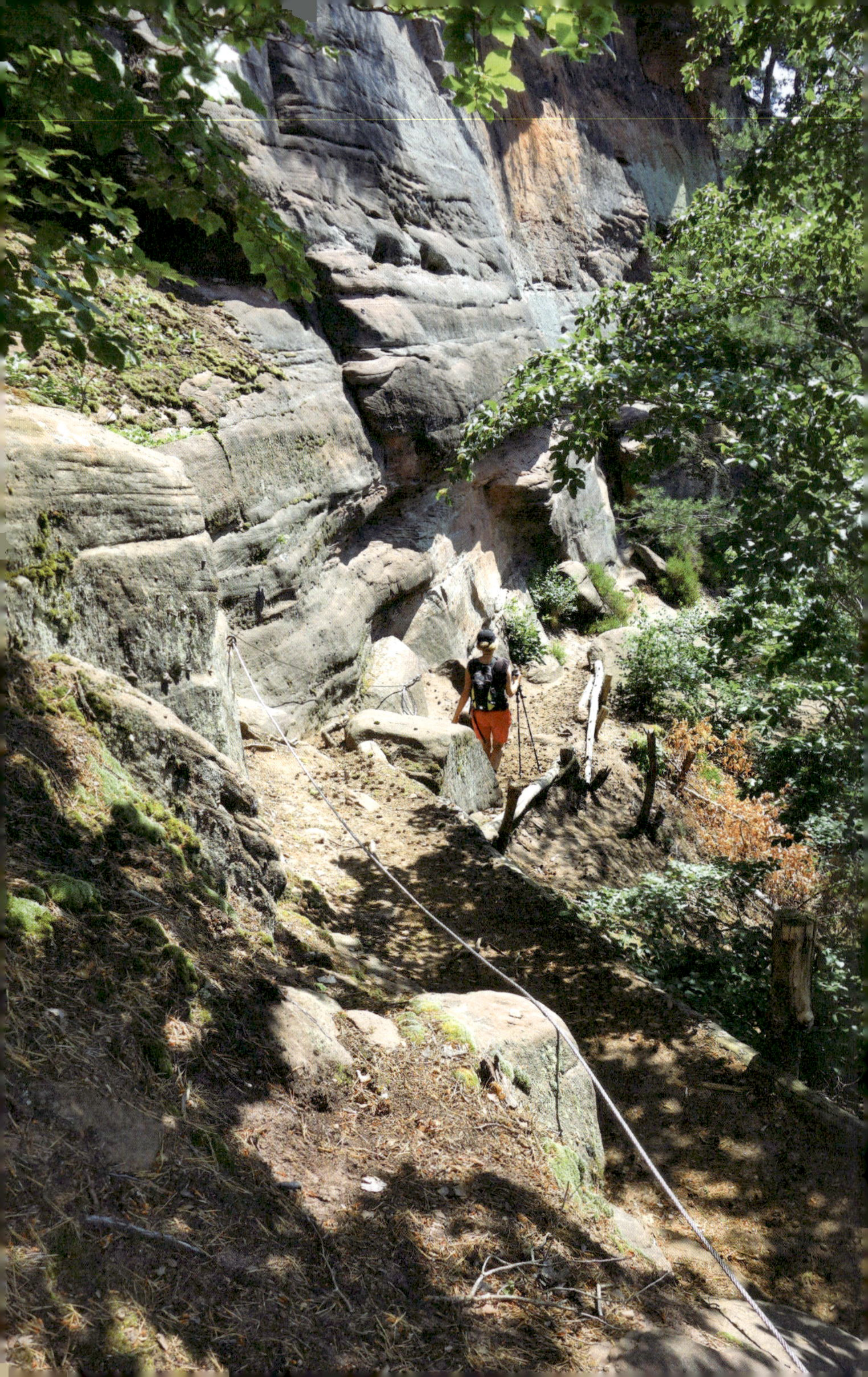

Liebe Wandersleute,

Kraft tanken, den Alltag vergessen und einfach mal in die Natur ein- und abtauchen – beim **Seelenwandern** in der faszinierenden Landschaft eines der größten zusammenhängenden Waldgebiete Mitteleuropas, dem ersten europäischen, grenzübergreifenden Biosphärenreservat Pfälzerwald-Nordvogesen, ist das möglich. Diese einzigartige **Premium-Wanderregion** bezaubert mit unvergesslichen Wandererlebnissen. Auf schmalen, naturbelassenen Pfaden wandelt man durch intensiv duftende Kiefernwälder und gelangt zu Pfälzerwaldhütten des Pfälzerwald-Vereins (PWV), die mit einer rustikalen Einkehr aufwarten. Jede Tour ist wie ein kleines Stückchen Urlaub, ja, sogar wie ein kleines Stückchen vom **Paradies.**

NATUR
KULTUR
GENUSS
TOUR
GPS-Tracks zum Download

Wir entdecken das Dahner Felsenland, die Schuhmetropole Hauenstein und können liebliche Städte wie Landau, Pirmasens, Bad Bergzabern, Neustadt an der Weinstraße, Kaiserslautern und Bad Dürkheim erkunden. Ungeahnte Weitblicke von den Gipfeln **monumentaler Sandsteinfelsen** sind garantiert, aber auch tiefgrüne Täler, kristallklare Bergbäche, malerische Weindörfer, mächtige Burgen und sagenumwobene Ruinen.

Lassen auch Sie sich vom Sehnsuchtsziel Pfälzerwald begeistern und erleben Sie das Wandern als vollendeten Hochgenuss. Eindrücke in Bild und Ton zu allen 20 Touren gibt es auf dem YouTube-Kanal „Wanderkult mit Martin Kuhnle“.

Ihre Heidi Maria & Martin Kuhnle

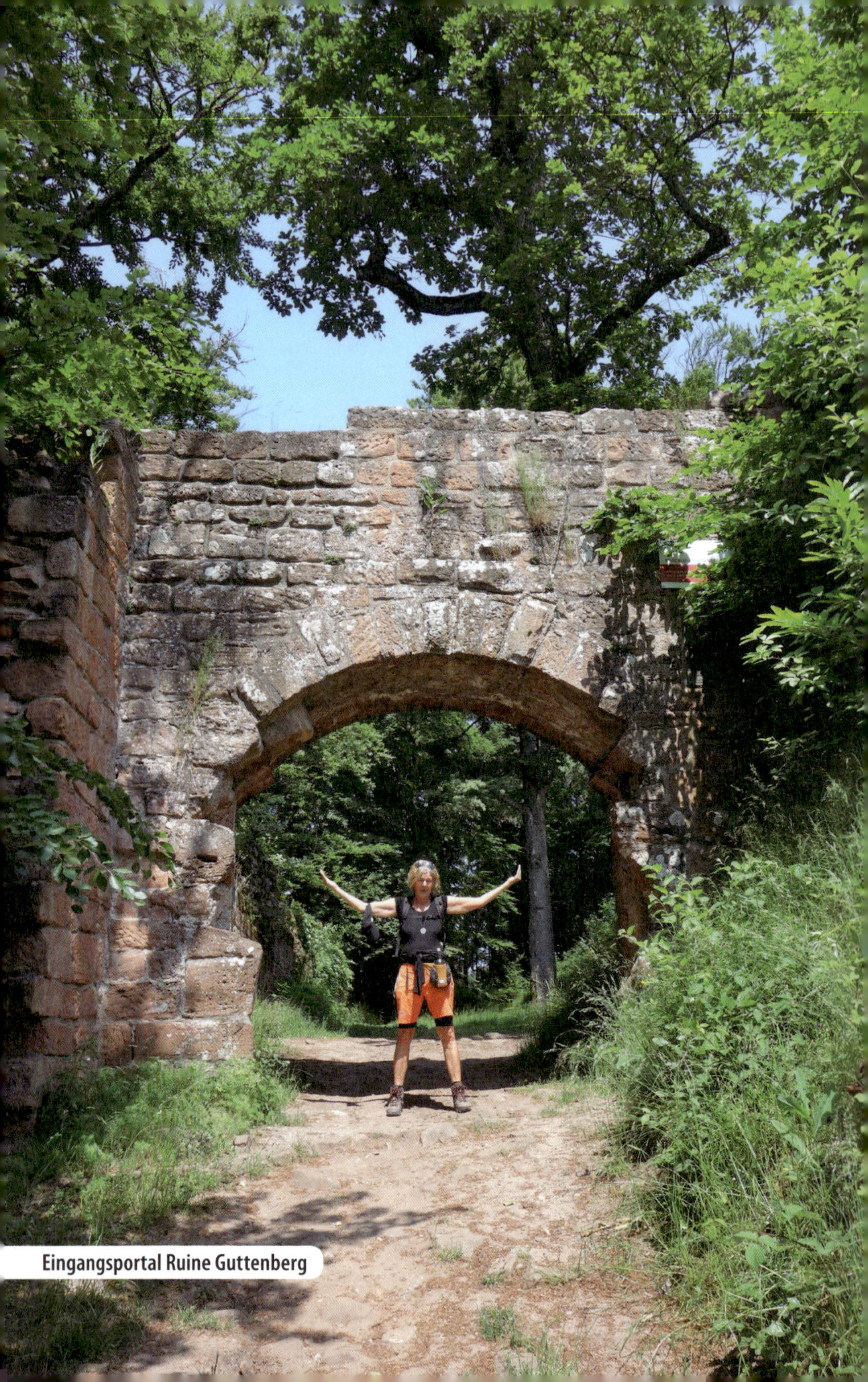

Eingangsportal Ruine Guttenberg

Dornröschenweg

Zur Ruine Guttenberg

Heute machen wir Station im Südwesten des Märchendorfs Dörrenbach. Wir freuen uns auf Begegnungen mit Hänsel und Gretel sowie Schneewittchen – uns erwarten grandiose Rundblicke mit viel Historie. Herzlich willkommen im zauberhaften Märchenwald bei Dörrenbach.

Los geht es am Waldparkplatz Am alten Bild: Wir folgen dem Weißer-Stein-Weg und der Markierung **rote Rose auf weißem Grund.** Gleich zu Anfang werden wir bei der Märchenstation von Schneewittchen begrüßt, was uns auf eine zauberhafte Wanderung einstimmt. Auf sandig weichem Boden schreiten wir durch den Wald zum Wegetreff **Vordere Drei Eichen.** Ein Schild erzählt uns von der düsteren Vergangenheit aus den 1945er-Jahren. Unfassbar diese Zeiten, vor lauter Sinnieren hätten wir fast die **❶ Holzhütte mit Rastplatz** übersehen. Wir gehen halb rechts auf einen Waldpfad zu und wandern andächtig, denn auf dem weiteren Wegverlauf finden wir einige Relikte aus dem Krieg vor. Tiefe Gräben verlaufen am Wegesrand. Der schöne Waldabschnitt lässt aber schnell vergessen, dass es hier einst zu kriegerischen Auseinandersetzungen kam. Unsere Wanderung führt noch einige Zeit am Westwallweg entlang, wo wir uns lieber auf die Schönheiten der Natur konzentrieren.

Am Farrenberg Ost schwenken wir kurz in einen breiten Weg ein und gehen wenig später halb links auf einen steinigen Pfad zu, dort durchwandern wir eine Bergflanke. Am Farrenberg West gehen wir vor der Schutz-

Kilometer: 10,5
Höhenmeter: 410
Stunden: 3,5
RUNDWEG

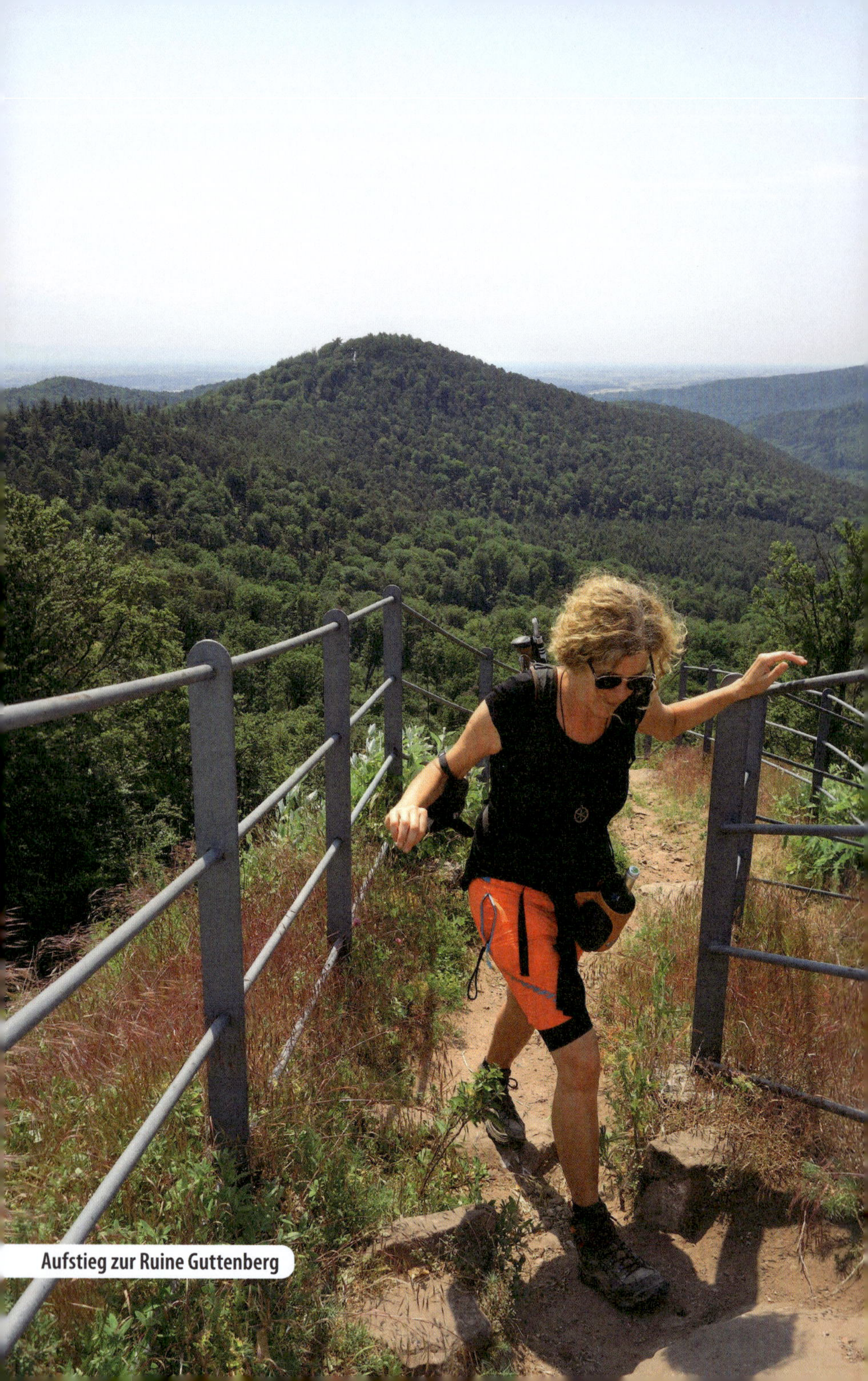

Aufstieg zur Ruine Guttenberg

hütte Drei Eichen links bergab und gelangen zu einem wildromantischen Pfad ins **Grünloch,** dem wir in bester Wanderlaune folgen. Am Wegesrand wächst vereinzelt Roter Fingerhut. Ein Anstieg leitet uns zum Wegetreff **Am Schloßberg,** der in zehn verschiedene Richtungen zeigt. Wir entscheiden uns, zur Ruine hinaufzusteigen, und folgen der rot-weißen Markierung des Pfälzer Weinsteigs. Der Anstieg im sonnendurchfluteten Wald fordert einige Schweißtropfen, ist aber die Mühe wert.

Für die Seele

In die Welt der Märchen eintauchen und rund um Dörrenbach den Tag genießen.

Nach dem kräftezehrenden Aufstieg werden wir belohnt, denn hinter dem Steinbogentor empfängt uns der Schlosshof der **❷ Ruine Guttenberg** auf 440 Metern Höhe. In den Sandstein gemeißelte Stufen bringen uns hinauf zu zwei Aussichtsstellen. Übrigens wurde diese Felsenburg im 12. Jahrhundert erbaut. Vom ersten Ausblick blicken wir über den Pfälzerwald und erkennen den Stäffelsbergturm, zu dem wir später noch hinüberwandern. Ein Meer aus Wald breitet sich in Form sanfter Hügelketten vor uns aus. Der zweite Ausblick ist ebenfalls beeindruckend. Hinter dem Rheingraben ragen der Schwarzwald und der Odenwald auf. Einmal mehr wird uns klar, warum Burgen und Schlösser früher in so exponierter Lage erbaut wurden. So konnte man die Gegend ideal beobachten, verteidigen und beherrschen.

*Das etwa 7 Quadratkilometer große **Mundatwaldterritorium** nebst Ruine fiel aufgrund der französischen Besatzungsverordnung 1949 Frankreich zu. Erst seit dem 1. Mai 1986, als der staatsrechtliche Zustand wiederhergestellt wurde, ist dieser Landstrich wieder deutsch.*

Während wir wieder hinunter in den Schlosshof steigen, beobachten wir Eidechsen, die im alten Gemäuer ihren Unterschlupf gefunden haben. Auf der Frontseite, quasi im Innenhof der Ruine, erkennen wir teils alte Inschriften, die in den mächtigen Sandsteinfelsen gemeißelt wurden. Andächtig verlassen wir durch den Torbogen diesen historischen Platz, an dem einst die hohen Herren und Damen residierten, und gehen dann scharf rechts auf den Pfad zu, der uns flott wieder hinab zum Zehnwegetreff leitet. Dort angekommen, halten wir uns an unsere alte Markierung der roten Rose auf weißem Grund, wandern nun halb links und gewinnen rasch an Höhe, während uns die Mittagssonne den Rücken wärmt. An der Flanke des Kanzelbergs laufen wir rechts, durch den lichten Wald schweift unser Blick hinaus ins flache Land. Völlig entspannt können wir diesen Wegabschnitt nun mit allen Sinnen genießen. Bei einer kleinen Achtsamkeitsübung werden wir uns völlig der Umgebung bewusst und riechen die würzig-harzige Waldluft, hören das Zwitschern der Vögel, sehen den zauberhaften Wald und ertasten die Rinde eines Baumstamms. Eine fantastische Übung, um den Augenblick im Hier und Jetzt ganzheitlich in uns aufzunehmen.

Weiter geht's. Die Ausschilderung führt uns zur ❸ **Schutzhütte** am Parkplatz **Drei Eichen.** Dort halten wir uns nun rechts der Straße an den urig verwachsene Pfad, der uns links bergab führt, und gehen völlig

Ausblick vom Stäffelsbergturm

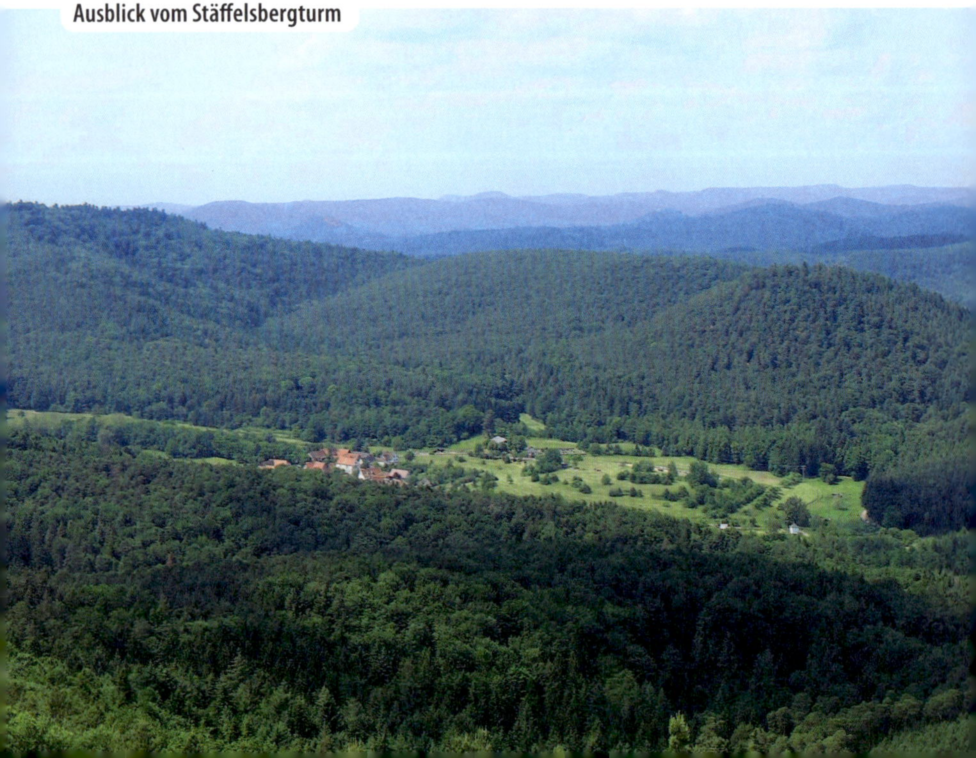

mit der Natur auf Tuchfühlung. Auf diesem Abschnitt entdecken wir mitten im Dickicht den Schwarzen Holunder. Weiter des Wegs gelangen wir zu einem Forstweg, dem wir nach rechts folgen. Nach wenigen Metern und Gehminuten erreichen wir den 4 **Eulenplatz.** Hier beginnt nun der nächste Anstieg, den wir locker bewältigen und wo wir beim Wasserspeicher Rödelstal auf den Gebrüder-Grimm-Märchenweg treffen. Die liebevoll gestalteten Stationen sind alle mit Infotafeln und der Kurzfassung des Märchens versehen. Erst empfängt uns das Märchen „Die Sterntaler“, im weiteren Anstieg erreichen wir „Hänsel und Gretel“ am Hexenhaus und nach ein paar weiteren Metern „Tischlein deck dich“. Ab hier geht es neben mächtigem Buntsandstein nochmals steil aufwärts, bis wir am 5 **Stäffelsbergturm** auf 472 Metern Höhe angekommen sind. Stolze 123 Stufen bringen uns auf den Turm, der mit einem sensationellen Rundumblick aufwartet.

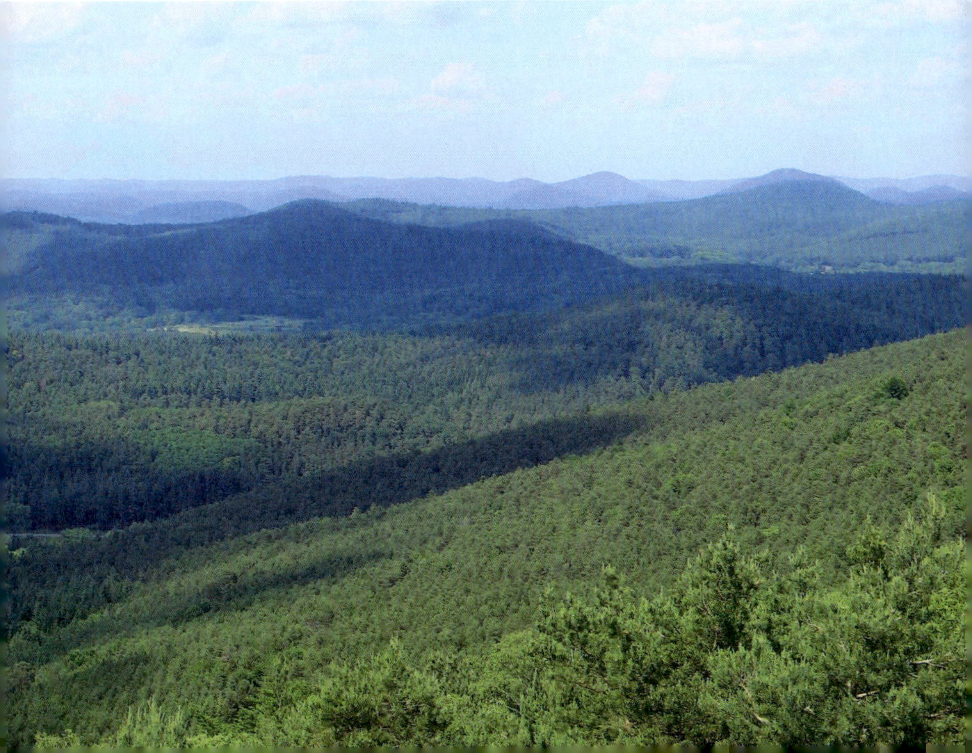

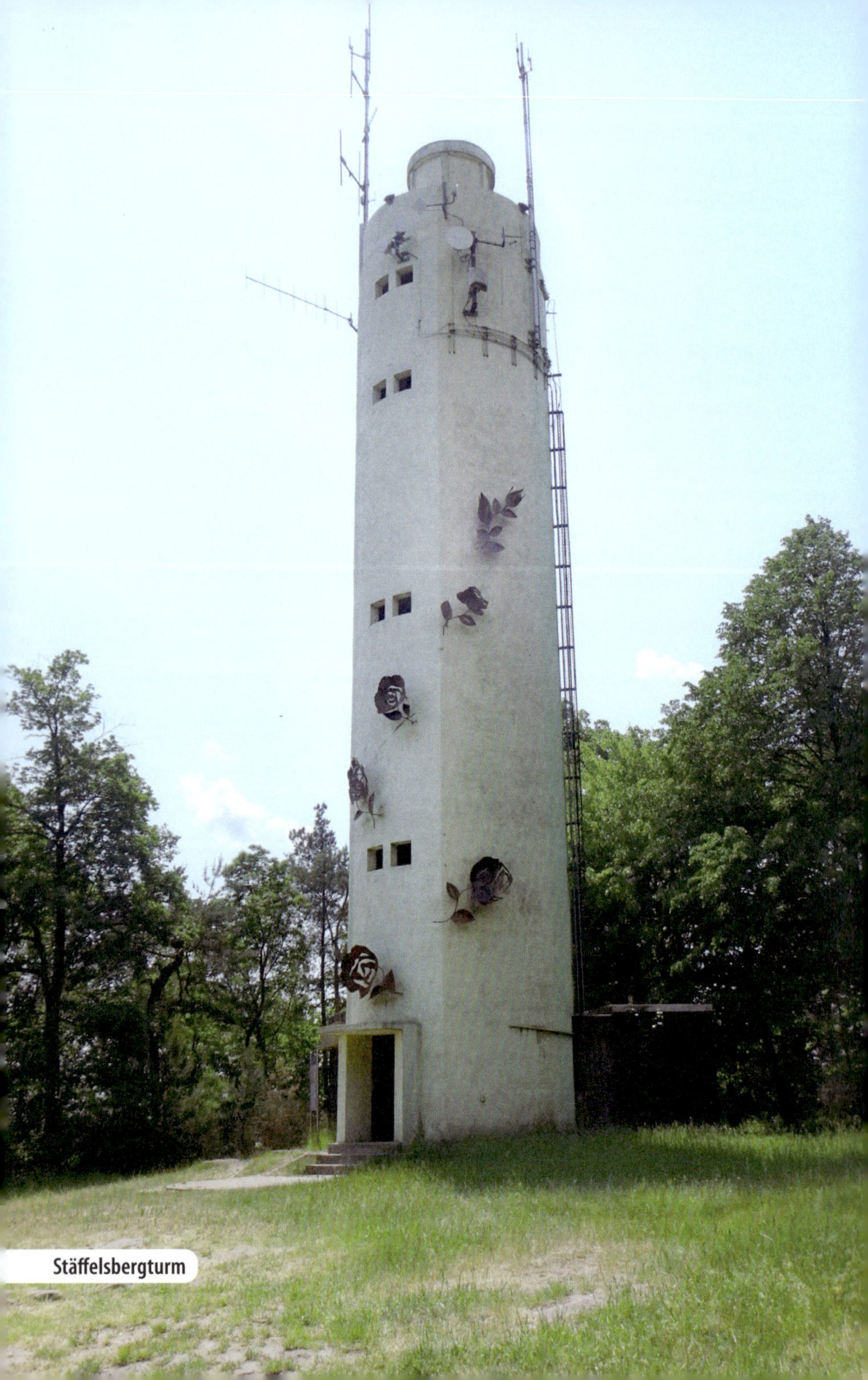

Stäffelsbergturm

Wir sind überwältigt, Bad Bergzabern liegt uns zu Füßen, der Schwarzwald ragt stolz am Horizont auf. Im Rheintal schlummert und schimmert Karlsruhe. Sanft weht der Wind durch unsere Haare. Wow, ist das schön, ein fantastischer Ausblick, bei dem unser Herz aufgeht.

Nachdem wir wieder hinabgestiegen sind, beschließen wir kurzerhand, in dieser erhabenen Aussichtslage eine Vesperpause einzulegen, denn es gibt mehrere Sitz- und Rastmöglichkeiten. Genüsslich verspeisen wir unsere Brote und sind bester Laune, als wir uns wieder aufmachen, um talwärts zu marschieren. Nach der **Station „Rapunzel"** biegen wir links ab. Gechillt lassen wir nun so langsam unsere Wanderung auslaufen, genießen dabei die friedliche Atmosphäre und freuen uns, dass wir so einen schönen Wandertag erleben durften. Entspannt erreichen wir einige Zeit später unseren Startpunkt und entscheiden spontan,

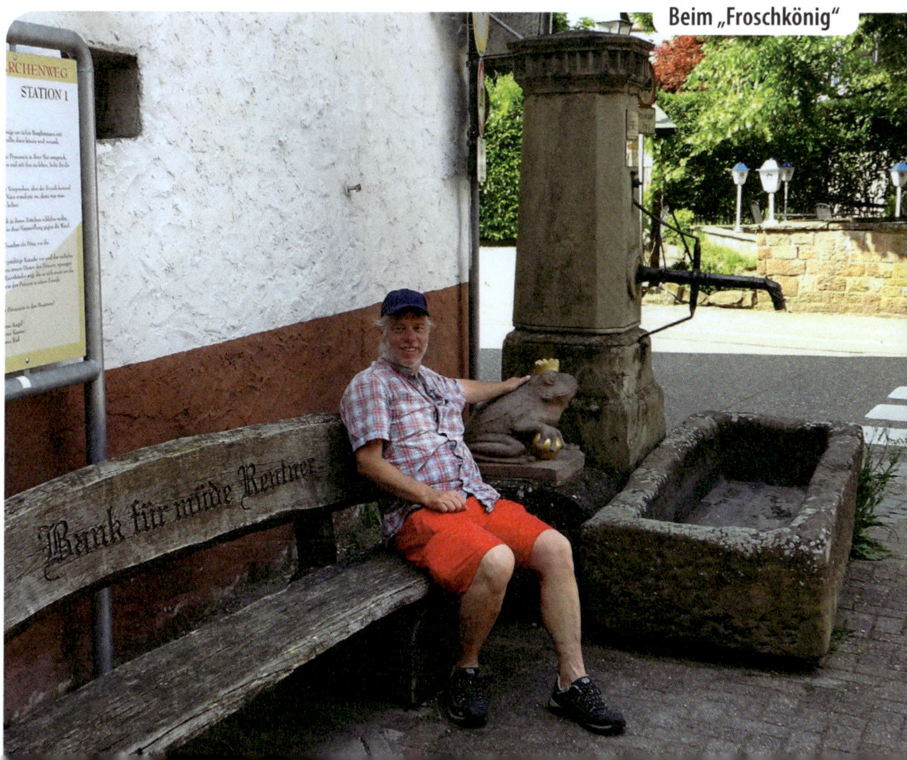

Beim „Froschkönig"

dem hübschen Fachwerkdorf **Dörrenbach** noch einen kurzen Besuch abzustatten.

Unterwegs treffen wir an einem Spielplatz auf die Station „Dornröschen" und flanieren in den malerischen Gassen des Weindorfs am Rathaus und der Wehrkirche vorbei. Schräg gegenüber der **6 Weinstube Unter der Linde** finden wir noch den „Froschkönig". Nun haben wir alle Stationen des Märchenwegs erkundet und kehren zum krönenden Abschluss in der Weinstube ein, um den Tag gebührlich ausklingen zu lassen. Wir gönnen uns einen Klassiker aus der Pfalz: Bratwurst mit Kraut – geschmeckt hat's. Eine gelungene Wanderung mit vielen Highlights in einer bezaubernden Gegend – was will man mehr?

*Ob **Dornröschen** oben auf der Burg Guttenberg lebte und nach dem bösen Fluch 100 Jahre lang schlief, bleibt Märchenfantasie, aber der Gedanke ist auf dem Dornröschenrundwanderweg nicht ganz abwegig.*

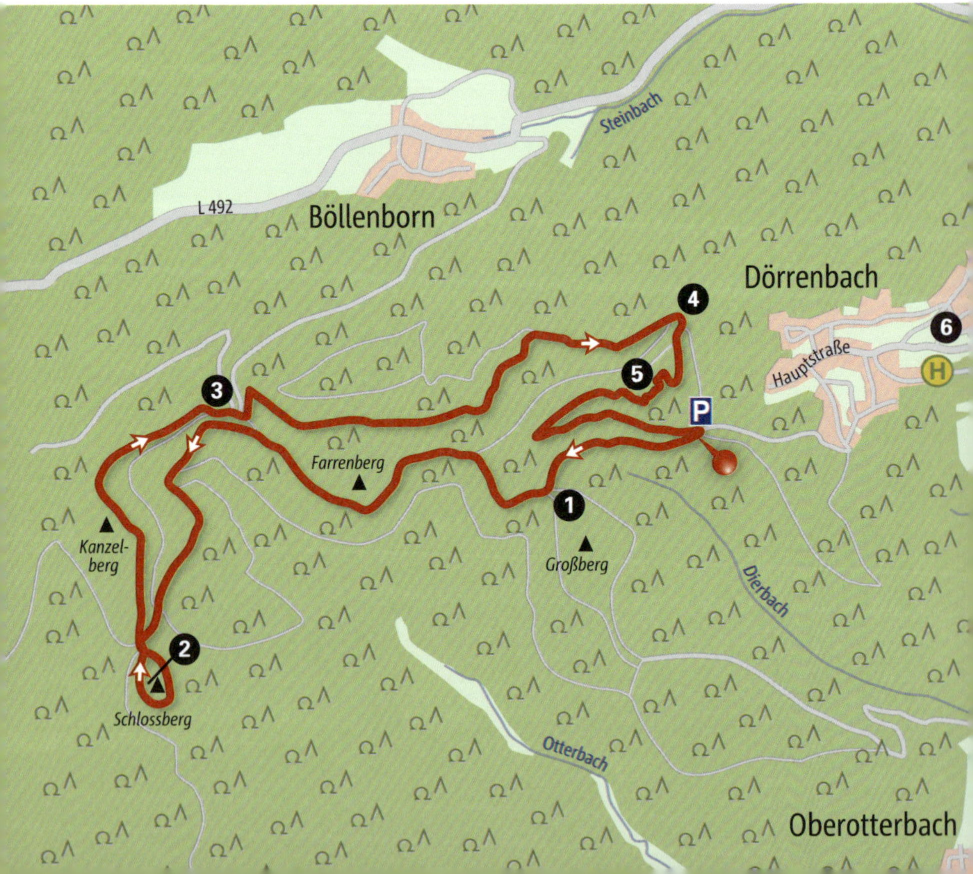

ALLES AUF EINEN BLICK

Entspannung 5/5
Abenteuer 5/5
Vielfalt 5/5

WIE & WANN

Die Wege sind meistens schmale Pfade, aber auch breitere Waldwege. Beste Wanderzeit von März bis November.

HIN & WEG

Auto: Waldparkplatz Am alten Bild, Stäffelsbergstraße, 76889 Dörrenbach
ÖPNV: Haltestelle Dörrenbach Ort, ca. 1,5 Kilometer Fußweg

ESSEN & ENTSPANNEN

6 **Weinstube Unter der Linde,** Hauptstraße 8, 76889 Dörrenbach, Tel. (0 63 43) 93 98 03

ENTDECKEN & ERLEBEN

1 **Holzhütte mit Rastplatz**
2 **Ruine Guttenberg**
3 **Schutzhütte Drei Eichen**
4 **Eulenplatz**
5 **Stäffelsbergturm**

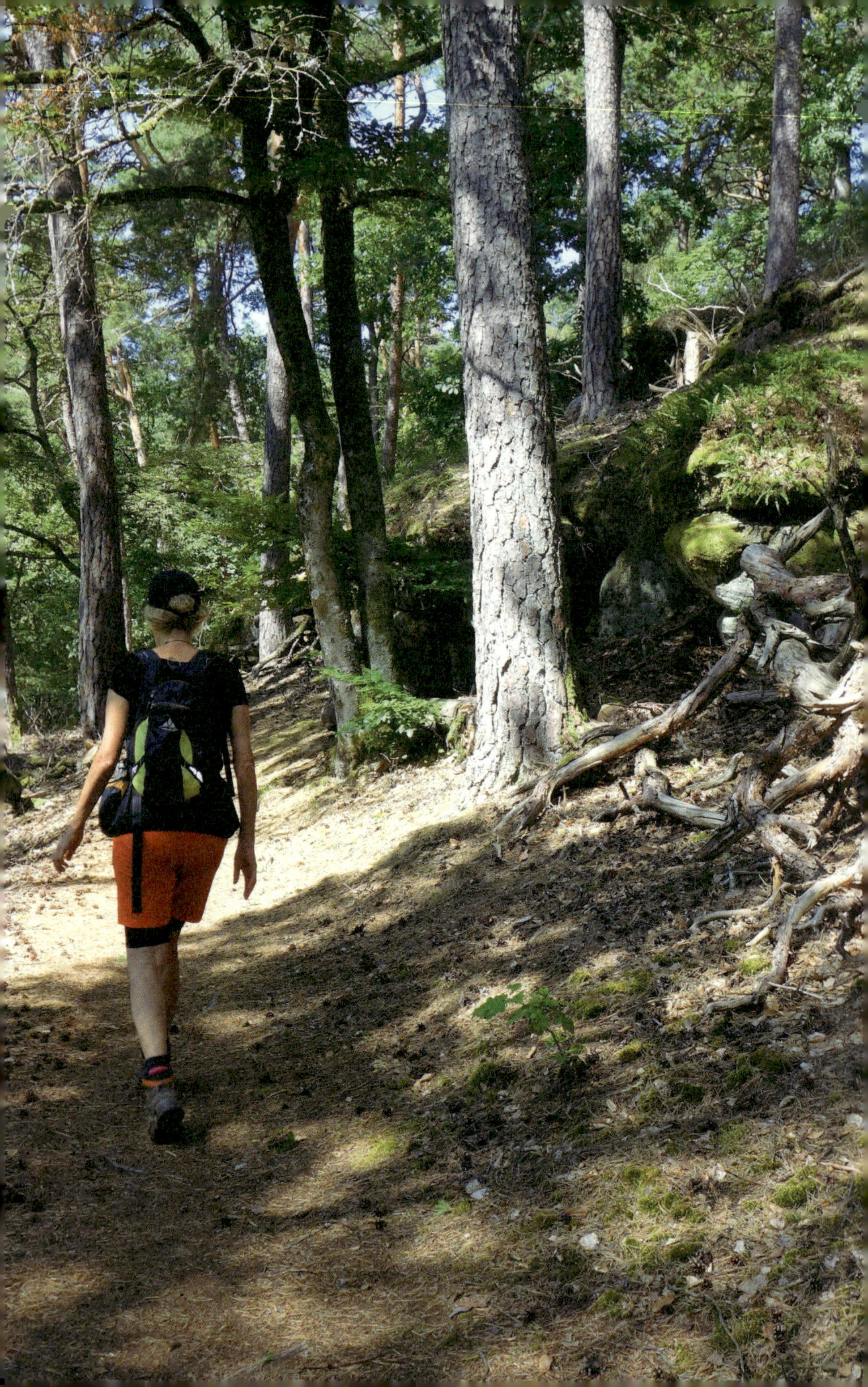

Traumpfade

Zum Waldhaus Drei Buchen

Auf nach Lemberg zum Rothenbergfelsen, einer anmutigen und bizarren Felsformation, die immer neue Facetten von sich preisgibt. Wir genießen nicht nur die natürliche Stille, sondern wandern bergauf und bergab durch reizende Wald- und Felsenpfade, streifen ein liebliches Wiesental und das Waldhaus Drei Buchen. Unterwegs erfreuen wir uns an der wunderbaren Naturküche, die uns immer wieder dazu einlädt, innezuhalten.

In Lemberg am Sportplatz starten wir unseren Ausflug und sind schon voller Vorfreude auf den heutigen Tag. Schnell entdecken wir unsere Markierung: ein **weißes Wandergespenst auf rotem Grund.** Gleich schon führt uns der Weg bergwärts; ein mitunter schmaler Pfad bringt uns hinauf zum faszinierenden **❶ Rothenbergfelsen** auf 390 Metern Höhe. Tief beeindruckt stehen wir erst einmal unterhalb des mächtigen Sandsteinmassivs. Ab diesem Schnittpunkt, auf den wir beim Rückweg wieder treffen, sind zwei Richtungsvarianten möglich.

Wir entscheiden uns zuerst für die Höhenvariante und wählen den Weg scharf rechts. So umwandern wir quasi den steinigen Koloss, der sich uns aus immer neuen Perspektiven zeigt. Bild für Bild knipsen wir und sind beim Weitergehen jedes Mal neu begeistert. Ein kurzer Stichweg führt optional hinauf zum **Lembergblick.** Leider ist der Ausblick stark verwachsen, was den Anblick dieser Naturschönheit aber nicht schmälert. Weiter folgen wir der gespenstischen Aus-

Kilometer: 10
Höhenmeter: 240
Stunden: 3,5
RUNDWEG

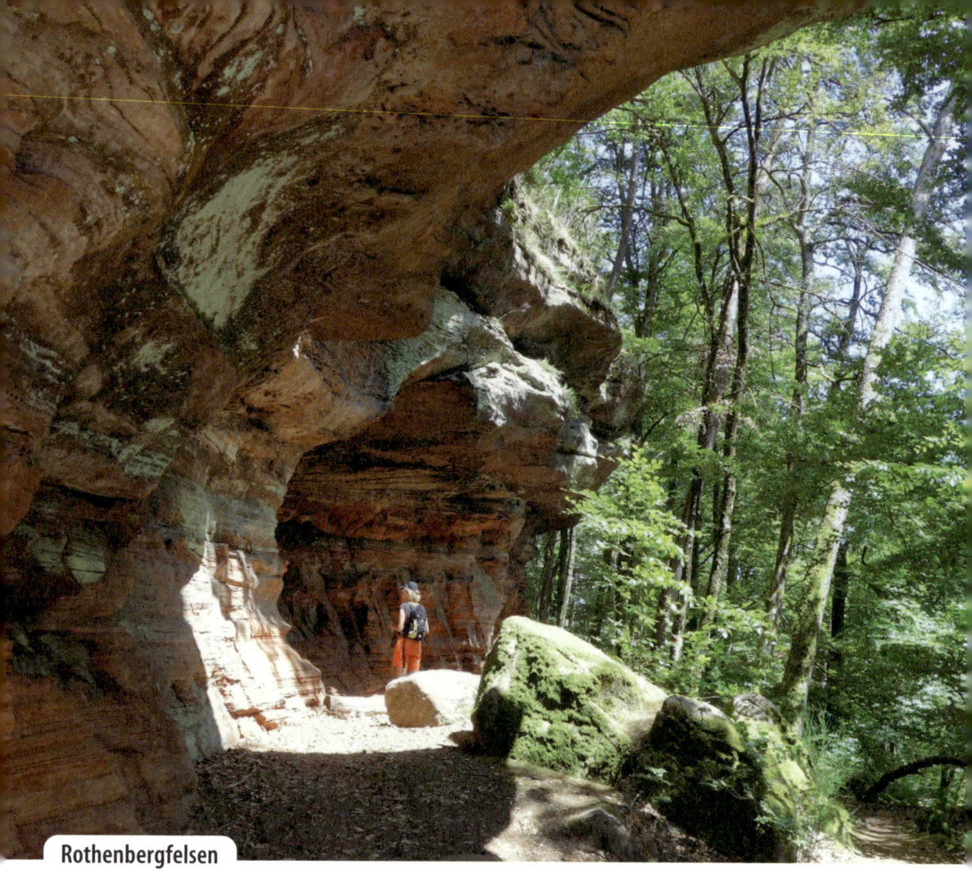

Rothenbergfelsen

schilderung auf diesem traumhaften Pfad und wandern entspannt über den Bergrücken, immer wieder mit dem Finger am Auslöser der Kamera, denn wir wollen unbedingt jede kleine Besonderheit festhalten. Völlige Stille umgibt uns, bis auf den Klang der Lemberger Kirchenglocke, den wir bis zu uns herauf vernehmen können.

Wir folgen dem Weg weiter und an einem warmen Sommertag wie heute freut uns die erfrischende Kühle des Walds. Bald erreichen wir den ❷ **Aussichtspunkt Gottfriedsruhe** auf 420 Metern Höhe und können über das Buchbachtal und tief ins Biosphärenreservat des Pfälzerwalds blicken. Einfach grandios, quasi ein idealer Platz für ein Selfie, das wir auf unserem Status posten. Munter und verzückt von der großartigen Aussicht wandern wir weiter und erleben pure Waldromantik.

Buntsandstein, typisch für den Pfälzerwald, säumt unseren Weg, während wir den Duft des Kiefernwalds völlig in uns aufnehmen. Das sind die kleinen Streicheleinheiten für die Seele. Zwei Spitzkehren lassen uns die Richtung ändern, dann geht es weiter talwärts. Der Wegverlauf wirkt auf uns wie eine Filmkulisse, denn alles um uns herum scheint so unwirklich still und bewegungslos, wie für uns inszeniert. Verrückter Gedanke.

Für die Seele

Auf dem Rothenbergfelsen schlagen Herzen höher, wir wandeln auf herrlichsten Traumpfaden.

Bald wechselt das Stimmungsbild und wir gelangen in ein mystisch wirkendes Waldstück. Bäume knarren und die Wipfel raunen gemächlich im Wind. Der Pfad führt uns an Farnen und wilden Pflanzen vorbei, wir kommen uns vor wie im Urwald. Wenn wir uns im bewussten Gehen üben und auf den Boden blicken, sehen wir die fleißigen Waldameisen emsig ihre tägliche Arbeit verrichten.

Bei einem Wasserspeicher biegen wir jetzt links ab, laufen über den **3 Damm der Rodalbe** und gelangen zu

Aussichtspunkt Gottfriedsruhe

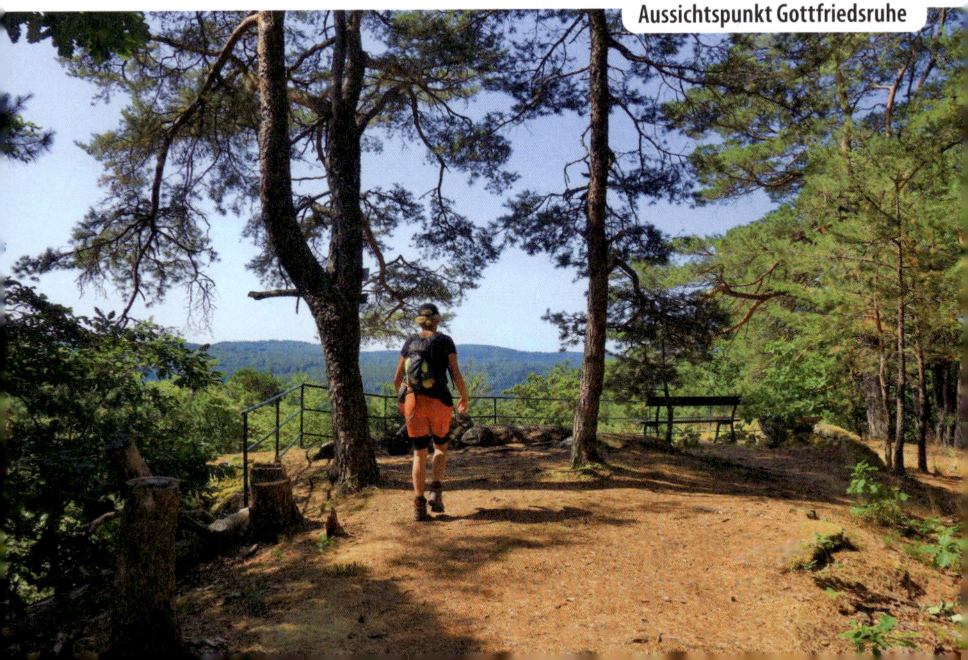

einem festen Weg, dem wir dann nach links folgen. Am Wegesrand wachsen überall leckere Himbeeren, die uns den Weg versüßen. Ist es nicht großartig, was Mutter Natur so alles zu bieten hat? Einfach köstlich. Im idyllischen **Rodalbetal** wandern wir noch vor dem **4 Quellbrunnen** nach links und kreuzen ein liebliches Wiesental. Auf der linken Talseite kommen wir ins Schlendern, denn die schöne Landschaft lädt uns zum genüsslichen Wandern ein. Das satte Grün hier unten bietet uns eine willkommene Abwechslung zu den waldigen Abschnitten und hält eine erlesene Auswahl von Beeren und Wiesenkräutern für uns bereit. Langsam tauchen wir nun wieder in den Forst ein und folgen dann halb links dem historischen Wanderweg Felsenpfad. In uriger Atmosphäre wandern wir an Felsen vorbei, bald leitet uns ein Forstweg links zum **5 Waldhaus Drei Buchen (PWV).**

Nach einer zünftigen Einkehr mit Elsässer Flammkuchen und Wurstsalat mit Bratkartoffeln laufen wir fast wie von allein den Forstweg sanft bergauf. So eine gute Brotzeit verbunden mit einer angemessenen Pause gibt Kraft in den Beinen und neuen Elan. Kleines Springkraut wächst rechts und links am Wegesrand. In der Homöopathie wird es als Brechmittel oder als harntreibender Tee genutzt, allerdings sollte man es nicht einfach so probieren, da es im rohen Verzehr leicht giftig wirken kann. Nach einer Kuppe gehen wir links weiter und halten uns nach 200 Metern am Mühlberg geradeaus. Der naturbelassene Waldweg leitet uns über welliges Terrain. Die Hohe Straße leitet über den Bergkamm zum Westrich, bei dem wir uns nun rechts halten. Im Abstieg geht es felsig zum Waldrastplatz am **6 Keimskreuz.** Hier kann man eine kleine Pause einlegen. Tiefe Gräben durchfurchen den Waldboden, ein bizarres Bild.

*Das **Keimskreuz** erinnert an den Erlenbrunner Förster Friedrich Keim, der am 15. Mai 1870 von einem Wilderer erschossen wurde.*

Nun bringt uns ein Pfad zur Kreuzung Schönhöfel, wo wir rechts in den Hohlweg abbiegen und zur wunderschönen **7 Holzhütte am Schönhälsel** gelangen. Weiter auf dem Saumpfad lenkt unser Fokus uns wieder auf den imposanten **Rothenbergfelsen,** über den wir bereits am Anfang gewandert sind. An einer Gabelung halten wir uns nun links und gelangen zum Fuß des gewaltigen Sandsteins. Vielleicht schaffen wir es ja, die Kräfte des Felsens in uns zu aktivieren, wenn wir uns in einer der tiefen Nischen hochhangeln. Übermächtig und stolz präsentiert sich der Fels aus dieser Perspektive. An dem bizarren Ensemble aus Orange-, Ocker- und

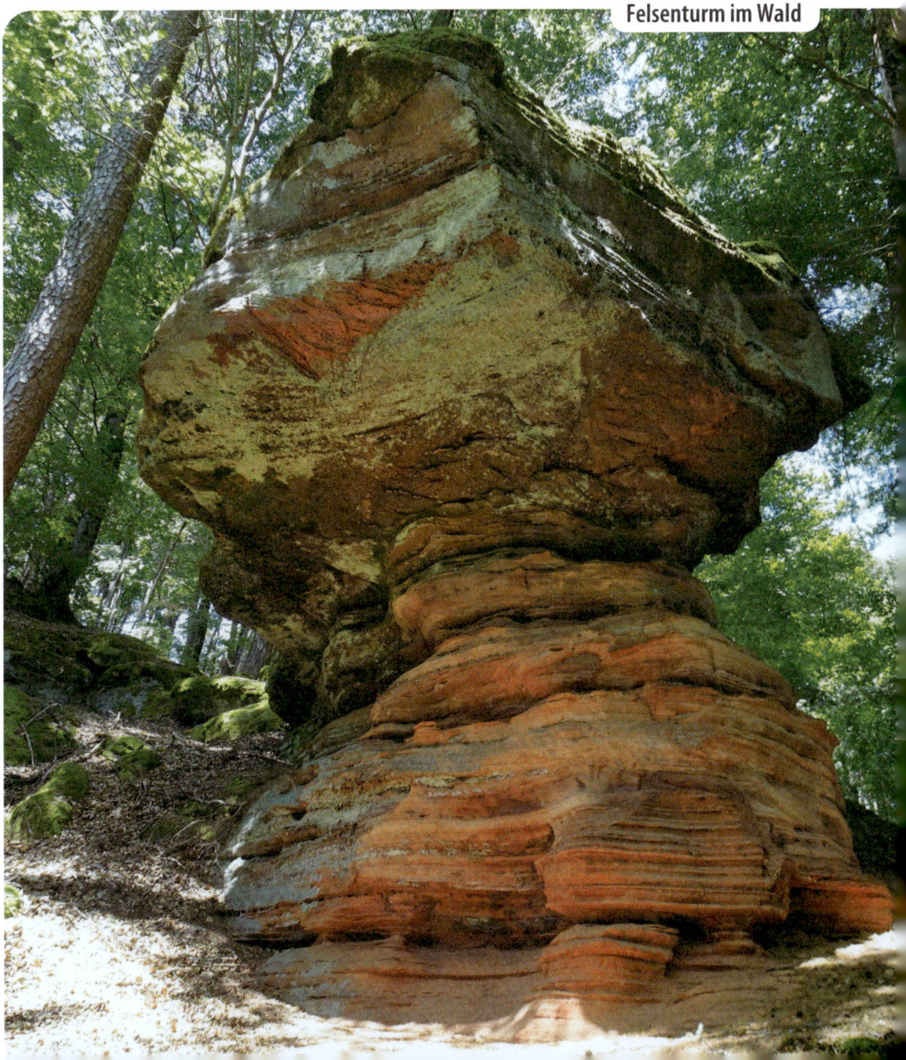

Felsenturm im Wald

Brauntönen können wir uns kaum sattsehen. Immer wieder zücken wir die Kamera, selbst die Rillen und Einkerbungen, die auf Erosion zurückzuführen sind, liefern uns eindrucksvolle Bilder.

Bald haben wir den Anfangsschnittpunkt wieder erreicht und können die Wanderung jetzt gemütlich ausklingen lassen und uns völlig dem schönen Rückweg hingeben. Nun folgen wir nur noch der gespenstischen Ausschilderung – und sind auch schon wieder an unserem Parkplatz angekommen. Völlig relaxt ziehen wir unseren Rucksack vom Rücken, der heute prall gefüllt mit schönen Eindrücken und genialen Bildern ist. Eine kurzweilige Tour mit viel Erlebnispotenzial.

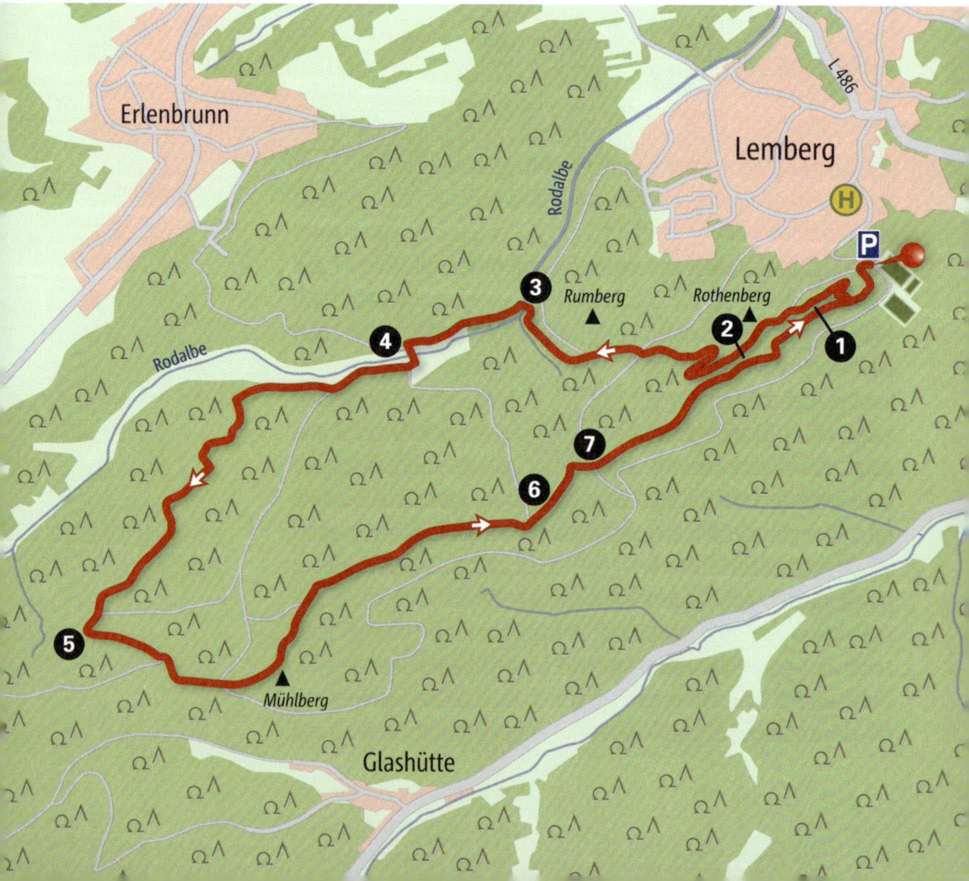

ALLES AUF EINEN BLICK

Entspannung ●●●●●
Abenteuer ●●●●○
Vielfalt ●●●●●

WIE & WANN

Die Wege sind oft Waldpfade und im Rodalbetal teils asphaltiert.
Beste Wanderzeit von März bis November.

HIN & WEG

Auto: Wanderparkplatz am Sportplatz des SV Lemberg, Laubbrunnerstraße 27, 66969 Lemberg
ÖPNV: Haltestelle Lemberg Kindergarten, ca. 600 Meter Fußweg

ESSEN & ENTSPANNEN

5 **Waldhaus Drei Buchen (PWV),** Kettrichhof, 66969 Lemberg, Tel. (0 63 35) 52 28, www.dreibuchen-lemberg.de

ENTDECKEN & ERLEBEN

1 **Rothenbergfelsen**
2 **Aussichtspunkt Gottfriedsruhe**
3 **Damm der Rodalbe**
4 **Quellbrunnen**
6 **Keimskreuz**
7 **Holzhütte am Schönhälsel**

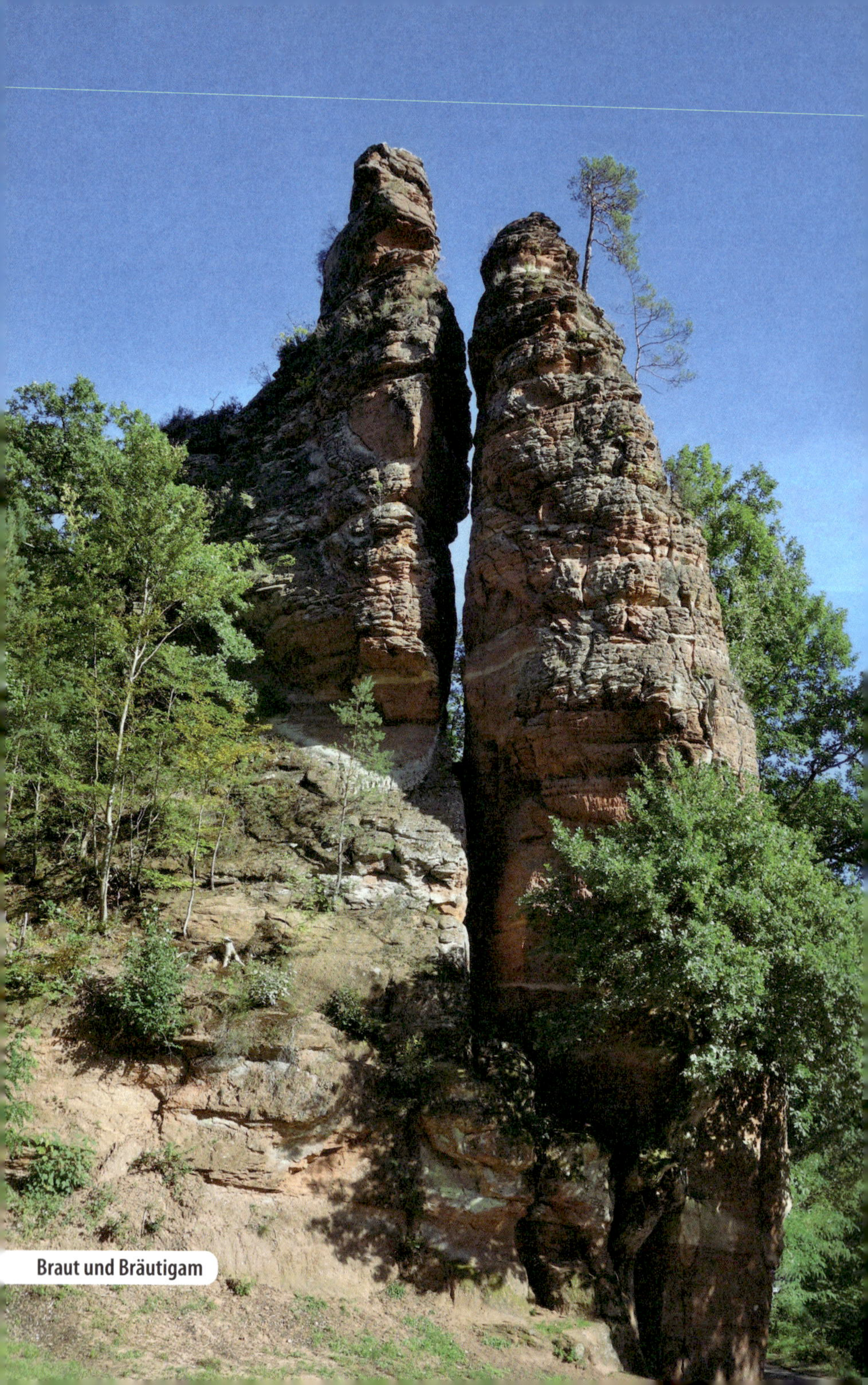

Braut und Bräutigam

Land der Steine

Dahner Felsenpfad

Die heutige Wanderetappe kann man wahrlich als prämierte Königstour bezeichnen, denn sie führt von einem bizarren Felsen zum nächsten. Sie verspricht alles, was das Wanderherz begehrt – nur naturnahe Pfade, schöne Wälder, herrliche Täler und Bachauen, faszinierende Aussichten und sportliche Anstiege. Und für alle, die noch höher hinauswollen, ermöglicht sie sensationelle Weitblicke, die über gesicherte Kletterpassagen zu erreichen sind. Auf den gemütlichen Passagen können wir unsere Seele baumeln lassen.

Die kurzweilige Tour bietet von mehreren Kanzeln extrem schöne Aussichten auf das ***Felsenland.***

Wir starten in Dahn am **Parkplatz 7** und sind sofort extrem begeistert von der mächtigen Felsformation des Büttelfelsens. Wow, was für ein gigantischer Fels, der da oben thront und mit seiner großen Öffnung zu uns heruntergrüßt. Wie es sich wohl anfühlt, wenn wir selbst dort oben stehen?

Wir folgen dem Zuweg nach links, wandern dem Pfaffenfelsen entgegen und biegen gleich nach dem Hotel Felsenland und dem Steakhouse FelsenGraf scharf links ab. Erst mal geht es einige Meter gemütlich geradeaus, neben uns türmen sich prächtige Felsen. Beim Campingplatz gehen wir rechts und folgen der **gelb-schwarzen Felsenpfad-Markierung.** Der sandige Weg leitet uns hoch zum ❶ **Pfaffenfelsen** auf 283 Metern. Der Aufstieg bringt uns richtig in Schwung und alsbald auf Betriebstemperatur. Von der Aussichtsplattform entdecken wir unter uns das **Felsland Badeparadies** – wer seine Badesachen im Gepäck hat, kann sich nach der Wanderung dort etwas entspannen.

Kilometer: 13,9
Höhenmeter: 400
Stunden: 5
RUNDWEG

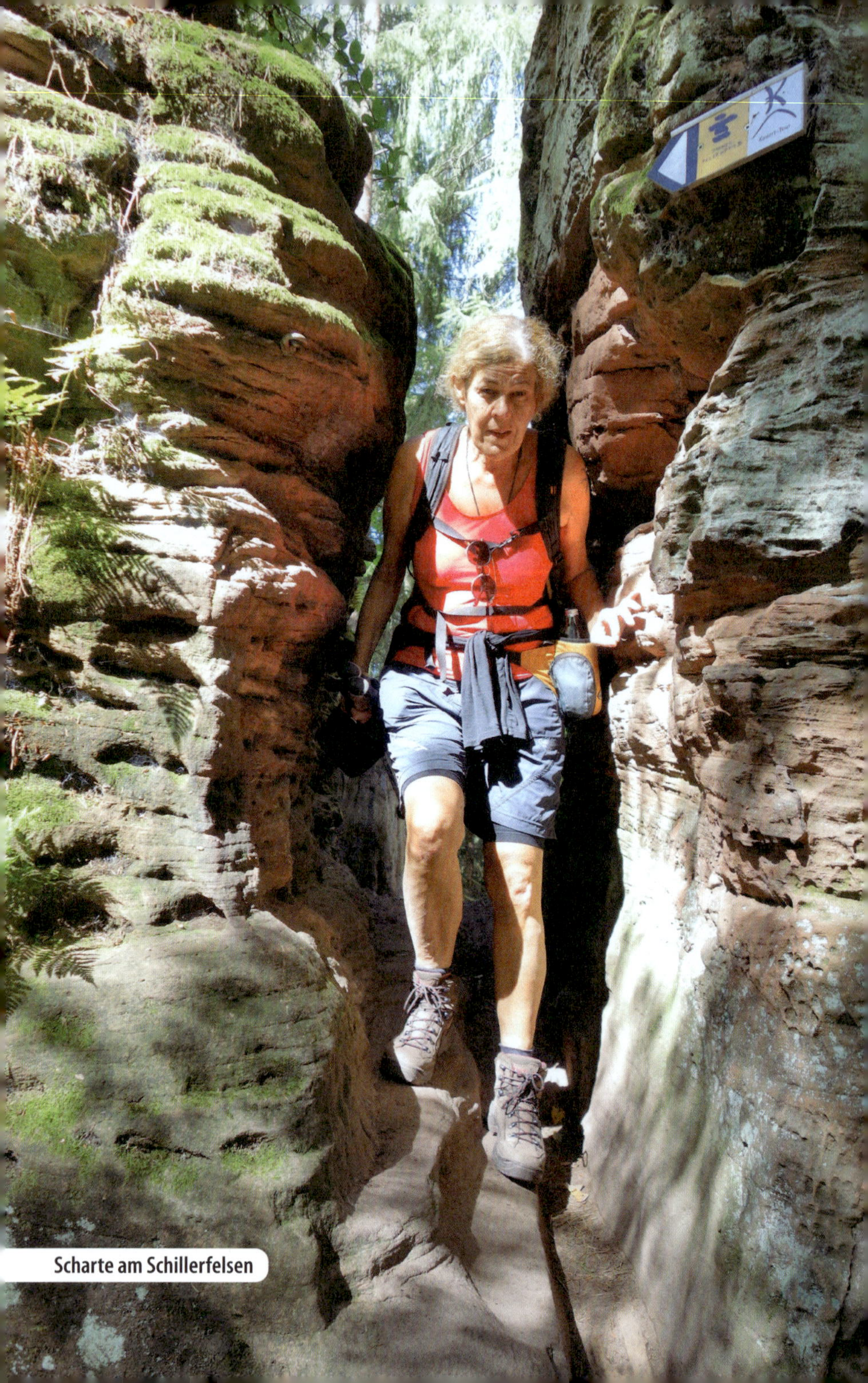

Scharte am Schillerfelsen

Ein herrlich wurzeliger Pfad leitet uns wieder talwärts, achtsam laufen wir hinab, bis wir im Tal den Sportplatz des FC Dahn streifen. Dort folgen wir dem Weg neben einem Zaun. Die Wanderrunde bringt uns zum ❷ **Schillerfelsen,** einer der beeindruckendsten Dahner Felsformationen. Das Gestein mit dem Felstor wurde nach Friedrich Schiller benannt, und zwar anlässlich seines 100. Todestags am 9. Mai 1905. Wenn man den Torbogen im Felsen genauer betrachtet, könnte man eine Schillerlocke hineininterpretieren. Kurz blicken wir auf Dahn, dann steigen wir hinter dem Felsen weiter bergauf. Abwechslungsreich wandern wir in Serpentinen bergwärts und begeistern uns für die Landschaft. Nun erreichen wir eine Scharte und gehen hinüber zur abgesicherten Treppe und Kanzel auf dem ❸ **Schwalbenfelsen.** Welch imposante Aussichtslage, egal von welcher Seite wir auch schauen. Wir sind völlig geflasht und gehen auf dem Plateau ganz nach vorne. Was für ein Blick, tief beeindruckt schauen wir auf Dahn und das felsige Umland mit den Dahner Burgen.

Für die Seele

Felsformationen zum Wegträumen in eine andere Welt, bestehend aus Mythen, Sagen und Waldgeistern.

Nach der ersten Euphorie und einer kurzen Pause steigen wir wieder von der Kanzel, schließlich haben wir ja heute noch einige Felsbrocken im Gepäck. Mit der Aussicht im Rücken wandern wir halb links und erreichen alsbald die nächste Attraktion: die ❹ **Felsenarena,** eine Ansammlung spektakulärer Gesteinsformationen, die gemeinsam ein fantastisches Bild ergeben. Oben auf dem Bergrücken halten wir uns nun links. Mühelos wandern wir durch den Wald und erfreuen uns an der schönen Atmosphäre. Auf der Schwalbenhalde wandern wir rechts auf einem etwas breiteren Weg, der uns entspannt über die Wegpunkte Weihersebene und Kauertebene führt. Hier gehen wir links und nach 400 Metern erwartet uns an der linken Seite der faszinierende ❺ **Elwetritschefelsen.** In Dahn

Die **Elwetritsch** ist ein mythenumwobenes Fabelwesen, eine Art Vogel, eine Kreuzung aus Huhn, Gans, Ente, Elfe und Kobold. Angeblich ist sie im Dahner Felsenland zu Hause und treibt hier ihr Unwesen.

ist einiges dem Getier Elwetritsch gewidmet, sogar ein eigener Weg.

Von der Kanzel des Gesteins blicken wir ins schöne Seibertsbachtal. Ein felsiger Waldpfad leitet kurzweilig hinab. Am Seibertsbach gehen wir links versetzt weiter und genießen das sanfte Plätschern des Bachs und die hübsche Umgebung. Nachdem wir eine Straße überquert haben, kommen wir auf einen Pfad, der uns durch einen zauberhaften Wald bringt. Bald schon gelangen wir ins Naturschutzgebiet **Moosbachtal,** das seinem Namen alle Ehre macht. Überall breitet sich grün schimmerndes Moos aus. Himmlische Ruhe. Und kurz darauf erreichen wir die ❻ **Dahner Hütte Im Schneiderfeld (PWV).** Ein paar Infotafeln vermitteln Wissen über Geologie und die lokale Flora und Fauna. Wir wollen eine kurze Rast an diesem hübschen Ort einlegen und erfrischen uns bei einem kühlen Getränk.

Danach wandern wir linksseitig einen Hohlweg hinab zum sogenannten **Kühwoog,** einem lauschig-friedlichen Tal. Am Waldrand halten wir uns links und folgen dann der Bachaue, deren sanftes Rauschen wie Balsam auf unsere Seele wirkt. Immer weiter führt uns der Weg und wir sind ganz im Einklang mit der Natur. Schon bald geht es rechts einen Felsenpfad

Blick vom Schwalbenfelsen

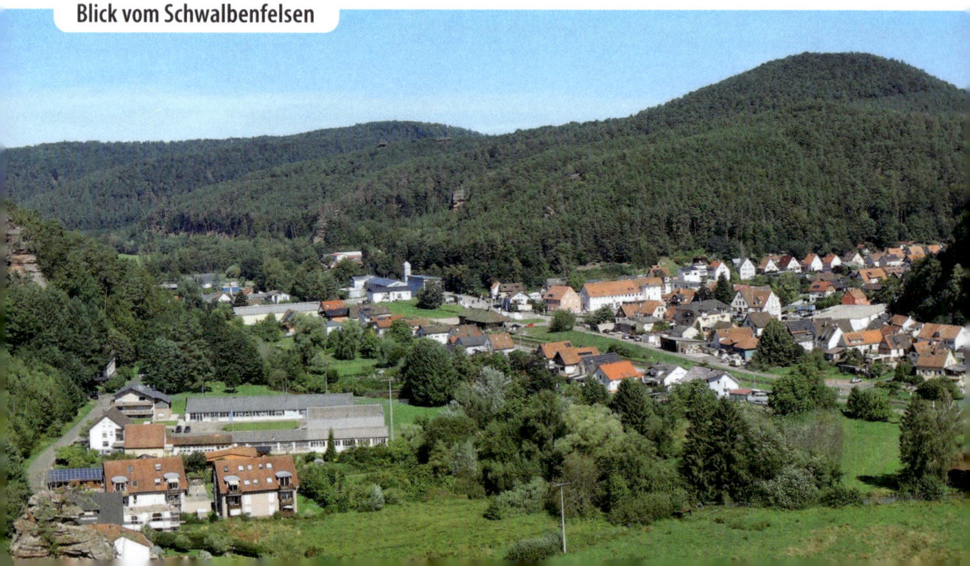

bergauf, gesäumt von einer Vielfalt an Gesteinsformationen, dem **Hirschfelsen,** gefolgt vom **Schlangenfelsen** und dem **Mooskopf,** der seinem Namen alle Ehre macht. Bei den beiden anderen darf man seiner Fantasie freien Lauf lassen. Durchweg bieten alle Buntsteinfelsen einen besonderen Anblick, ob man allerdings in den Gesteinsbrocken einen Hirsch oder eine Schlange erkennen kann? Wenn man sie lange genug betrachtet und den richtigen Blickwinkel hat, könnte es durchaus sein.

Abenteuerlich leitet nun die Route am Mooskopf entlang. Bald erklimmen wir den sagenhaften **7 Roßkegelfelsen.** Durch eine Scharte, die mit einem Handlauf gesichert ist, steigen wir hinauf zur Roßkegelebene. Auf einer Rastbank legen wir eine kurze Verschnaufpause ein. Wahnsinn, was wir heute schon alles erlebt und gesehen haben, und es wird noch besser. Alpin anmutend wandern wir weiter, nun führt uns die Tour in ein kleines Tal und auf der anderen Seite geht es wieder aufwärts. Beim Wegetreff Steinhohl biegen wir scharf rechts zu einem Waldweg ab, der uns entspannt zum **8 Rothsteigbrunnen** bringt. Herrlich, wir können uns mit dem klaren Quellwasser etwas abkühlen und erfrischen.

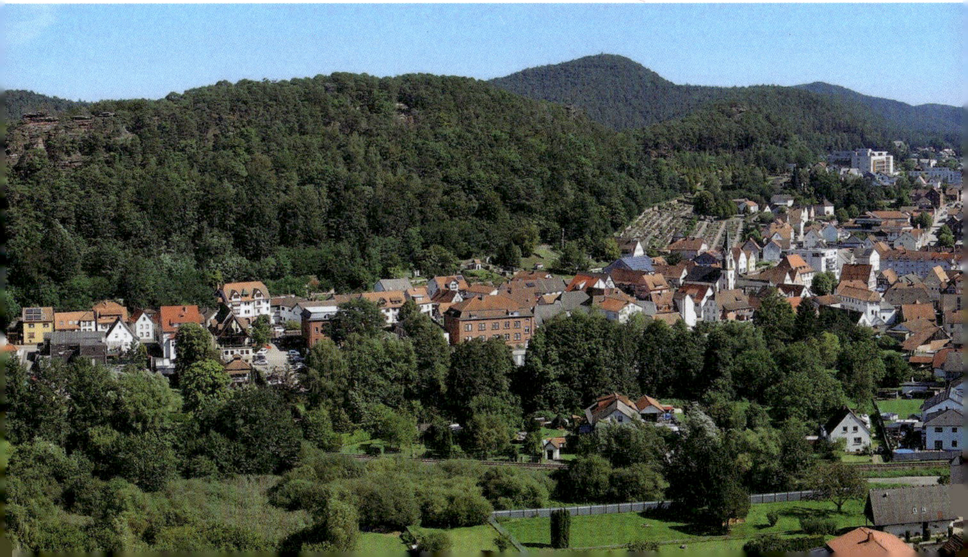

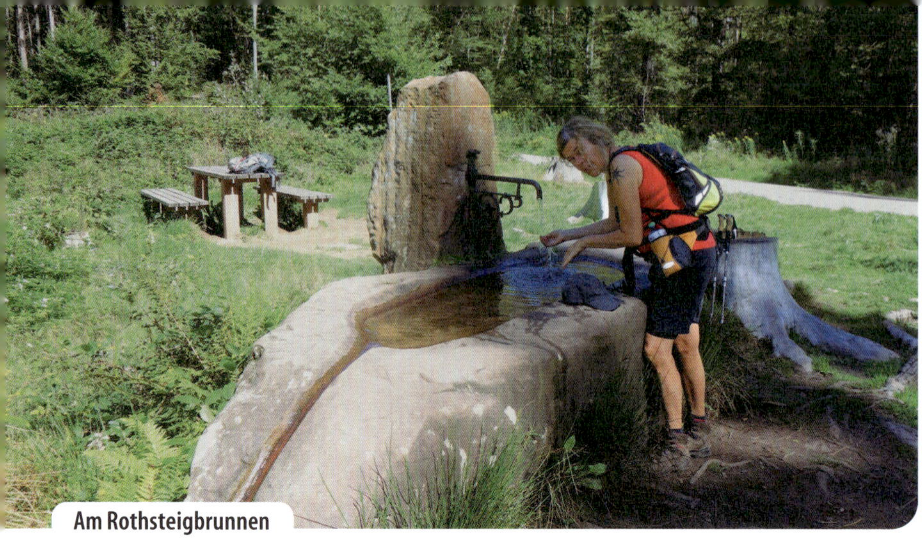
Am Rothsteigbrunnen

Weiter geht es, wir biegen links ab, ein Pfad bringt uns schnurstracks hinauf zum atemberaubenden **9 Ungeheuerfelsen.** Was für ein gigantischer Koloss. Wenn man sich das Gestein näher ansieht, könnte man schon ein Ungeheuer darin erkennen; die beiden Felsenöffnungen wirken ziemlich spektakulär. Auch schimmern die Farbtöne des Buntsandsteins mit ihren Rot- und Ockertönen herrlich in der Sonne. Der Markierung folgend geht es auf dem Kamm des Felsens weiter nach links. Unter dem Grauberg queren wir ein hübsches Wiesental und biegen links ab. Kurz darauf tauchen schon die ersten Dahner Häuser vor uns auf, jedoch geht es erst mal noch ein Stückchen durch schattigen Wald. So, ab hier kann man sich entscheiden, ob man jetzt links zurück zum Parkplatz läuft oder noch andere eindrucksvolle Felsformationen erkundet, es lohnt sich allemal. Wir gehen weiter in Blickrichtung rechts und wandern hoch zum faszinierenden **10 Büttelfelsen.** Was für ein Koloss. Über eine steile Eisenleiter mit Steintritten klettern wir hoch zur Felsenöffnung, das erfordert auf jeden Fall Schwindelfreiheit und ist nichts für schwache Beine. Wahnsinn, von hier oben hat man einen exorbitanten Blick und ein gewisses Gefühl von Freiheit.

Als wir wieder absteigen und festen Boden unter den Füßen haben, überkommt uns prompt ein Glücksgefühl, verbunden mit einem Energieschub. Leichten Fußes wandern wir am Fels entlang und gehen durch eine Felsscharte. Während wir an zahlreichen Gesteinsbrocken aus Buntsandstein vorbeiwandern, nähern wir uns einem Bergweg, der uns Meter um Meter hoch zum **11 Lämmerfelsen** bringt. Links unterhalb der Kanzel führt ein Felsenpfad weiter. Keinesfalls sollte man hier den Abstecher zur Aussichtsbank (Albert-Eisel-Bank) verpassen. Von hier aus haben wir einen tollen Ausblick auf das bezaubernde Umland des Pfälzerwalds mit seinen imponierenden Felsen, die als Zeitzeugen längst vergangener Erdgeschichte erhaben stehen und uns lehren, dass das Leben immer mit Wandel zu tun hat. Zurück auf dem Hauptweg gehen wir weiter. Er führt uns überaus romantisch talwärts, dabei entdecken wir stetig neue Felsschönheiten, die unsere Fantasie anregen.

Im **Wieslautertal** halten wir uns links und gelangen auf einen festen Weg. Beim Kaltenbächel biegen wir vor dem PFALZBLICK WALD SPA RESORT links ab und wandern am Zaun des Hotels entlang. Oben am

Felsenloch im Büttelfelsen

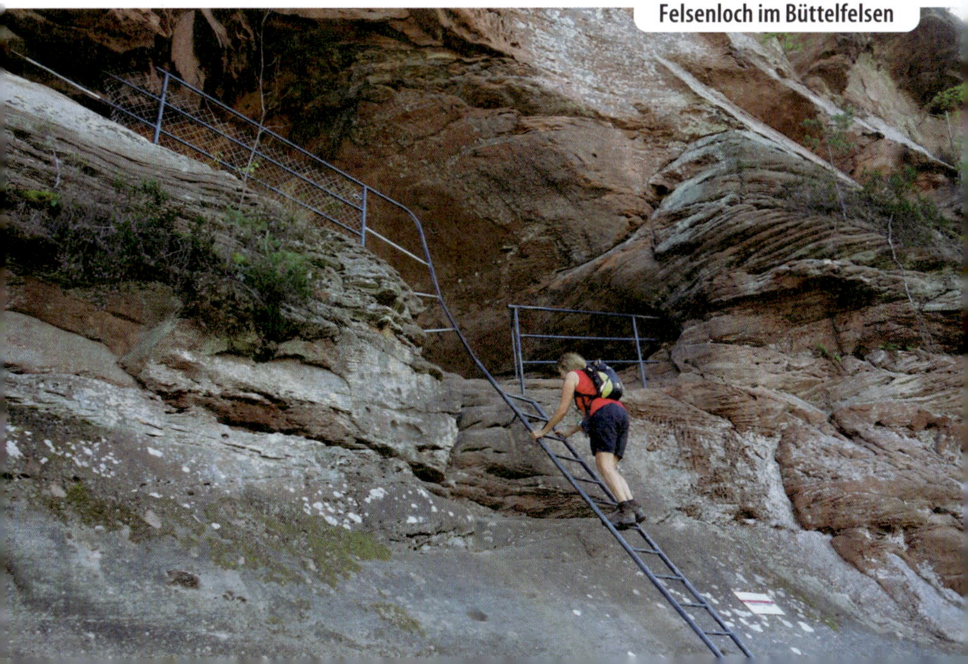

Forst führt ein netter Pfad zum ⓬ **Wachtfelsen,** der hoch über dem Städtchen thront. Über steile Stahltreppen erklimmen wir die gesicherte Plattform. Phänomenal, was für ein spektakulärer Rundumblick auf Dahn und das weite Umland. Auf dem Rückweg streifen wir noch das weithin bekannte und von hier zum Greifen nahe Felsenpaar ⓭ **Braut und Bräutigam.** Zufrieden und mit viel neuen Inspirationen gehen wir links weiter und sind fast an unserem Ausgangspunkt angekommen. Zum krönenden Abschluss gönnen wir uns eine leckere Einkehr im ⓮ **Steakhouse FelsenGraf.** Bei Flammkuchen und Pasta Bowl sowie einem alkoholfreien Bier lassen wir den Tag noch einmal Revue passieren, wunderschön war's.

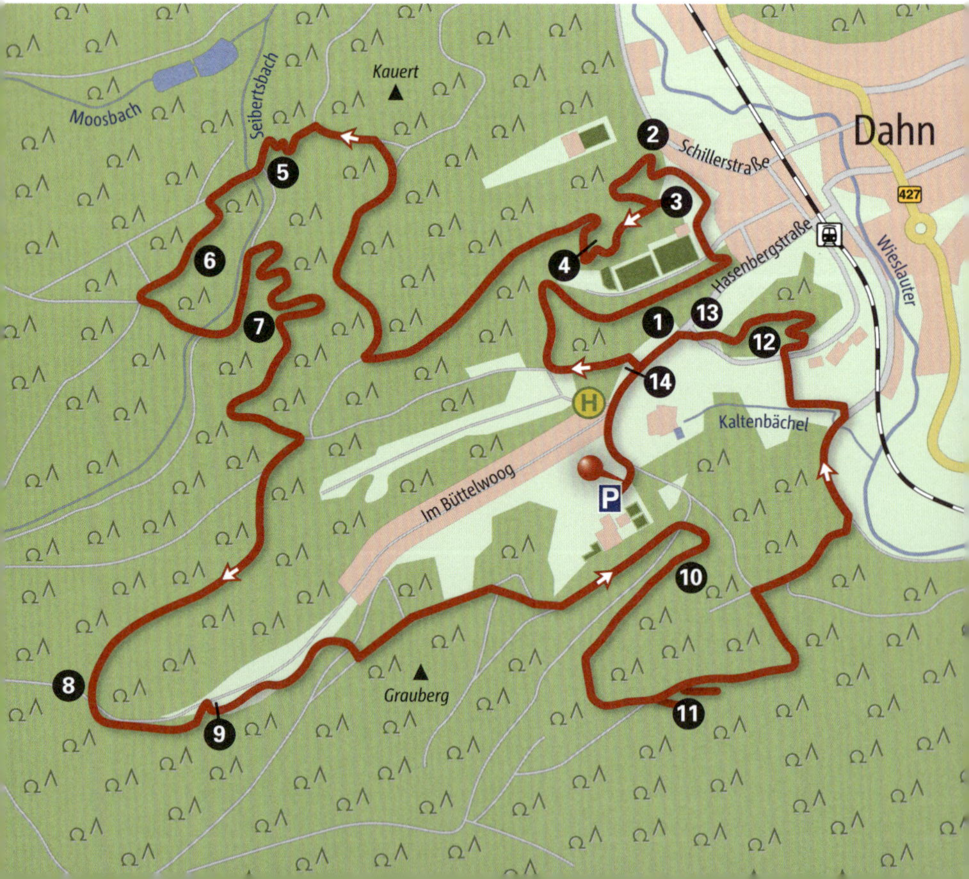

ALLES AUF EINEN BLICK

Entspannung ●●●●●
Abenteuer ●●●●●
Vielfalt ●●●●●

WIE & WANN

Diese Wanderrunde zählt zu den schönsten und beliebtesten in der Pfalz. Die Pfade weisen teils leicht alpinen Charakter auf, weshalb Trittsicherheit und stabile Wanderschuhe ratsam sind. Beste Wanderzeit ganzjährig, wenn trocken und schneefrei.

HIN & WEG

Auto: Wanderparkplatz P 7 Felsenpfad, Eybergstraße 4, 66994 Dahn
ÖPNV: Haltestelle Dahn Braut und Bräutigam oder Bahnhof Dahn Süd

ESSEN & ENTSPANNEN

6 **Dahner Hütte Im Schneiderfeld (PWV),** 66994 Dahn, Tel. (0 63 91) 17 93, www.pwv-dahn.de
14 **Steakhouse FelsenGraf,** Im Büttelwoog 2, 66994 Dahn, Tel. (0 63 91) 9 23 70, www.felsengraf.de

ENTDECKEN & ERLEBEN

1 **Pfaffenfelsen**
2 **Schillerfelsen**
3 **Schwalbenfelsen**
4 **Felsenarena**
5 **Elwetritschefelsen**
7 **Roßkegelfelsen**
8 **Rothsteigbrunnen**
9 **Ungeheuerfelsen**
10 **Büttelfelsen**
11 **Lämmerfelsen**
12 **Wachtfelsen**
13 **Braut und Bräutigam**

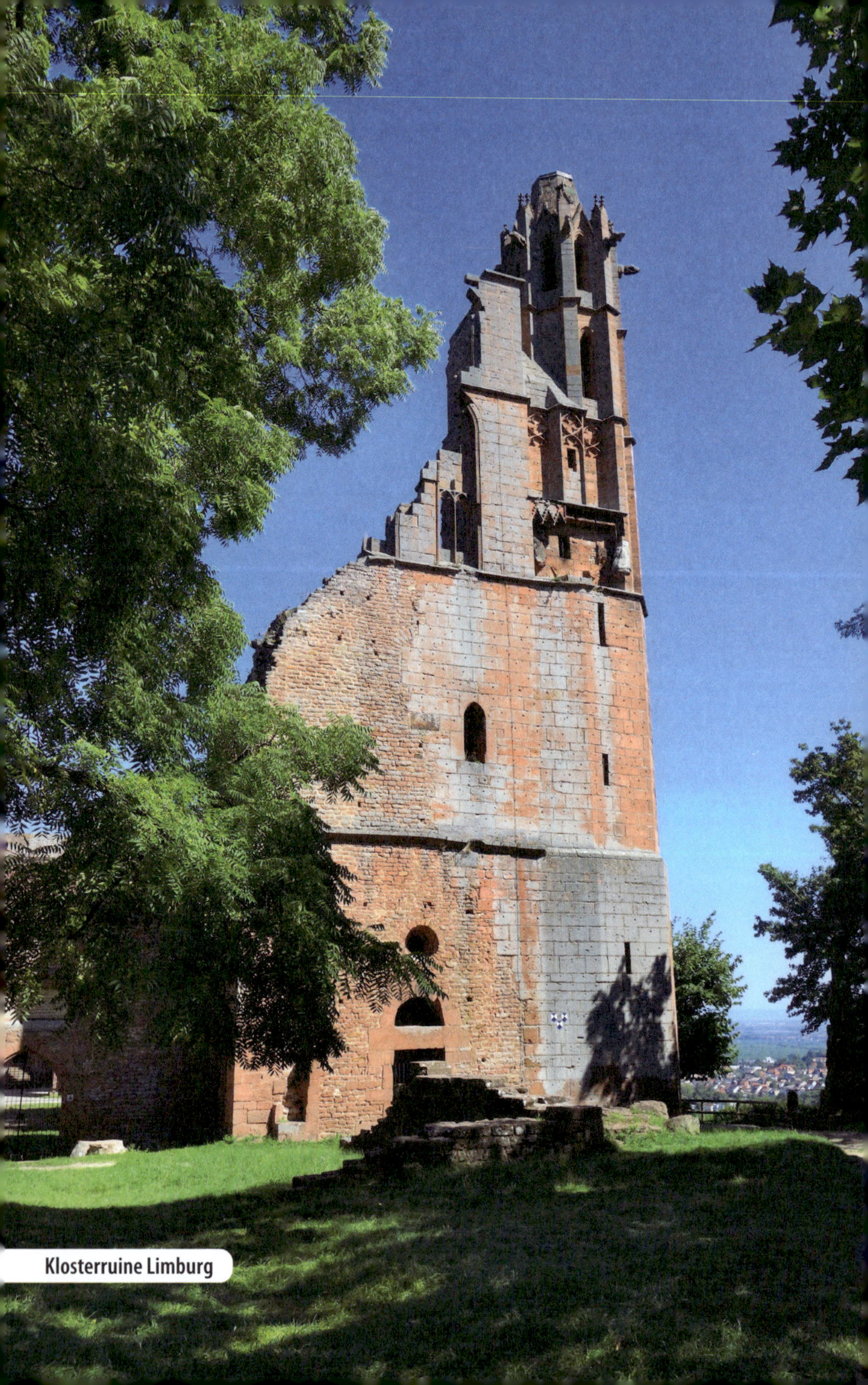

Klosterruine Limburg

Zeitzeugen

Rundweg Limburg–Hardenburg

Heute machen wir uns auf, um auf den Spuren der Vergangenheit zu wandeln, deshalb führt uns die Tour in den Südwesten von Bad Dürkheim. Die Anfahrt zum **Waldparkplatz Drei Eichen** kommt uns eher unspektakulär vor, doch die Wanderung hat vieles zu bieten. Vom Parkplatz aus orientieren wir uns talwärts in Richtung Naturfreundehaus. Der Pfad kreuzt einen Forstweg und leitet uns beständig ins Tal hinab. Beim **❶ Naturzauber der Drei Eichen** treffen wir auf unsere **Äbte-Grafen-Herzöge-Markierung,** die uns auf dem Rundweg Limburg–Hardenburg begleitet. Weiter steigen wir hinab ins Tal und nach einem kleinen Weiher zweigt rechts ein schöner Waldpfad parallel zur Fahrstraße ab. Ach, wie schön, auf einem Vogellehrpfad können wir unterwegs unser Wissen über die hiesigen Vogelarten auffrischen.

Am **Schlangenweiher** wenden wir uns links und queren das Eppental, dann folgen wir halb rechts dem schmalen Pfad weiter. Bei der nächsten Kreuzung behalten wir die Richtung bei. Auf dem hübschen Pfad ist entspanntes Wandern angesagt, wir tauchen förmlich in die himmlische Ruhe des Walds ein und genießen die Atmosphäre. Der Weg führt am Abzweig Brezelstein vorbei und wir umwandern einen Taleinschnitt. Neben uns türmen sich ein paar moosüberwucherte Sandsteine auf. Wir bleiben auf dem oberen Weg und können entspannt den schönen Sandweg entlangspazieren, der Sand knirscht und fühlt sich unter unseren Wandersohlen angenehm weich an. Bald gelangen

Kilometer: 9,7
Höhenmeter: 285
Stunden: 3,5
RUNDWEG

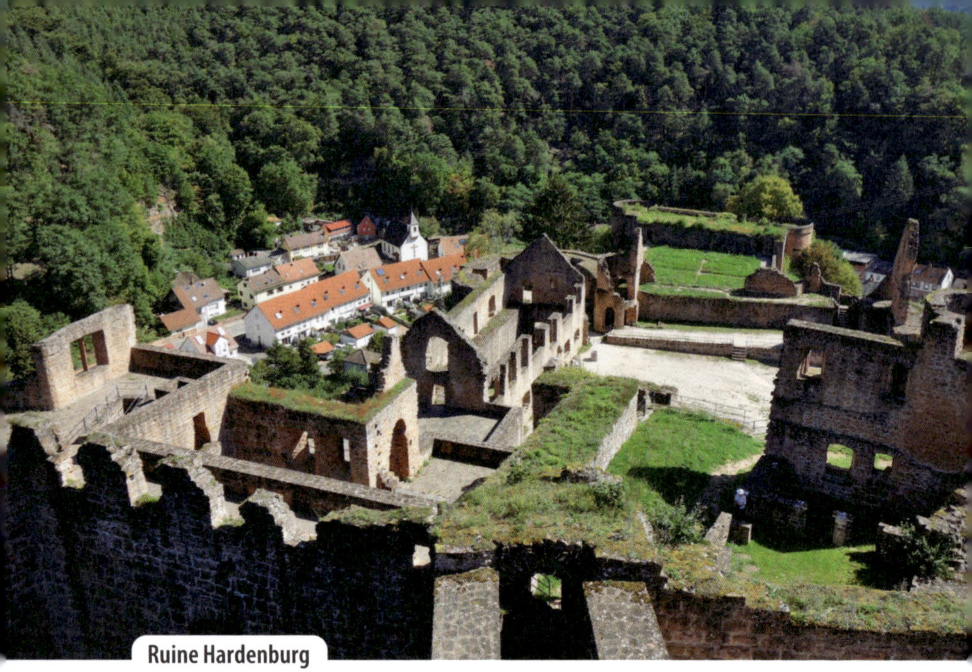

Ruine Hardenburg

Die **Hardenburg** zählt zu den größten und beeindruckendsten Schloss- und Festungsruinen der Pfalz. Sie war annähernd 400 Jahre lang im Besitz der Grafen von Leiningen und thront seit Anfang des 13. Jahrhunderts am selben Platz.

wir zur ❷ **Waldgaststätte Lindenklause.** Dort können wir uns mit einem erfrischenden Getränk versorgen, was an sonnigen Tagen ideal ist. Die kleine Auszeit tut gut und wir freuen uns schon auf das erste kulturelle Highlight, das uns in nur noch wenigen Metern erwartet. Nach der nächsten Kehre sehen wir die mächtige ❸ **Ruine Hardenburg,** die wir jetzt besichtigen, nachdem wir den Eintritt bezahlt haben.

Die Burganlage sicherte an strategisch günstiger Stelle die Handelswege, die zwischen der Rheinebene und Lothringen durch das Isenachtal führten. Die Ruine ist ein wahrlich sehenswerter Zeitzeuge der Vergangenheit. Ab 1375 wurde die Anlage immer weiter vergrößert und innerhalb weniger Jahrzehnte entstand ein beachtenswertes Renaissanceschloss. Im Jahr 1690 nahmen französische Truppen die Burg ein. 1725 verlagerten die Grafen von Leiningen ihre Residenz in das neu errichtete barocke Stadtschloss in Bad Dürkheim. 1784 wurde die Burg von französischen Revolutionstruppen beinahe vollständig zerstört. Seit 1947 gehört sie dem Land Rheinland-Pfalz. Vom Innenhof gelangen wir über einen Verbindungsgang und überwinden auf 20 Metern Länge 8 Höhenmeter. Dabei steigen wir über eine Wendeltreppe zur Aussichtsplattform empor. Aus der Vogelperspektive lässt sich das gesamte Ausmaß der faszinierenden Hardenburg erkennen und der Blick ins Isenachtal ist herrlich.

Nach einer ausgiebigen Besichtigung gehen wir auf alten Steinpflastern den Schlossberg hinab. Immer wieder werfen wir einen Blick zurück auf die Ruine und fotografieren. Kurz vor dem Talgrund achten wir an einem Felsen auf den Pfad, der uns die Richtung weist und uns in erhabener Lage entspannt weiterführt. Der Höhenweg lässt keine Wanderwünsche offen, immer wieder erhaschen wir einen Blick auf die Hardenburg, die sich aus dieser Perspektive besonders fotogen zeigt. Wir genießen die herrliche

Für die Seele

Zwei uralte Gemäuer, ein friedlicher Weiher und ein Aussichtsbalkon, was will man mehr für eine Auszeit?

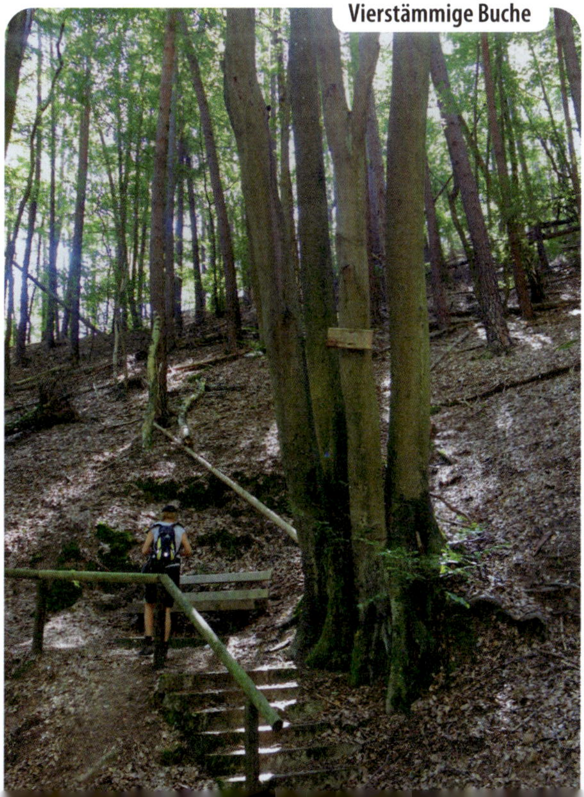

Vierstämmige Buche

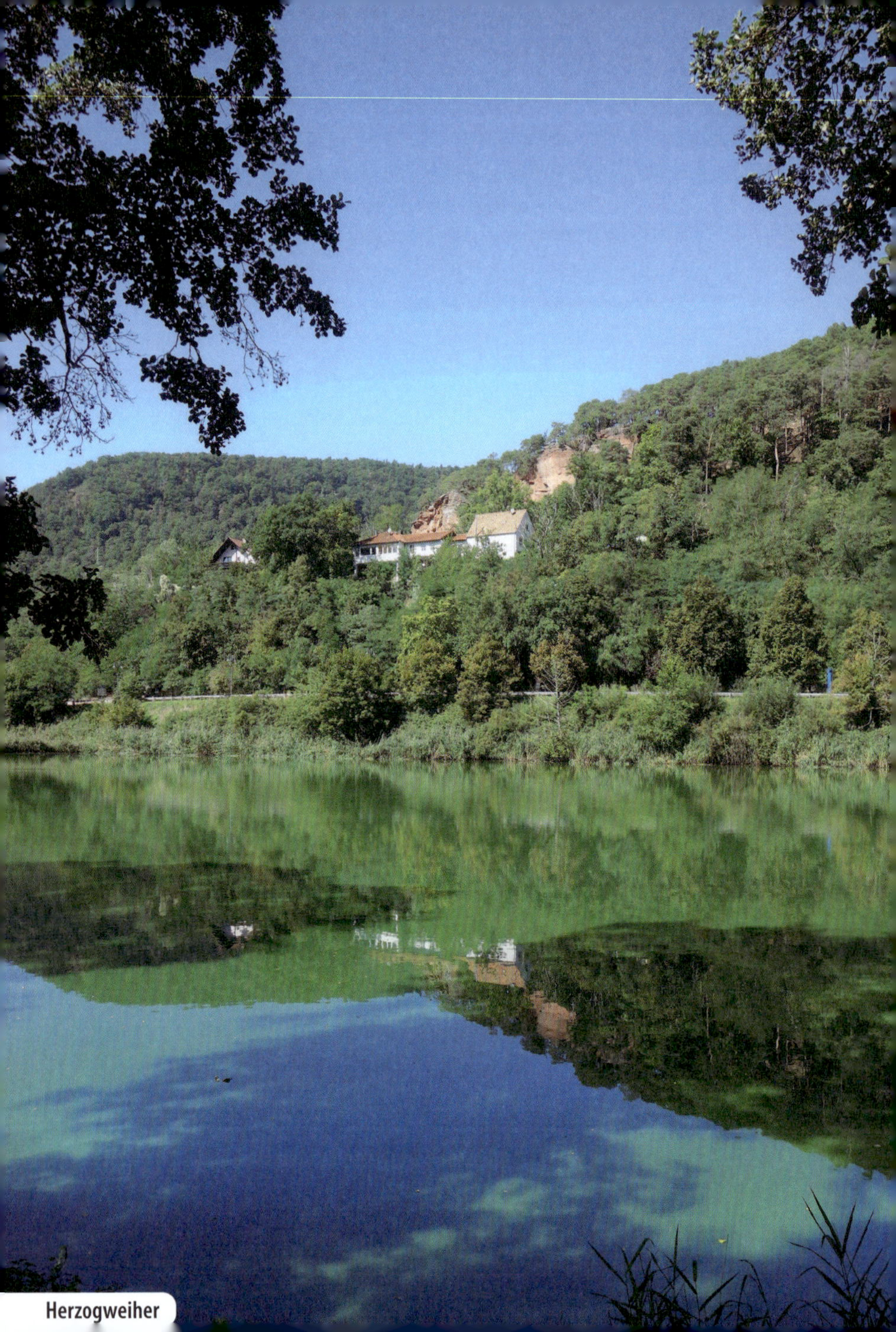

Herzogweiher

Aussicht – von solchen wertvollen Momenten kann man im hektischen Alltagsgeschehen noch lange zehren. An ein paar Strommasten behalten wir die Richtung bei und erreichen bald den Wegpunkt ❹ **Vierstämmige Buche.** Hier wandern wir über Treppen hinab in das beschauliche Tal nach **Hausen.** Nach dem Friedhof biegen wir rechts ab und laufen quasi in Blickrichtung der Klosterruine Limburg entgegen. Ein Schotterweg leitet nun zwischen Häusern zum Schlangentaler Weg, der in den Hausener Weg mündet. Gleich nach einer Bushaltestelle biegen wir an der Isenach rechts ab. Schon wenige Meter weiter erreichen wir den ❺ **Herzogweiher.**

*Der **Herzogweiher** ist ein künstlich angestauter Woog (See) aus dem Zufluss der Isenach.*

Herrlich, wie das grün schimmernde Wasser den gegenüberliegenden Bergwald auf der Oberfläche des Sees widerspiegelt. Der Weg führt entspannt am Ufer entlang und wir tauchen in die wunderbare Landschaft ein. Hier lässt es sich gechillt den ebenen Pfad entlangspazieren und es bietet sich wieder eine Möglichkeit für eine kleine Auszeit, die wir an den Parkbänken gerne in Anspruch nehmen. Nach einer relaxten Pause laufen wir weiter, bis uns neben der B 37 ein Treppenweg zum Wanderweg nach **Grethen** führt. Es geht an Häusern vorbei, wir streifen zwei Kirchen mit Brunnen, wie praktisch, denn heute ist es echt warm und eine kleine Abkühlung für Arme und Nacken erfrischt ungemein. An der protestantischen Kirche von Grethen, der zweiten Kirche, führt ein Fußpfad in Richtung Klosterruine, der bald in einen stufendurchsetzten Steig mündet, der steil aufwärtsführt.

Meter um Meter gehen wir bergauf, der schweißtreibende Aufstieg entpuppt sich gerade heute bei blauem Himmel und sommerlichen Temperaturen als echte Herausforderung. Welche Wohltat, wir freuen uns auf die Entspannung und das Glücksgefühl, wenn wir oben am Ziel angekommen sind. Immer weiter schlängelt sich der Weg empor. Langsam und stetig geht es hinauf, immer wieder halten wir kurz inne und

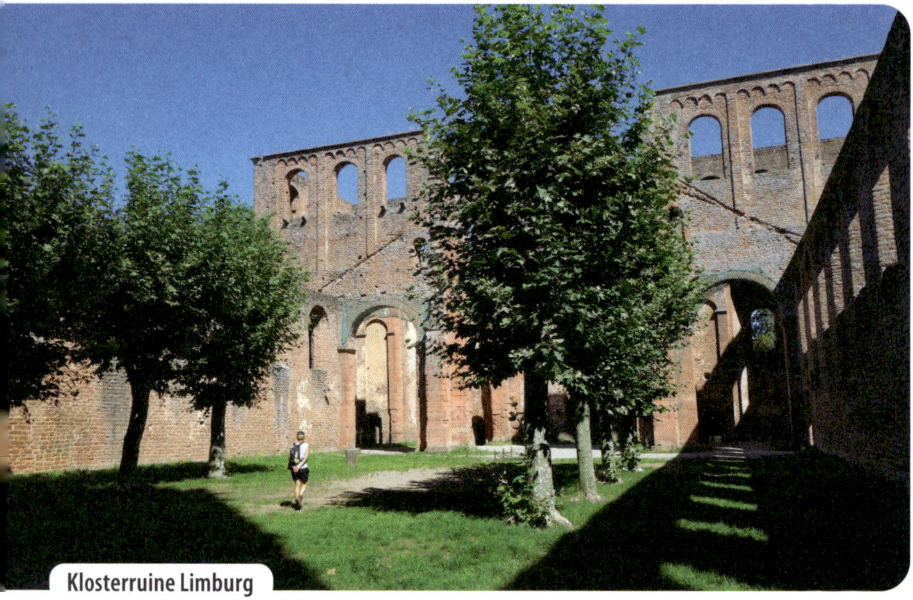

Klosterruine Limburg

trinken einen Schluck Wasser, um uns zu erfrischen und abzukühlen, dann endlich erreichen wir die letzte Kehre und sind am Ziel. Jetzt erst mal tief durchatmen, ankommen und ausruhen, bevor wir die Ruine intensiv erkunden. Doch noch vor der Ruine gibt es eine kleine Anlage mit Steinskulpturen zu entdecken – wie bereichernd. Wir genießen die phänomenale Aussicht, die weit über das Rheintal bis zum Odenwald reicht, wahrlich ein genialer Weitblick.

Jetzt geht es auf zur Besichtigung der **6 Klosterruine Limburg.** Wir treten ein in das ehemalige Burg- beziehungsweise Klosterareal. Auf diesem Gelände residierten im 9. Jahrhundert die Graugrafen aus dem Geschlecht der Salier, die hier von der Limburg aus den Eingang des Isenachtals beherrschten. 300 Jahre später übernahm die Hardenburg diese militärische Funktion. Im Jahr 1025 wurde die Limburg dann zum Kloster umgebaut, und zwar zu einer Abtei eines Benediktinerordens mit Basilika, die offiziell die Bezeichnung „Zum

Heiligen Kreuz“ hatte. Erst im 12. Jahrhundert wurden die Grafen von Leiningen Schutzvögte und damit Nachfolger des ausgestorbenen Salier-Geschlechts. Sie nutzten das Gelände, das im Besitztum des Klosters war, um die Hardenburg zu errichten. Nicht ganz 30 Jahre später entschädigten sie das Kloster erstmals finanziell. Seit 1843 sind die Stadt Bad Dürkheim, die staatliche Denkmalpflege von Rheinland-Pfalz und der Verein Aktion Limburg e. V. die gemeinsamen Besitzer der Ruine.

Inzwischen haben wir etwas Hunger bekommen und kehren bei 7 **Konrad2 Klosterschänke** ein. Ein leckerer Flammkuchen und eine kühle Apfelschorle sind jetzt genau das Richtige für uns und eine kleine Verschnaufpause können wir nach so viel Geschichte gut gebrauchen. Bester Stimmung sitzen wir in der angenehm schattigen Kulisse der Gartenwirtschaft. Frisch gestärkt machen wir uns nach einer ausgiebigen Rast auf und wandern gleich links neben den Klostermauern entlang, bis wir an der Gabelung rechts auf ei-

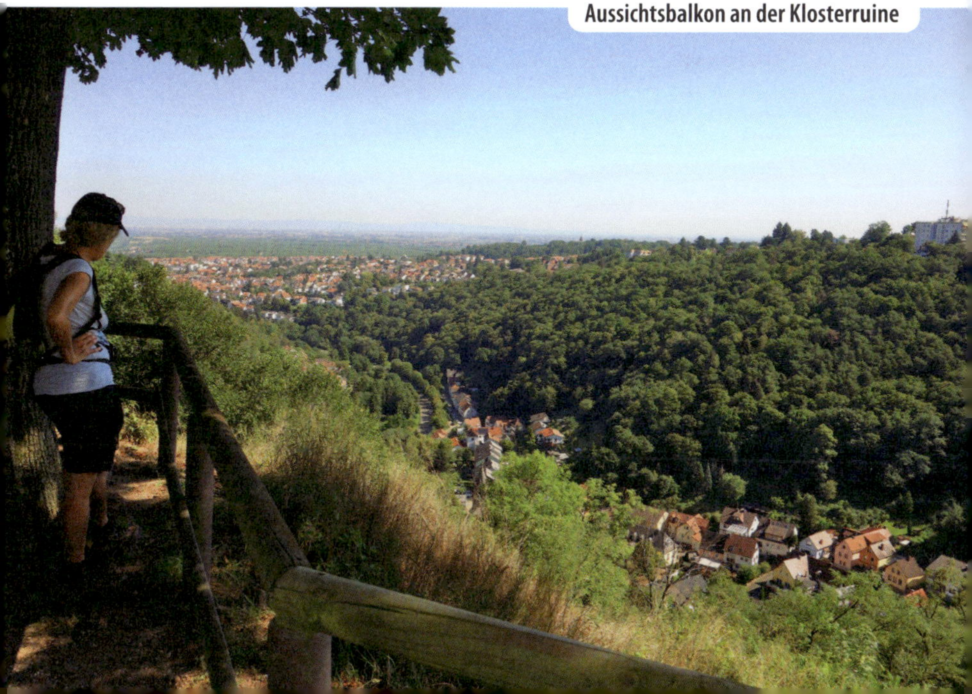

Aussichtsbalkon an der Klosterruine

nen Waldweg treffen. Dieser bringt uns zu einer Straße, der wir bis zum **Parkplatz Fünfguldenberg** folgen. Nun nimmt uns ein breiter Waldweg auf. Achtung, ab hier folgen wir der Markierung **schwarzer Punkt auf weißem Grund.** Wir wandern hinauf zu ein paar Häusern und biegen vor dem Haus 78 a rechts ab. Die Markierung führt uns zwischen Zäunen links auf einen schmalen Pfad zu, dem wir leichtfüßig folgen. Ein letztes Mal genießen wir nach einer Siedlung den Waldweg und kommen bald an unserem Auto an.

Was für ein Wandertag, wir sind immer noch tief beeindruckt von den beiden Bauwerken, die als kolossale Zeitzeugen einiges über die Menschheit und ihre Entwicklung der letzten Jahrhunderte aussagen.

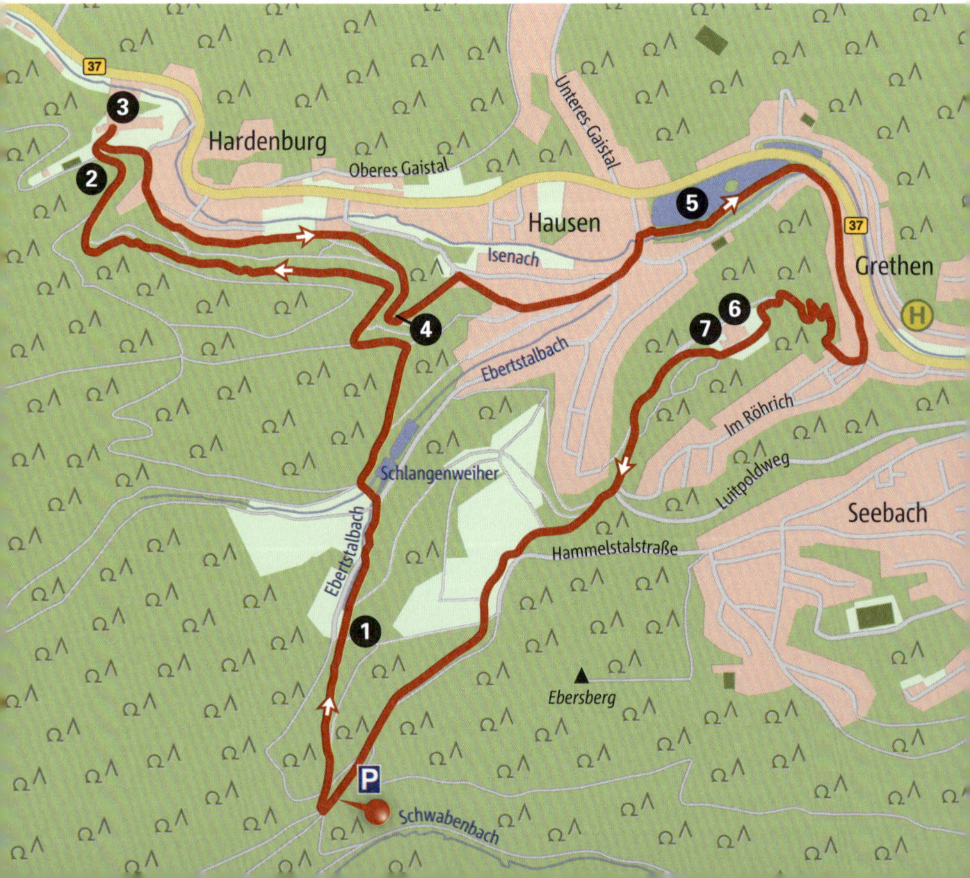

ALLES AUF EINEN BLICK

Entspannung 5/5
Abenteuer 4/5
Vielfalt 5/5

WIE & WANN

Die Wege sind durchweg sehr gut begehbar, der Treppensteig von Grethen zur Klosterruine Limburg ist etwas anstrengend. Beste Wanderzeit ganzjährig, wenn schneefrei.

HIN & WEG

Auto: Waldparkplatz Drei Eichen, Hammeltalstraße, 67098 Bad Dürkheim
ÖPNV: Haltestelle Grethen Mitte, dann zur sandsteinernen Kirche und die Runde dort beginnen

ESSEN & ENTSPANNEN

1. **Naturzauber der Drei Eichen,** Großes Eppental 212, 67098 Bad Dürkheim, Tel. (0 63 22) 3 05 56 11, www.naturzauberderdreieichen.de
2. **Waldgaststätte Lindenklause,** Schlossberg, 67098 Bad Dürkheim, Tel. (0 63 22) 6 77 77
7. **Konrad2 Klosterschänke,** Luitpoldweg 1, 67098 Bad Dürkheim, Tel. (0 63 22) 6 00 11 91, www.klosterruine.de

ENTDECKEN & ERLEBEN

3. **Ruine Hardenburg**
4. **Vierstämmige Buche**
5. **Herzogweiher**
6. **Klosterruine Limburg**

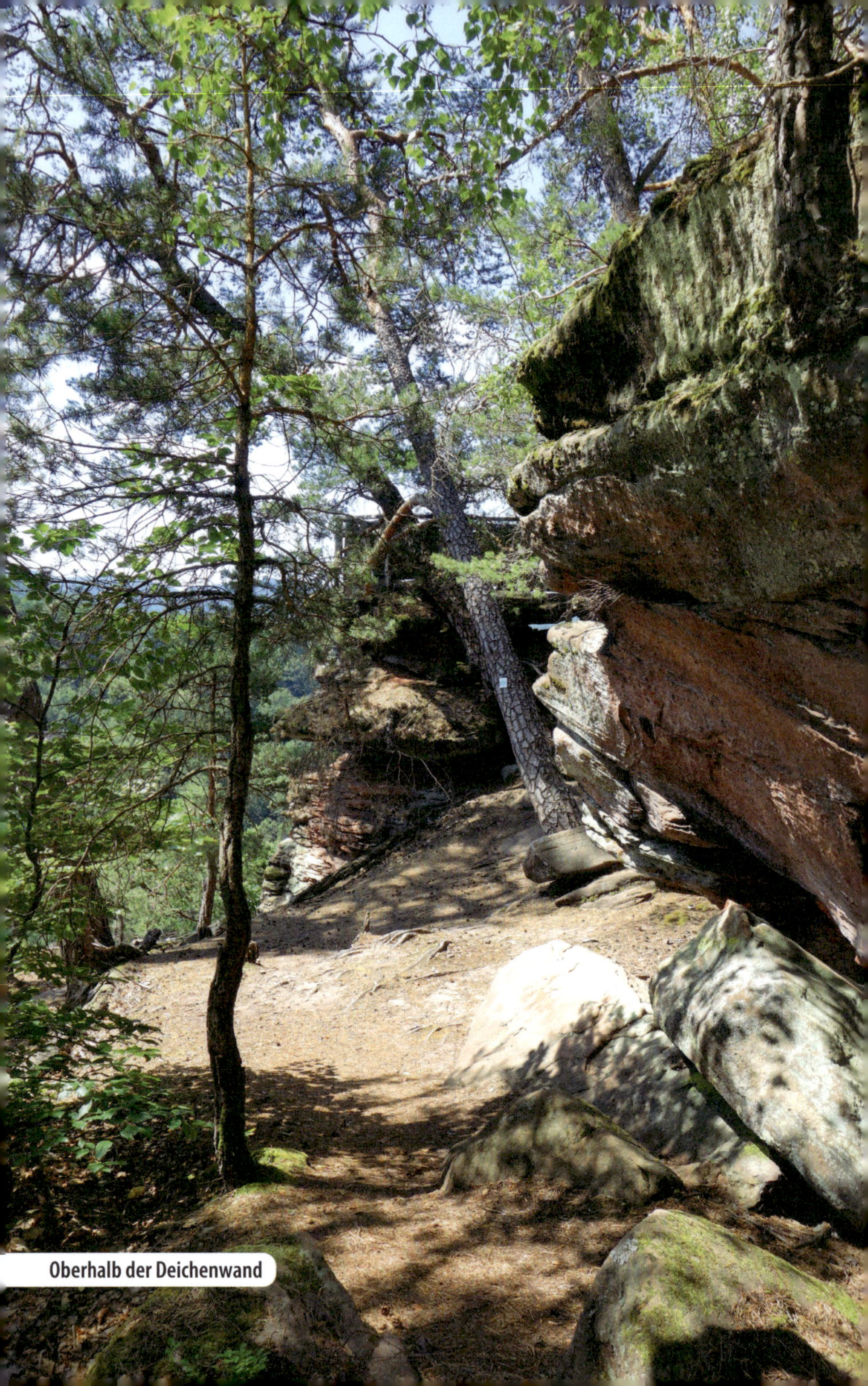

Oberhalb der Deichenwand

Waldromantik

Auf die Reichsfeste Falkenburg

Heute erkunden wir den Biosphärenpfad, wandern auf wunderschönen naturbelassenen Wegen zur Falkenburg, tauchen in vielfältige Wälder ein und durchstreifen das fantastische Naturschutzgebiet Falkenburg-Tiergarten. Immer wieder erhaschen wir überragende Aussichten, können dabei loslassen, Kraft tanken und pure Entschleunigung erfahren.

Am Ortsrand von **Wilgartswiesen** startet diese großartige Tour, und zwar bei der Falkenburghalle in der Tiergartenstraße. Wir wandern in Richtung Ort, gehen am Spielplatz vorbei und folgen der Markierung mit der **grünen Spirale auf weißem Grund.** Noch vor dem ersten Haus führt der Weg rechts in den Wald hinein. An einem Querweg biegen wir links ab und wenig später wandern wir scharf rechts zum Pfad hinauf. Ach, wie gut, dass wir heute so früh unterwegs sind, denn es soll über 30 Grad werden. An solchen Tagen lohnt es sich wirklich, früh unterwegs zu sein, um die Morgenkühle auszunutzen, frei nach dem Motto „Im Frühtau zu Berge". Der sportliche Anstieg kann schon mal das Blut in Wallung bringen und leitet in Serpentinen hinauf auf den Schlossberg.

Voller Begeisterung bleiben wir erst einmal wie angewurzelt stehen und begutachten das stattliche Monument einer vergangenen Zeitepoche. Eine etwas kühn erbaute Treppe, die aus dem Jahr 1926 von einem Wilhelm Geissel stammt, führt an der Außenwand hinauf zur **1 Reichsfeste Falkenburg** auf 326 Metern Höhe. Sie wurde erstmals 1246 urkundlich erwähnt und diente der Sicherung der

Kilometer: 8,2
Höhenmeter: 320
Stunden: 3
RUNDWEG

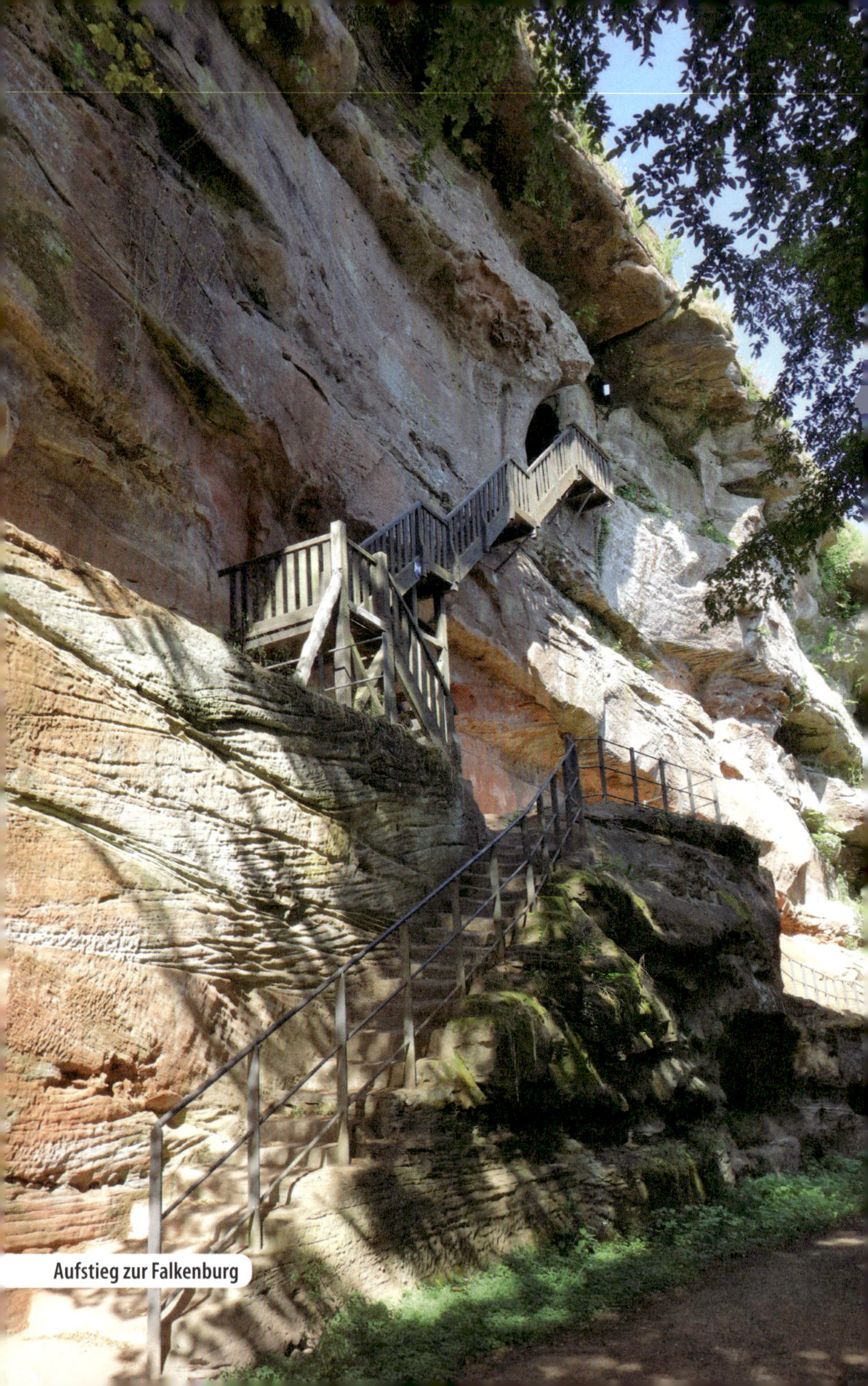

Aufstieg zur Falkenburg

umliegenden Orte. Wie eine Vielzahl der Burgen hier in der Gegend wurde sie als Felsenburg auf Buntsandstein errichtet.

Eine überwältigende 360-Grad-Aussicht haben wir von der äußersten Felsnase. Nach einer intensiven Begutachtung des Aussichtplateaus und mit sehr vielen Eindrücken steigen wir wieder hinunter und haben gefühlt 100 Bilder geknipst. Nun folgen wir kurz dem Höhenweg, verlieren alsbald schon kräftig an Höhe, bis wir im Talgrund angekommen sind. Hier halten wir uns links und biegen vor einer Baumwiese rechts zu einem breiten Waldweg ab. In den frühen Morgenstunden können wir die friedliche Stille um uns herum geradezu in uns aufsaugen. Das wirkt wie Balsam für unsere Seele und setzt ungeahnte Kräfte frei. Sobald wir die Lichtung des ❷ **Naturschutzgebiets Falkenburg-Tiergarten** erreichen, wenden wir uns nach links.

Für die Seele

Frei wie ein Vogel fühlt man sich auf der Aussichtskanzel Deichenwand.

Im Jahr 1553 ließ Graf Hans Heinrich mit großen Kosten hier in Wilgartswiesen einen ***Tiergarten*** *anlegen. Heute ist es ein Naturschutzgebiet.*

Eine Tafel informiert über die hier noch lebenden Amphibien wie Bergmolch, Erdkröte und Feuersalamander, um nur einige zu nennen. Wilde Brombeerbüsche wuchern am Wegesrand, Pflanzen und Kräuter gedeihen in wilder Ordnung. Vögel zwitschern in der Luft, Schmetterlinge flattern wild umher, Bienen summen und brummen um die Blüten der Wildbeeren und Pflanzen. Rechts im Dickicht erkennen wir einen kleinen Teich mit Seerosen. Alles könnte so schön sein, wenn nicht ein kleiner Wermutstropfen das Bild der heilen Welt etwas trüben würde. Eine neue Gas- und Stromleitung führt steil den Hang hinauf, tja, und das im Naturschutzgebiet, überaus bedauernswert.

Im weiteren Verlauf streifen wir den Waldrand und kommen mehrfach an Waldameisenhügeln vorbei. Dort wuselt es immens, man hat fast das Gefühl, jede der kleinen Ameisen weiß genau, was zu tun ist. Der breite sandige Weg leitet uns nun in den Forst hinein, hier biegen wir links ab zur Tiergartenhalde.

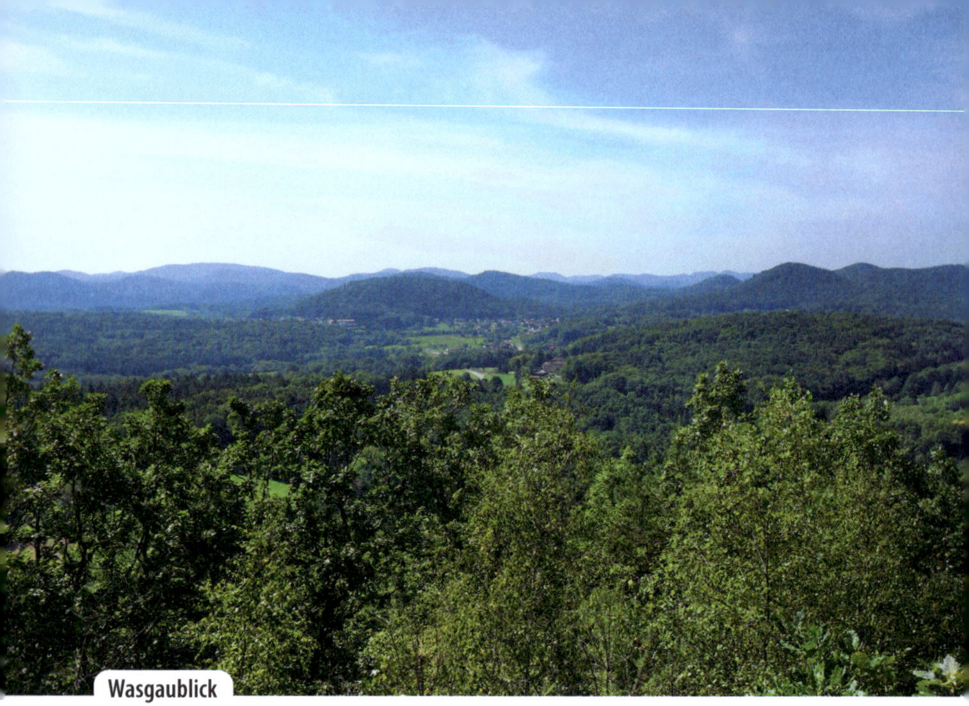
Wasgaublick

Dort zweigt halb rechts ein uriger Waldpfad ab, den moosüberwucherte Steine schmücken. Der sportive Anstieg bringt uns zu einem Querweg. Dort gehen wir links und kreuzen eine Schneise. Direkt danach nehmen wir den rechten Pfad, der mitten durch Haselnuss, Brombeeren, Ginster und weiteres Gesträuch leitet. Nach ein paar Steinstufen gehen wir nach rechts bergauf und gelangen erneut auf die Lichtung bei den Stromleitungen. Hier haben wir einen wunderschönen, erhabenen Ausblick. Uff, endlich wieder Schatten, die Sonne hat inzwischen an Strahlkraft zugenommen. Der Pfad führt weiter hinauf, doch nun ist der Höhenunterschied für uns spielend zu meistern. Oben auf der Berghöhe queren wir ein letztes Mal die Stromversorgung und blicken auf Wilgartswiesen und zur Falkenburg. Kaum vorstellbar, dass wir vor einer gefühlten Stunde dort oben gestanden haben.

Vor einer Kreisstraße führt die Markierung scharf rechts. Hier kann man einen Abstecher zur Altstraße mit Funden von Spurrillen machen. Sie stammen von eisenbeschlagenen Rädern aus der Zeit der Kelten, Römer und des Mittelalters. Unser Weg führt im Wald weiter, wir laufen am Kleinen Breitenberg entlang und folgen der Ausschilderung zum 300 Meter entfernten ❸ **Wasgaublick.** Hier ist nun die ideale Gelegenheit für eine entspannte Auszeit. Von einer Sitzgruppe aus können wir in erhöhter Lage wunderschön in den Pfälzerwald blicken.

Nach einer kurzen Pause schreiten wir tiefenentspannt auf dem breiten Waldweg weiter, der sich als Wohlfühlabschnitt entpuppt. Überall liegen Kiefernzapfen, Steine, Laub und Äste, aus denen man ein Waldbild gestalten könnte. Sie sorgen für etwas Abwechslung, wenn man mit Kindern wandert. Oder man versucht, mit allen Sinnen den Wald wahrzunehmen: fühlen, schmecken, sehen, hören, riechen. Das schult die Sinneswahrnehmung und wir sind bewusst im Augenblick. Der Höhenweg bringt uns nun zur ❹ **Schutzhütte Breitenberg** auf 385 Metern Höhe. Dort wandern wir auf dem **Kurt-Reinhard-Pfad** gemütlich und wildromantisch weiter, vorbei an Farnen und Heidelbeerbüschen über einen wurzeligen Untergrund durch den Berghang. Dieser Abschnitt bereitet uns ein erfrischendes Gefühl von Naturverbundenheit. Während wir mit Mutter Erde verschmelzen, können wir die Seele baumeln lassen und Kraft schöpfen für den Alltag.

Bald erwartet uns das nächste Highlight, denn die ❺ **Aussichtskanzel über der Deichenwand** ist nur noch einen Katzensprung entfernt. Wie von einem Adlerhorst schauen wir hinüber zur Falkenburg und zu den bewaldeten Höhen der umliegenden Berge. Von hier oben lässt sich optimal unser Wegverlauf rekonstruieren. Bergauf und -ab, das nicht zu knapp. Vor dem Ausguck der imposanten Felsformation leitet ein Pfad rechts hinab, ein Traumpfad, merken wir bald. Teils drahtseilgesichert steigen wir achtsam an der **Deichenwand** entlang. Plötzlich vernehmen wir Stimmen und sehen Kletterer in der Wand. Die Gegend ist ein wahres Klettereldora-

*Die Rekonstruktion der Falkenburg auf dem Schild bei der Burg stammt von **Kurt Reinhard,** nach dem in Gedenken der Pfad zur Deichenwand benannt ist.*

do. Im Zickzack geht es weiter talwärts, bis wir auf einen Forstweg treffen, bei dem wir dann rechts gehen. Nach einem sanften Anstieg zweigt nun linksseitig ein Bergpfad in einen mystischen Taleinschnitt ab, der teilweise mit Tritten gesichert ist und in dessen Verlauf sich ein kleiner Bach hinabschlängelt.

Neben der Schlucht wandern wir gemütlich abwärts und laufen gemächlich durch das friedliche Tal, einfach nur schön. Bei einer größeren Freifläche geht es weiter Richtung **Schulwaldpfad,** der uns durch den Forst führt. Einige Tafeln vermitteln Wissen über Flora und Fauna. Bei der Wiesenlichtung nehmen wir zweimal die linke Richtung und gelangen so erholt und auf direktem Weg zur Falkenburghalle zurück.

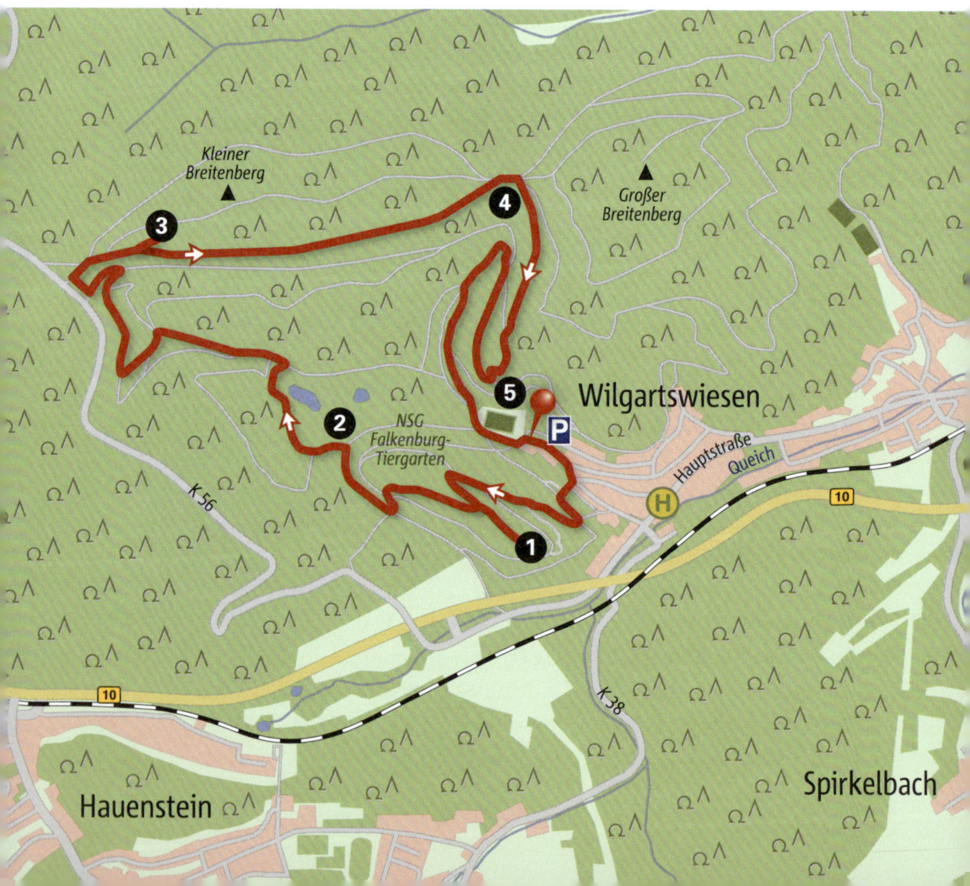

ALLES AUF EINEN BLICK

Entspannung 5/5
Abenteuer 5/5
Vielfalt 5/5

WIE & WANN

Der Treppenaufstieg zur Ruine Falkenburg ist optional. Der Anstieg in der Tiergartenhalde ist etwas steil und eine kurze Passage an der Deichenwand drahtseilgesichert. Der Kurt-Reinhard-Pfad ist ein absoluter Traumweg. Beste Wanderzeit von März bis November.

HIN & WEG

Auto: Parkplatz an der Falkenburghalle, Tiergartenstraße, 76848 Wilgartswiesen
ÖPNV: Haltestelle Wilgartswiesen Falkenburg, ca. 500 Meter Fußweg

ESSEN & ENTSPANNEN

Bitte an Rucksackverpflegung denken.

Abseits der Route empfehlenswert:
Restaurant MATZ Brunnenhof, Alte Hauptstraße 7, 76848 Wilgartswiesen, Tel. (0 63 92) 8 15 98 32, www.matz-brunnenhof.de

ENTDECKEN & ERLEBEN

1. **Reichsfeste Falkenburg**
2. **Naturschutzgebiet Falkenburg-Tiergarten**
3. **Wasgaublick**
4. **Schutzhütte Breitenberg**
5. **Aussichtskanzel über der Deichenwand**

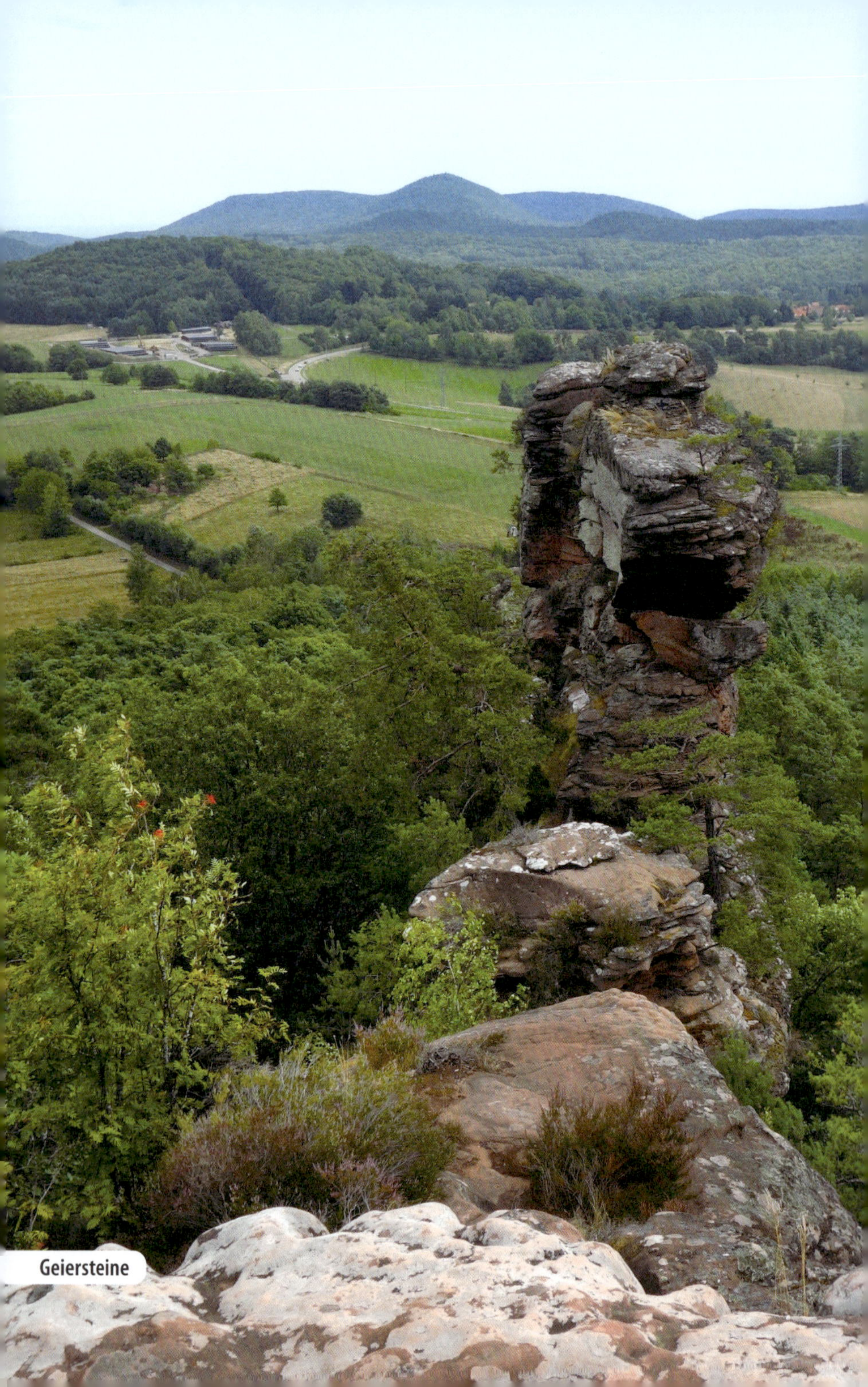

Geiersteine

Aussichtsreich

Zu den Geiersteinen bei Lug

Diese Wanderung steht unter dem Motto „klein, aber fein“, denn sie bietet schöne naturnahe Wege, die uns zu imposanten Gesteinsformationen führen, und eine entspannende Auszeit mit hübschen Ausblicken auf unendlich wirkende Hügelketten.

In dem kleinen Ort **Lug** parken wir in der Hauensteiner Straße gegenüber von Hausnummer 16 an der Gemeindehalle. Hier startet unsere Tour zu den Geiersteinen. Wir halten uns Richtung Ortsmitte. Gleich schon fällt unser Blick über die Kirchturmspitze mit ihrem goldenen Gockel hinweg auf das weiße Kreuz, das oben auf dem Hornfelsen stolz aufragt. Dort hinauf führt unsre heutige Route. Doch erst einmal passieren wir die Feuerwehr und den schnuckeligen Dorfplatz. Ein dominanter **Brunnen** dient uns als Orientierung. Rechts der sandsteinernen katholischen Kirche Allerheiligen folgen wir der Mühlstraße und kreuzen den quirligen Rimbach. Halb links geht es die Bergstraße hinauf. Schnell gewinnen wir an Höhe und sind im Wandermodus angekommen.

*Die **Geiersteine-Tour** ist zwar relativ kurz, aber dennoch recht anspruchsvoll. Sie sollte keinesfalls unterschätzt werden.*

Ein Waldweg nimmt uns auf, beim nächsten Abzweig gehen wir geradeaus zu einem Hohlweg. Hier wandeln wir auf naturbelassenem Untergrund und erfreuen uns dabei immer wieder an den unterschiedlichen Farbfacetten, die uns diese Naturoase bietet. Nach einem querenden Forstweg geht es kurz etwas steiler bergwärts, da rinnt schon mal ein Schweißtropfen von der Stirn. Bald gelangen wir an wilden Brombeerhecken vorbei, die in diesem Jahr besonders reiche Ernte tragen.

Kilometer: 7,1
Höhenmeter: 235
Stunden: 3
RUNDWEG

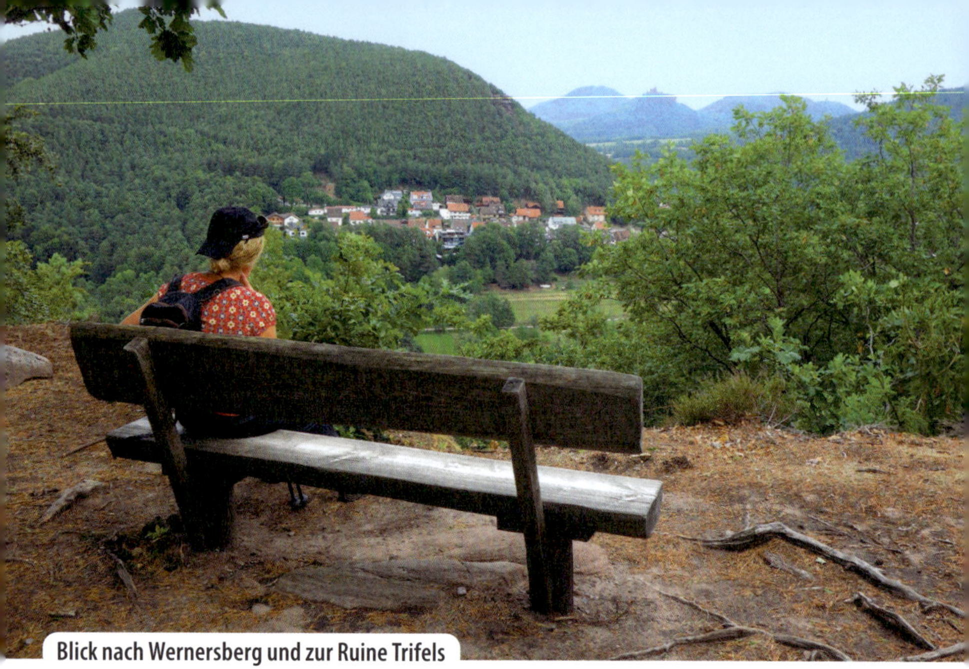

Blick nach Wernersberg und zur Ruine Trifels

Wir können nicht widerstehen und legen immer wieder eine kleine Naschpause ein. Die Brombeere ist nicht nur eine immense Vitaminbombe dank den Vitaminen A und C. Sie enthält auch Kalium, Magnesium und wertvolle Carotine. Somit kann sie das Immunsystem außerordentlich stärken, wenn man sie regelmäßig verzehrt, und wirkt sich auch positiv auf das Herz-Kreislauf-System aus.

Weiter führt uns unser Weg geradeaus. Wir lassen unseren Blick durch den Wald schweifen und genießen die angenehme Stille, die nur vom sanften Rauschen der Blätter im Wind durchzogen ist. Ein Pfad leitet bald scharf links und bringt uns zum **Vierwegetreff** unter dem Hornstein. Nun müssen wir uns erst mal kurz orientieren, denn die stilisierte **Geiersteine-Markierung** zeigt in alle vier Himmelsrichtungen. Wir entscheiden uns, zunächst nach links (Schild „3,8 Kilometer zum Hornstein") zu gehen und dem breiten Forstweg zu folgen.

Gemütlichen Schrittes wandern wir durch den Wald, immer die Ausschilderung im Blick. Oben am Steilhang erkennen wir mehrere Felsen, die wir auf unserem Rückweg noch näher erkunden dürfen. An der Gabel südlich von Weidenthal gehen wir rechts zu einem wurzeligen Pfad, der zudem mit vielen Steinen durchzogen ist. Er führt uns beständig bergan, bis wir auf den Heischberg gelangen. Über einen kurzen Stichweg wandern wir zur Aussichtsplattform **1 Runder Hut.** Wir blicken auf ein sagenhaftes Abbild einer ganz besonderen Gesteinsformation. Einfach Wahnsinn, ein Fels, der aussieht wie ein übergroßer Hut, man könnte ihn allerdings auch als mächtigen Pilz interpretieren. Eine Sitzbank lädt zu einer Auszeit ein, das ist an diesem besonderen Platz eine wahre Wonne. Von hier oben blicken wir ins Tal hinab auf Wernersberg und in der Ferne ragt die Kaiserburg Tri-

Für die Seele

Die Ausblicke vom Runden Hut, von den Geiersteinen und am Hornfelsen bleiben für lange Zeit in Erinnerung.

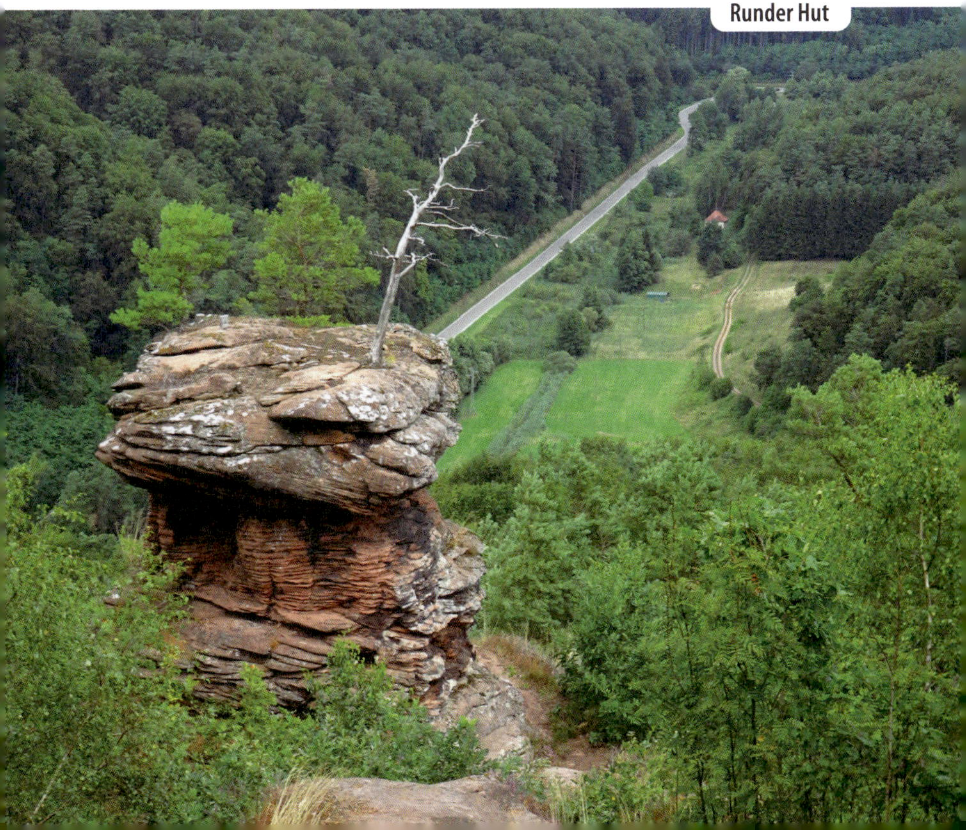

Runder Hut

fels bei Annweiler auf. Ziemlich beeindruckend, von hier oben sieht alles so friedlich aus, fast, als würde die Zeit stillstehen.

Dieses Gefühl der Zeitlosigkeit genießen wir ausgiebig und wandern dann wieder weiter in Richtung Geiersteine. Wir folgen einem schmalen Bergpfad, der mit uralten Grenzsteinen gesäumt ist. Bald erreichen wir einen Felsen, der für uns aussieht wie ein steinernes Hexenhaus. Die Sonne und die Wolken werfen ein bizarres Schattenspiel auf den Felsen, was ihn zumindest in diesem Augenblick überaus mystisch wirken lässt. Weiter geht es auf unserem Weg und vor uns breitet sich ein riesiges Heidelbeerfeld aus. Kurz darauf sind wir beim **❷ Lug-Fels-Blick** auf 400 Metern Höhe angelangt. Auch hier können wir tief hinab ins Tal blicken, grandios. Bald taucht auch schon die nächste einzigartige Felsformation vor uns auf. Immer wieder sind wir begeistert, was man so alles in diesen Felsbrocken erkennen oder in sie hineininterpretieren kann. Unter einem steinernen Vorsprung wartet eine Sitzbank darauf, von uns in Beschlag genommen zu werden. Die Zeit nehmen wir uns und werden dafür mit einer besonderen Atmosphäre belohnt. Moosbewachsene Bäume bilden einen intensiven Kontrast zu dem bizarren Koloss aus ockerfarbenem Buntsandstein. Durch die einströmenden Sonnenstrahlen bezaubert uns genau in diesem Moment ein märchenhafter Anblick.

Der weitere Wegverlauf verdient uneingeschränkt das Prädikat wunderschön und wir wandern entspannt dahin, bis es direkt neben einer Steinwand auf einem Pfad weitergeht, der dann nach links abknickt und uns auf einen Stichweg zu den mächtigen **❸ Geiersteinen** führt. Wahnsinn, hier in erhabener Lage bietet sich uns ein sagenhafter Rundumblick mit allem, was das Wanderherz begehrt. Vor uns ragen die Zinnen der Geiersteine auf, im Tal breiten sich grüne Wiesen und Ackerland aus und bewaldete Hügelketten zieren

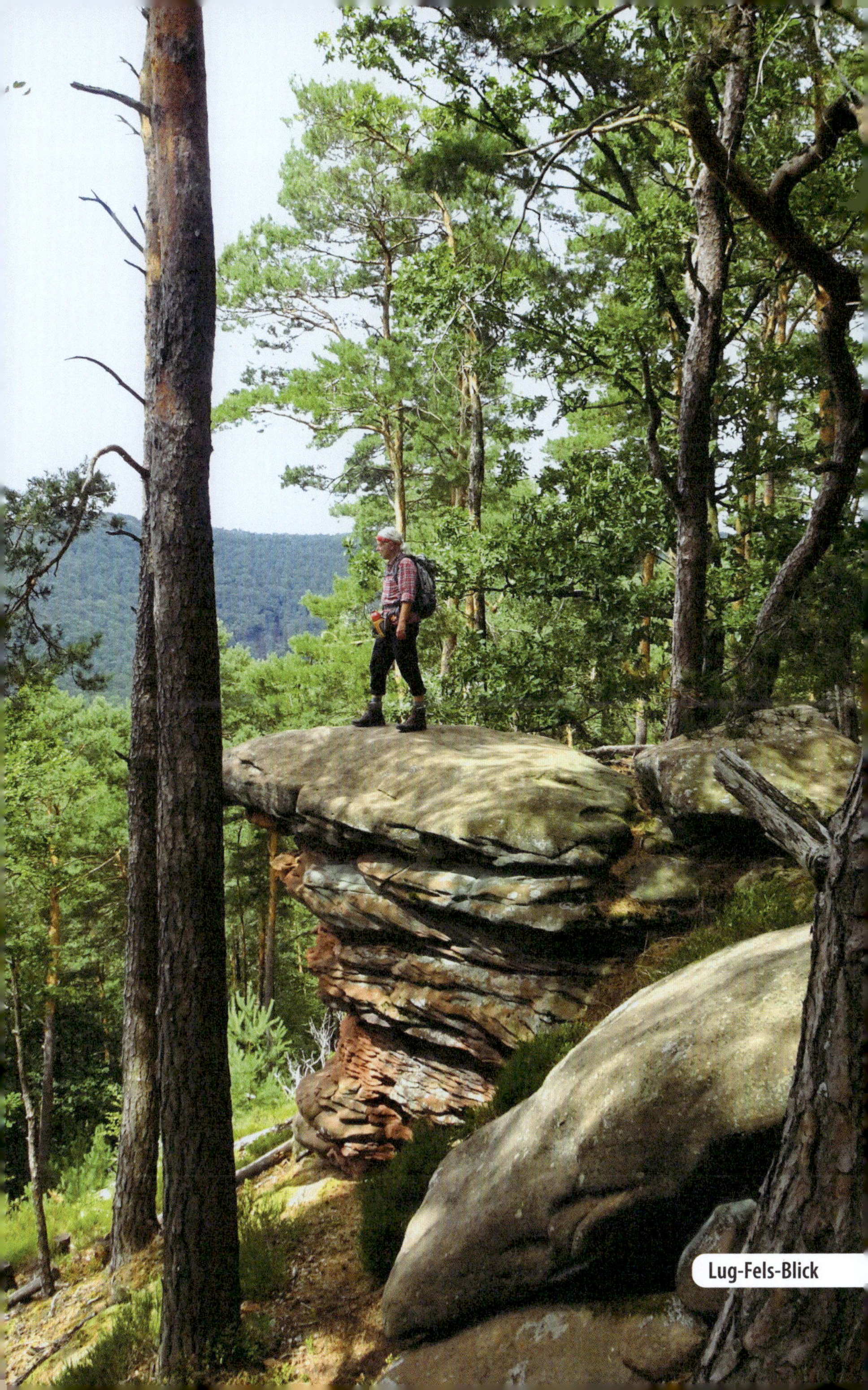
Lug-Fels-Blick

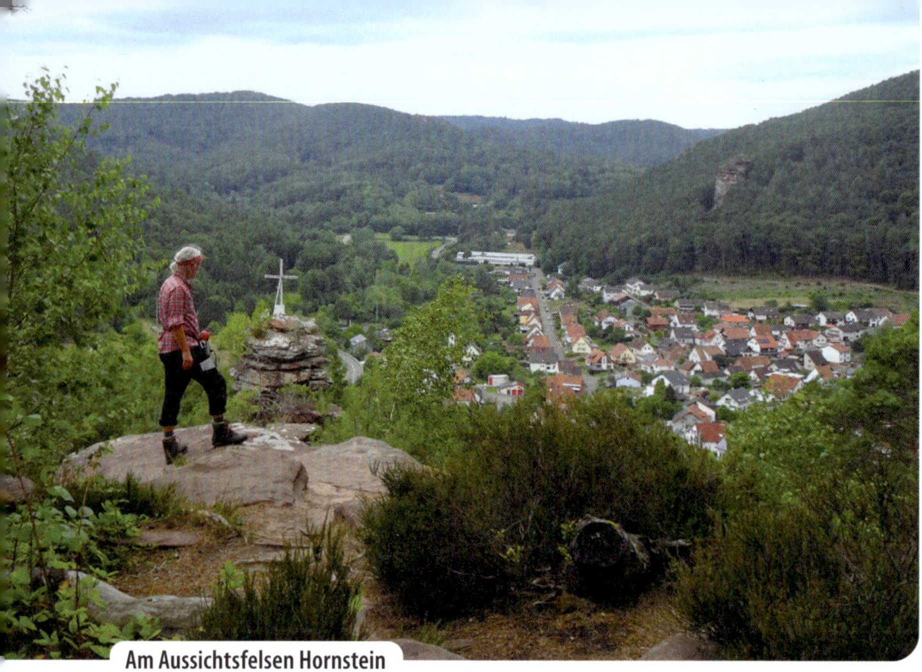
Am Aussichtsfelsen Hornstein

den fernen Horizont. Überall wächst die robuste Besenheide, sie ist als Heilpflanze fast in Vergessenheit geraten. Pfarrer Kneipp schätzte sie wegen ihrer blutreinigenden Wirkung. Stärkend auf Körper und Psyche wirkt sie als Tee oder Tinktur.

Eigentlich ist es so einmalig schön hier, dass wir am liebsten an diesem hübschen Flecken bleiben würden. Nur schwer können wir uns wieder loseisen, doch alles hat seine Zeit und so brechen wir endlich auf, gehen tief beeindruckt den Stichweg zurück und folgen dann dem Pfad, der uns geradewegs zum Felsen führt. Hierbei genießen wir die angenehme Ruhe und können bewusst und mit allen Sinnen den Bergrücken entlangwandern und dabei die einmalige, pure Waldromantik erleben. Wir erblicken weitere grandiose Felsen mit verschiedenen Formen und Farbschattierungen und kommen aus dem Staunen gar nicht mehr heraus – was für bizarre Felsbrocken es im Pfälzerwald gibt. Spektakulär und faszinierend zugleich.

Bald leitet uns ein Serpentinenpfad kurzweilig talwärts zu einer Sitzbank beim ④ **Hornstein** auf 347 Metern Höhe. Jetzt stehen wir vor dem weißen Gipfel-

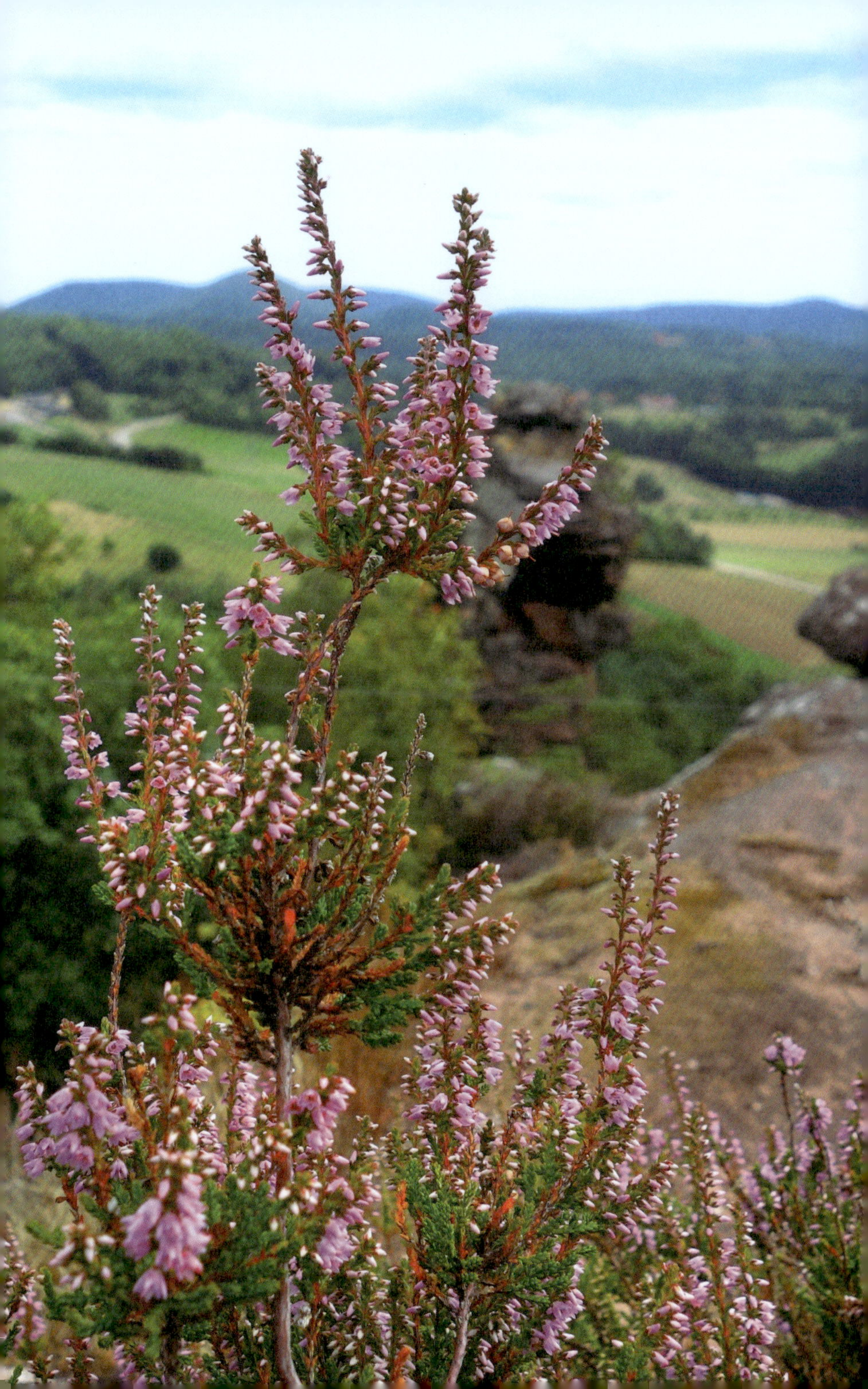

kreuz, das wir anfangs bereits im Tal gesehen haben, und schauen hinab nach Lug. Dabei begrüßt uns der Dorfgockel mit einem lauten Kikeriki. Dann folgen wir achtsam dem alpin anmutenden Steig, der uns abwärts und direkt am Hornstein vorbeiführt, bis wir wieder auf den **Vierwegetreff** stoßen. Allerdings gehen wir nun den breiten Weg nach links. Noch einmal blicken wir wehmütig hinauf zum Hornfelsen und folgen dem talwärts führenden Pfad, der uns zu unserem Anstiegsweg zurückbringt. Erneut halten wir uns links und spazieren zurück nach Lug.

Was für eine tolle Tour, ein echter Geheimtipp: kurz, aber knackig, mit sagenhaften Felsformationen, Naturerlebnissen und Waldromantik.

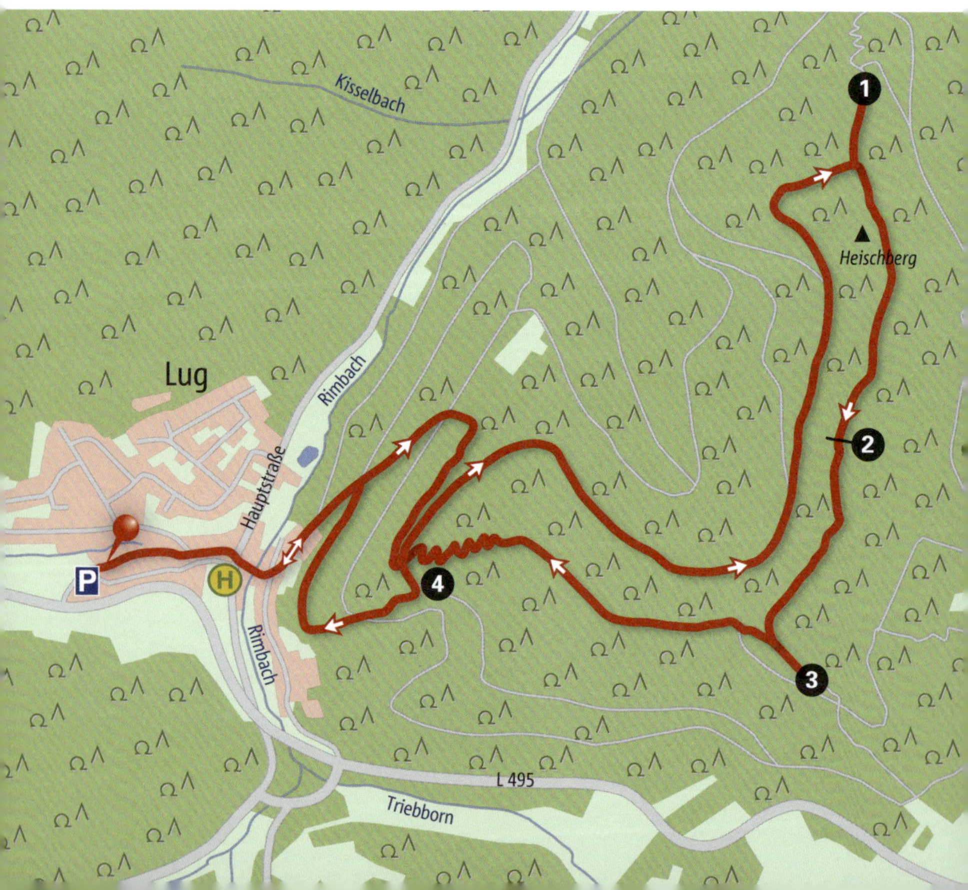

ALLES AUF EINEN BLICK

Entspannung
Abenteuer
Vielfalt

WIE & WANN

Der Weg bis zum Runden Hut ist einfach, ab hier teils schmale Bergpfade, die gutes Schuhwerk und Trittsicherheit verlangen. Beste Wanderzeit von April bis November.

HIN & WEG

Auto: Parkplatz an der Gemeindehalle, Hauensteiner Straße, 76848 Lug
ÖPNV: Haltestelle Lug Dorfplatz

ESSEN & ENTSPANNEN

Bitte an Rucksackverpflegung denken.

ENTDECKEN & ERLEBEN

1. **Runder Hut**
2. **Lug-Fels-Blick**
3. **Geiersteine**
4. **Hornstein**

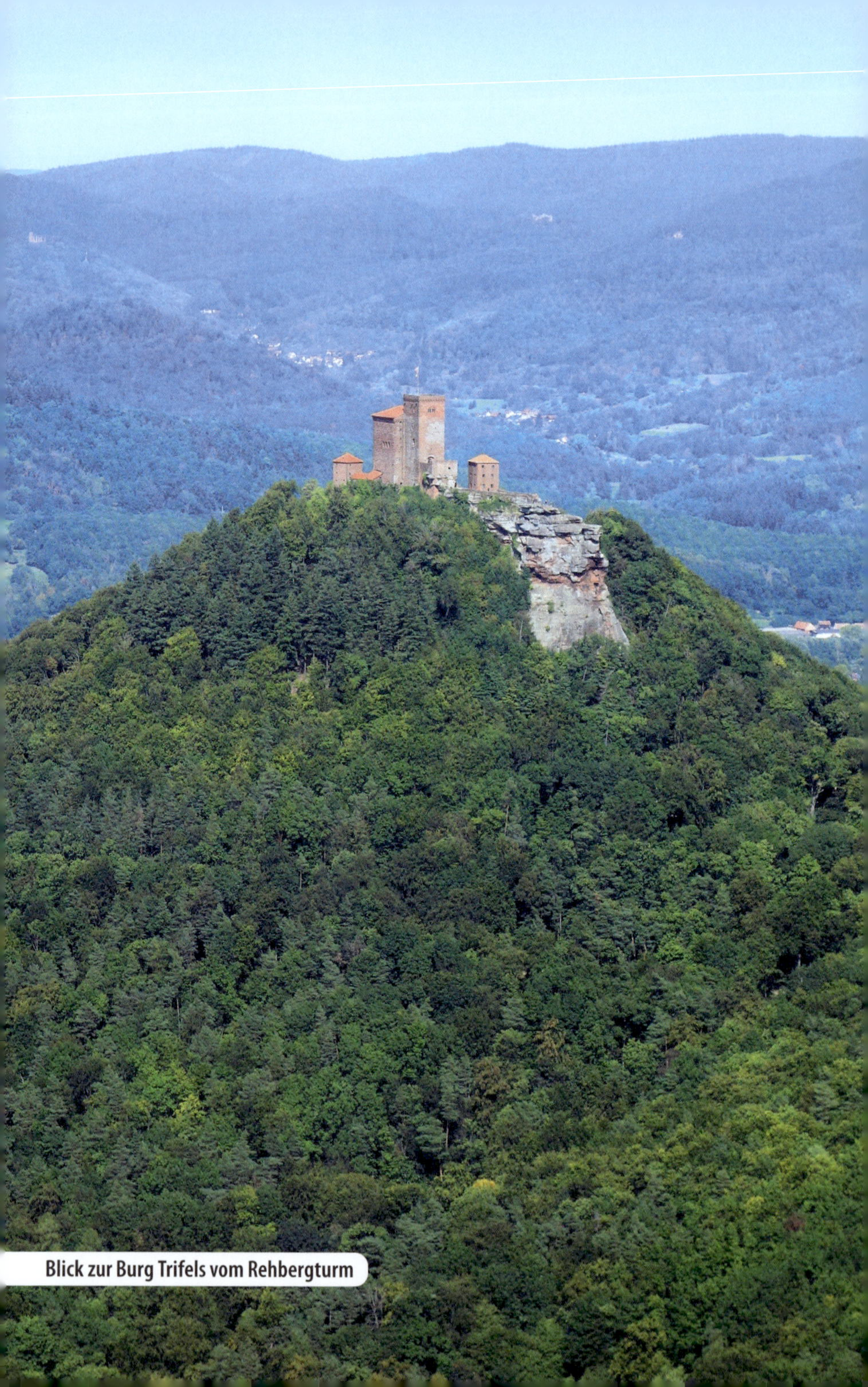

Blick zur Burg Trifels vom Rehbergturm

Gipfelglück

Auf dem Richard-Löwenherz-Weg

Heute starten wir zu einem ganz besonderen Ausflugstag: Es geht nach Annweiler am Trifels. Dort erwartet uns pures Wanderglück mit allem, was das Herz begehrt: grandiose Weitblicke, eine wunderschöne ländliche Gegend und viele herrliche Naturmomente. Diese Wanderung hat einen durchaus sportlichen Charakter, doch dafür werden wir mit imposanten Steinformationen am Wegesrand mehr als belohnt. Also auf geht's.

In Annweiler schnüren wir unsere Stiefel und brechen auf zum **Richard-Löwenherz-Weg,** der am Parkplatz P 10 startet. Ein Weg führt uns durch einen kleinen Rundbogen über die Queich, vorbei am Ristorante Zum Alten Wasserrad, in das wir später einkehren werden, und weiter durch die Gasse Am Storchentor. Sofort fällt uns das gemütliche Flair dieses netten Orts auf. Unsere heutige Markierung, ein **gelb-oranges Wappen mit schwarzen Pfeilen,** leitet uns ans Ende der Gasse, wo wir halb links in die Spitalstraße spazieren. An ihrem Ende führt ein Fußweg geradeaus durch die Stadtmauer. Rechts versetzt folgen wir dem Brunnenring und steigen steil der Straße Zum Honigsack entgegen.

Oben angekommen, führt unser Weg nach links und einige Meter weiter folgen wir dem Wanderweg rechts. Schon verlassen wir das Wohngebiet und tauchen ein in den Forst. Schweißtreibend geht es bergauf, doch die **Hochebene Klingelberg** entlohnt uns für den Aufstieg. Wunderschön eingebettet in die bewaldete Gegend strahlt sie ein besonderes

Kilometer: 13,1
Höhenmeter: 535
Stunden: 5
RUNDWEG

Flair aus, das bei uns gleich ein Wohlgefühl und Entschleunigung auslöst. Die ländliche Idylle dieses Abschnitts begeistert uns so sehr, dass wir direkt den Alltag und seine ständigen Anforderungen vergessen können und völlig abtauchen in diese wunderschöne Natur. Ein paar Meter weiter sind wir überwältigt von dem eindrucksvollen Bild, das sich uns zu unserer linken Seite zeigt. Stolz grüßt die Kaiserburg Trifels herüber und der ziemlich markante Kletterfelsen Asselstein taucht in Blickrichtung vor uns auf. Genial, was für ein toller Fotomoment. An der nächsten Kreuzung geht es rechts neben Viehweiden hinab in den bewaldeten Grund.

Unten angekommen, steigen wir aber gleich schon wieder bergan. Dabei achten wir auf den links abzweigenden Serpentinenpfad und halten uns am Querweg rechts zur **1 Trifelsruhe.** Unser Weg führt direkt durch

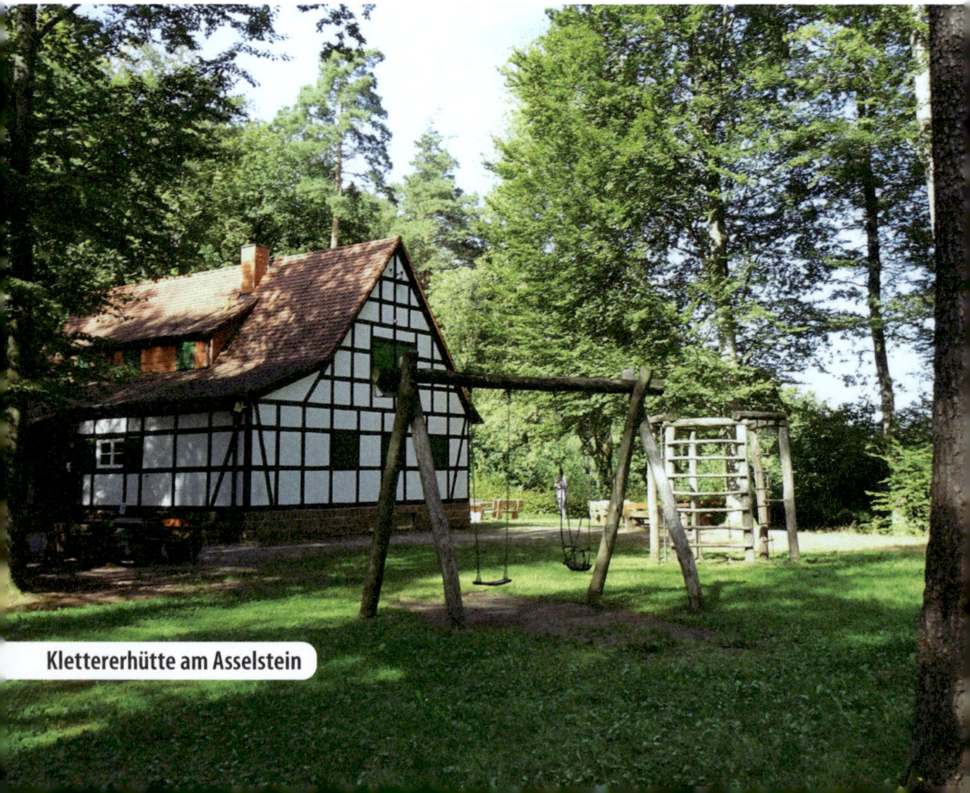

Klettererhütte am Asselstein

diesen Pfälzer Friedwald, der eine ganz besonders friedliche Stille verströmt. Beim Professor-Georg-Biundo-Brunnen queren wir eine Straße und steigen weiter im Zickzack hinauf zur ❷ **Willi-Achtermann-Hütte.** Von hier aus genießen wir einen schönen Blick auf Annweiler und Burg Trifels. Ein Gefühl von Dankbarkeit für die Schönheit der Wanderung erfüllt uns. Nach einer kurzen Auszeit folgen wir dem breiten Waldweg und blicken durch den lichten Wald auf die Häuser von Wernersberg. Am ❸ **Wasgaublick** auf 422 Metern Höhe erfreuen wir uns an dem grandiosen Ausblick – schon wieder eine Streicheleinheit für unser Gemüt.

Für die Seele

Vom höchsten Wasgaugipfel ist der 360-Grad-Panoramablick auf dem Rehbergturm Balsam für die Seele.

Weiter geht es im spitzen Winkel, dann biegen wir scharf links ab und sind von der wunderbaren waldigen Atmosphäre entzückt, das ist pures Wandern für die Seele. Ein Bergpfad bringt uns zu einem hübschen Felsenpaar, vor dem wir links zum Karl-Rahm-Pfad abbiegen. Wir bestaunen die üppige Pflanzenwelt. Der Abstieg leitet uns zu einer Kreisstraße, der wir nur kurz folgen. Halb links geht es nun auf einem Forstweg weiter und rechter Hand baut sich die Felsenwand des beliebten Klettermekkas der Pfalz vor uns auf, der berüchtigte **Asselstein.** Diesen umwandern wir quasi und können uns an einer Infotafel über die Kletterrouten und alles, was es hier zum Thema Klettern zu wissen gibt, ausführlich informieren. Für uns geht es jetzt links ab und wir gelangen zur ❹ **Klettererhütte am Asselstein,** an der wir eine kleine Erfrischungspause einlegen, bevor wir den nächsten Anstieg bewältigen. Eine Apfelschorle erfrischt uns und füllt unseren Flüssigkeitshaushalt.

Nach einer kurzen Rast folgen wir der Markierung Richtung Wanderparkplatz und entscheiden uns dort für die rechte Route Richtung Rehbergturm. Da es sich um einen Rundweg handelt, stehen uns zwei Op-

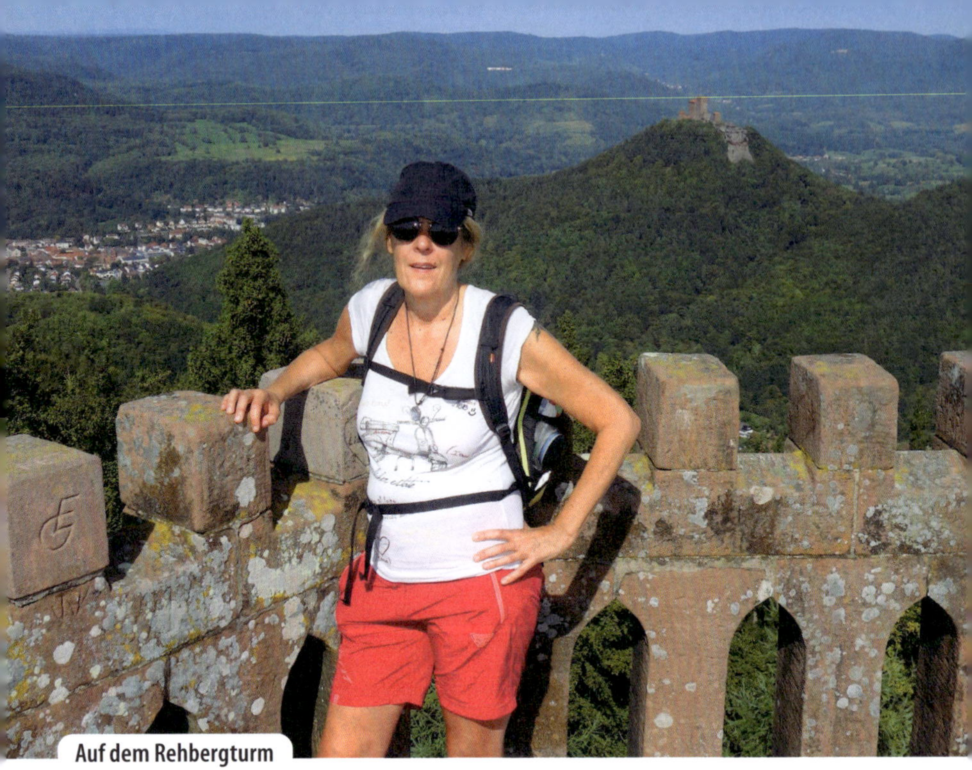

Auf dem Rehbergturm

tionen zur Verfügung. Der lange kontinuierliche Aufstieg ist ideal für alle, die eine ausdauernde Kondition mitbringen, und das gleichmäßige Gehen ist uns lieber als der steile Anstieg der zweiten Wegvariante. Fast meditativ gelangen wir Meter um Meter hinauf und unser Kopf wird dabei wunderbar frei. Bei einer Sitzbank erhaschen wir einen sagenhaften **5 Bilderbuchblick** auf das hügelige Umland und seine lieblichen Dörfer. Dann geht es weiter hinauf. Tritt um Tritt, langsam und gemächlich, wir fühlen uns immer mehr eins mit Mutter Natur, das ist aktive Entschleunigung. Der weitere Aufstieg führt uns zu einem Abzweig, von dem aus der Gipfel auf einem 400 Meter langen Stichweg zu bewältigen ist. Wir umrunden eine mächtige Felsformation, auf der wir in Kürze den achteckigen **6 Rehbergturm** auf 572 Metern Höhe erreichen. Der Turm stammt aus dem Jahr 1862 und ist 14 Meter hoch.

Nach einer kurzen Verschnaufpause steigen wir die 49 Stufen des Turms hinauf zur **360-Grad-Aussichts-**

plattform. Unbestritten gehört dieser Ausblick zu den schönsten des Pfälzerwalds. Schließlich stehen wir jetzt auf dem höchsten Gipfel des Wasgau. Wir können uns kaum sattsehen, was für eine Perspektive wir auch einnehmen. So erkennen wir Annweiler, die Kaiserburg Trifels, die Ruinen Anebos und Scharfenberg, wir blicken weit ins Rheintal hinaus, entdecken schemenhaft den Schwarzwald und den Odenwald – sogar bis in die Vogesen reicht unser Blick. Bei diesen traumhaften Aussichten geht einem das Herz auf. Aus dieser Vogelperspektive bekommen wir ein Gefühl von Leichtigkeit und Freiheit. Manchmal ist es ratsam und gut, wenn wir unser Leben aus einer veränderten Position betrachten, und meist gibt es dann auch eine Lösung und wir finden unsere innere Balance wieder. Genau das ist unser Antrieb, um auf Wandertour zu gehen, denn die Natur ist eine der größten Schatzkammern, um mit Körper, Geist und Seele wieder in Einklang zu kommen und neue Perspektiven zu erlangen.

Wir genießen die fantastische Aussicht noch einige Zeit, während wir den Gedanken freien Lauf lassen. Völlig beeindruckt und geflasht gehen wir dann die Stufen wieder hinunter und machen uns auf den Rückweg zu unserem Ausgangspunkt des Stichwegs. Am Abzweig nach 400 Metern biegen wir links ab, wandern auf weichem Waldboden und atmen tief den intensiv duftenden Waldgeruch ein. Bald schon erreichen wir die ❼ **Rehbergquelle.** An diesem überaus schönen Platz legen wir eine kurze Rast ein und kühlen uns an der klaren Quelle. So macht das Wandern Laune.

Nach einer intensiven Auszeit geht es munter weiter. Während des Abstiegs erreichen wir eine wunderschöne ❽ **Aussichtssitzbank** direkt bei einem Sandsteinfelsen. Wow, wie genial. Wir verweilen einige Minuten auf der Bank und lassen unsere Seele baumeln, welch ein Wohlfühlmoment. Dann folgen wir unserer Markierung, die uns am Felsenende rechts he-

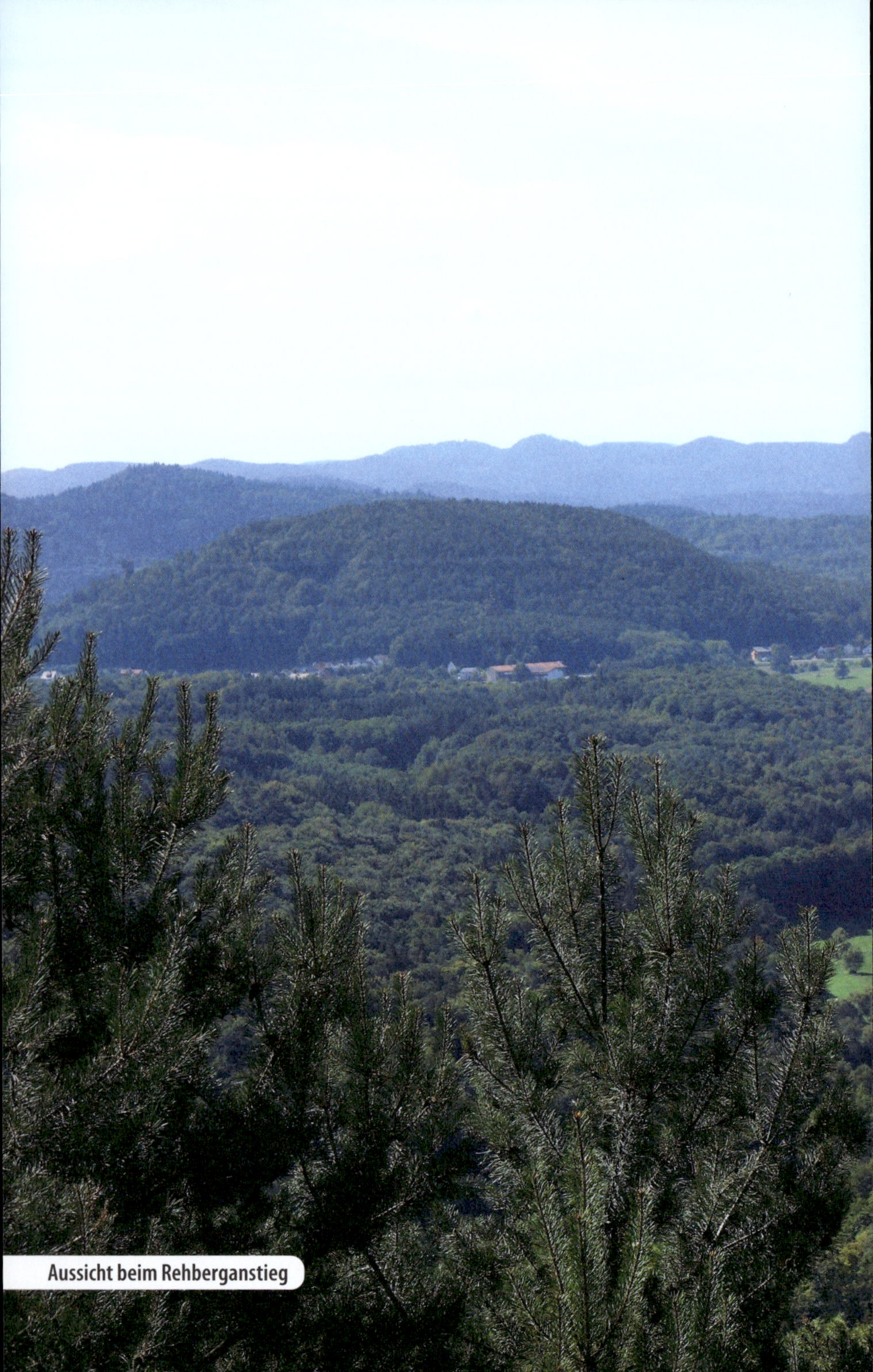

Aussicht beim Rehberganstieg

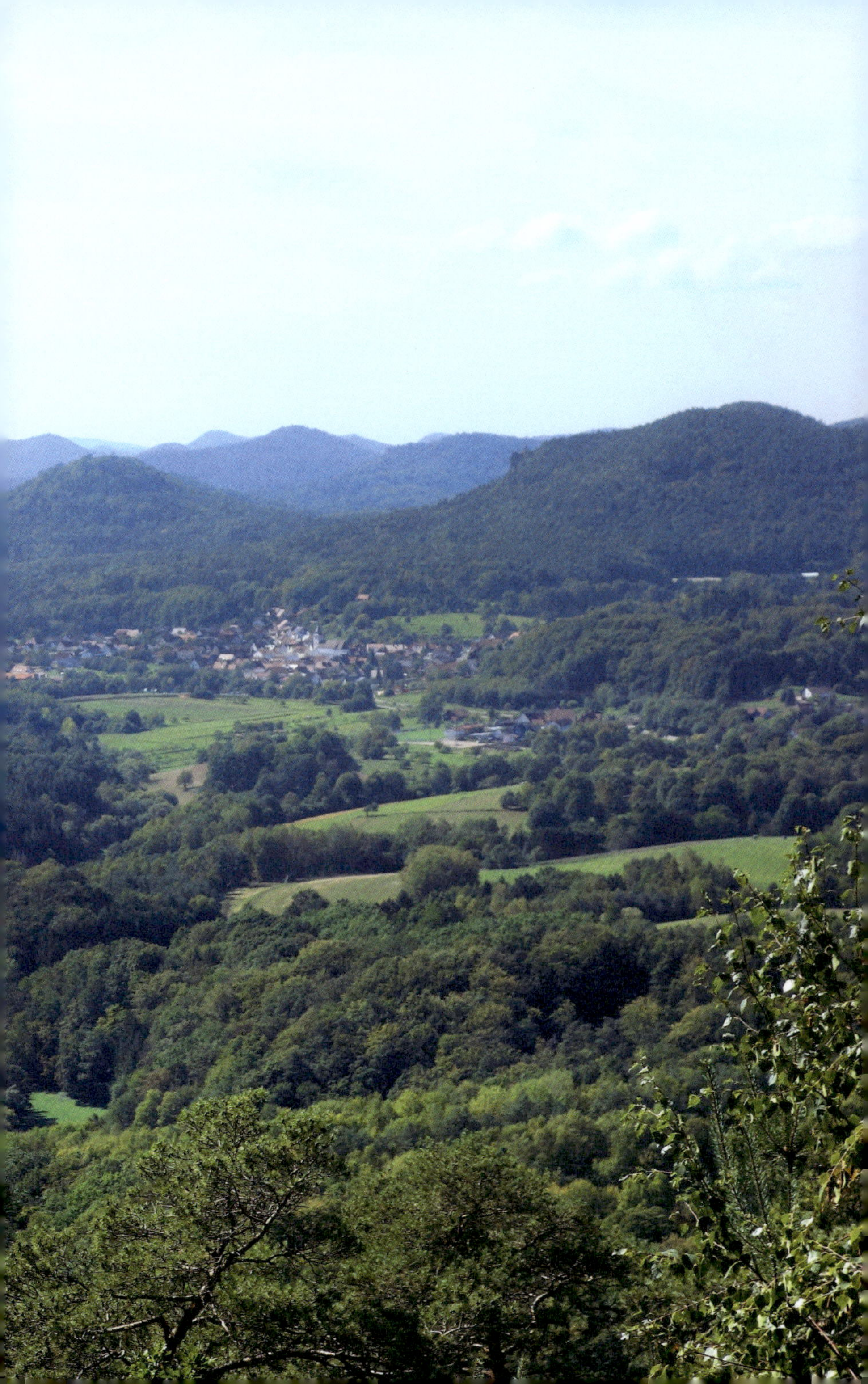

Richard Löwenherz wurde 1193 in der ***Festung Trifels*** *gefangen gehalten. Eine immens hohe Lösegeldsumme wurde zu seiner Freilassung bezahlt. Löwenherz war von 1189 bis 1199 König von England.*

rum zu einem Steig bringt, der in Abwärtskehren wieder zum Wanderparkplatz in der Nähe der **Kletterer-hütte** führt, wo wir zuvor die Gipfelrunde begonnen haben. Achtung, nun geht es für uns rechts weiter, wir überqueren bald eine Straße und folgen dem Waldpfad, der uns zur T-Kreuzung bringt. Dort gehen wir für kurze Zeit entspannt nach links, bis uns die Ausschilderung rechter Hand auf eine Lichtung mit einem weiteren **9 Trifelsblick** bringt.

Inzwischen haben wir schon eine ganze Fotoreihe der Burg im Kasten, doch immer wieder aufs Neue fasziniert uns das majestätische Bauwerk. Nach der Lichtung wenden wir uns dem Zickzackweg in Richtung Bindersbach zu. Der Weg führt hinab zum Jugendstilhotel Trifels und wir können im **10 Restaurant Zum Alten Kurhaus** einkehren. Auf der seitlich gelegenen Terrasse mit Selbstbedienung genießen wir gechillt ein alkoholfreies Bier mit toller Kulisse und Trifelsblick. Das heutige Hotel wurde Anfang des 20. Jahrhunderts erbaut und fungierte seinerzeit als Kurhaus und Erholungsheim.

Die ***Markwardanlage*** *ist Markward von Annweiler gewidmet, Erzieher des Stauferkaisers Friedrich II., Markgraf von Ancona, Graf der Abruzzen und Reichstruchsess von Sizilien. Der Park hat einen schönen Baumbestand, einen kleinen See und eine Konzertmuschel für Sommerkonzerte.*

Weiter geht es auf unserem ausgeschilderten Weg, der uns nun an einer Urlaubssiedlung mit Baumwipfelhäusern vorbeileitet. Dabei können wir immer wieder eindrucksvoll zur Burg blicken. Am Ortsrand streifen wir ein Lamagehege und einen Minigolfplatz. Neben der Markwardstraße entdecken wir eine **Kneipp-anlage.** Schuhe aus und rein ins kühle Nass! Wie ein Storch im Salat waten wir durch das kalte Wasser. Das stärkt unser Immunsystem und ist gut für das Herz-Kreislauf-System. Auch beim Armbad sind wir vorne mit dabei. Nach der gesundheitsfördernden Abkühlung schlendern wir durch die schöne **Markwardanlage** und erfreuen uns an den teils exotischen Pflanzen und Bäumen. Wie nett, zwischen dem angelegten Wasserlauf mit Steinen wurde eine Miniatur-Wasserradmühle aufgestellt. Hier hat man sich einiges einfallen lassen, der Park ist auch rollstuhltauglich.

An einer übergroßen Himmelsliege entspannen wir und genießen für einige Minuten den hübschen Park. Dann wandern wir weiter und gelangen alsbald zu einem schönen Weiher, wo wir nochmals eine kleine Auszeit einlegen. Wir beobachten das Glitzern der Sonnenstrahlen auf der Wasseroberfläche, ein Kraftmomente, von dem wir dann im Alltag zehren können. Wunderbar beflügelt geht es munter weiter und wir spazieren gemütlich in die Burgstraße und dann links in die Hauptstraße. Das charmante Dörfchen bietet zahlreiche Einkehrmöglichkeiten wie das **⑪ Café Escher.** Wir laufen weiter und biegen dann rechts in den **Rathausplatz** ein. Von hier aus ist es auch

Rathausplatz Annweiler

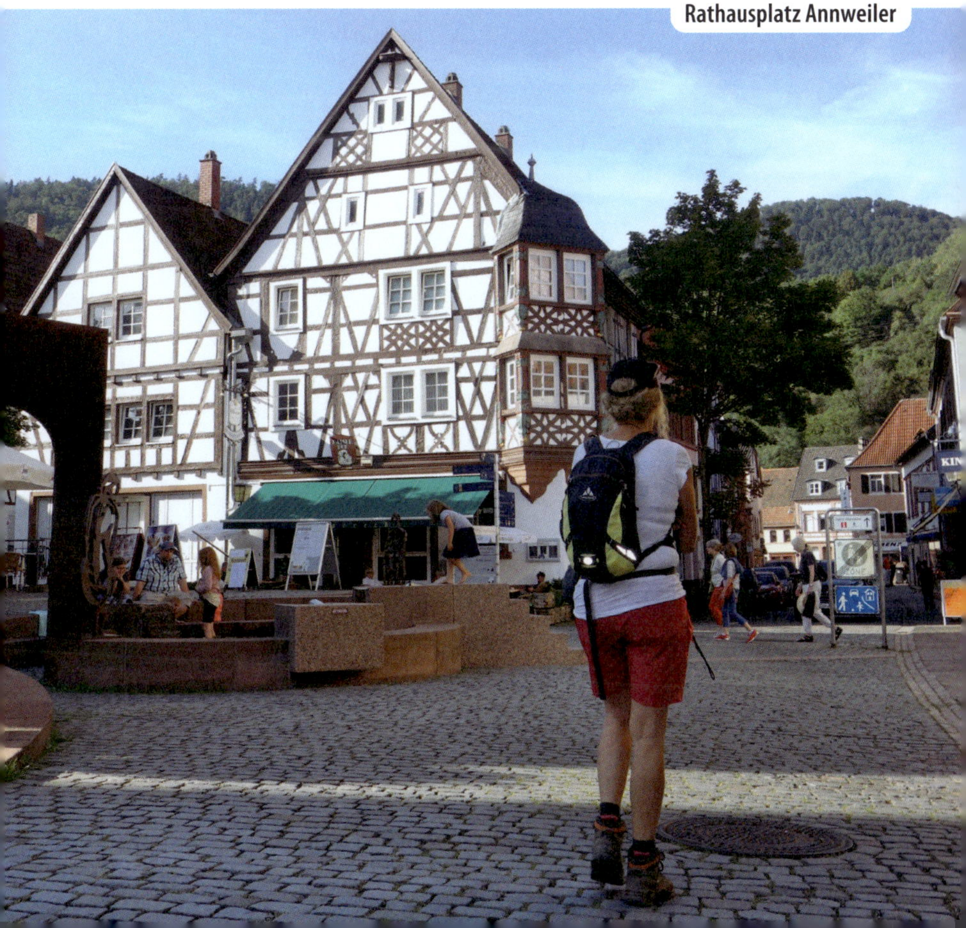

nicht mehr weit bis zum Kaisereck; wir schlendern geradeaus, bis uns die Altenstraße nach links leitet. Kurz darauf biegen wir rechts ab und sind auch schon wieder an der Wassermühle. Im ⓬ **Ristorante Zum Alten Wasserrad** lassen wir unsere heutige Tour bei Pizza und Pasta ausgiebig ausklingen. Gut gespeist und bester Stimmung gehen wir zu unserem Auto, das nur wenige Schritte von hier entfernt steht.

Ein unbeschreiblicher Wandertag geht zu Ende. Fasziniert und mit vielen Erinnerungen machen wir uns auf die Heimreise. Wir hatten nicht nur fantastische An- und Ausblicke, sondern ebenso unbeschreibliche Naturmomente. Die pure Entschleunigung gibt es gratis als Sahnehäubchen dazu.

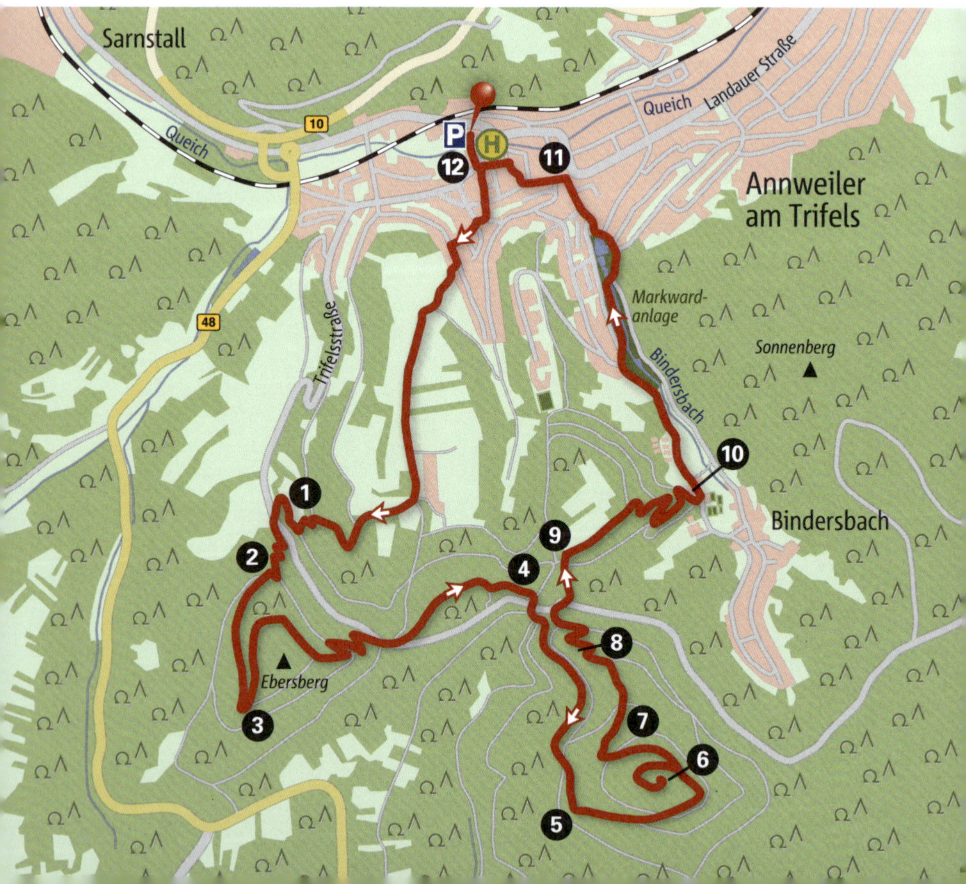

ALLES AUF EINEN BLICK

Entspannung 4/5
Abenteuer 5/5
Vielfalt 5/5

WIE & WANN

Auf Pfaden und Wanderwegen, die durchweg sehr gut sind. Langer, aber überaus lohnender Aufstieg von der Klettererhütte am Asselstein zum Rehbergturm. Beste Wanderzeit von Ende April bis Anfang November.

HIN & WEG

Auto: Parkplatz P 10 Villa Gotthold, Zweibrückerstraße 9, 76855 Annweiler am Trifels
ÖPNV: Haltestelle Annweiler Storchentor

ESSEN & ENTSPANNEN

4 **Klettererhütte am Asselstein,** Trifelsstraße 55, 76855 Annweiler am Trifels, Tel. (0 63 46) 9 29 06 03, www.klettererhuette.de

10 **Restaurant Zum Alten Kurhaus,** Kurhausstraße 25, 76855 Annweiler am Trifels, Tel. (0 63 46) 30 88 60, www.zumaltenkurhaus.de

11 **Café Escher,** Hauptstraße 57, 76855 Annweiler am Trifels, Tel. (0 63 46) 83 43, www.cafe-escher.de

12 **Ristorante Zum Alten Wasserrad,** Am Storchentor 8, 76855 Annweiler am Trifels, Tel. (0 63 46) 9 33 44, www.zum-alten-wasserrad.de

ENTDECKEN & ERLEBEN

1 **Trifelsruhe**
2 **Willi-Achtermann-Hütte**
3 **Wasgaublick**
5 **Bilderbuchblick**
6 **Rehbergturm**
7 **Rehbergquelle**
8 **Aussichtssitzbank**
9 **Trifelsblick**

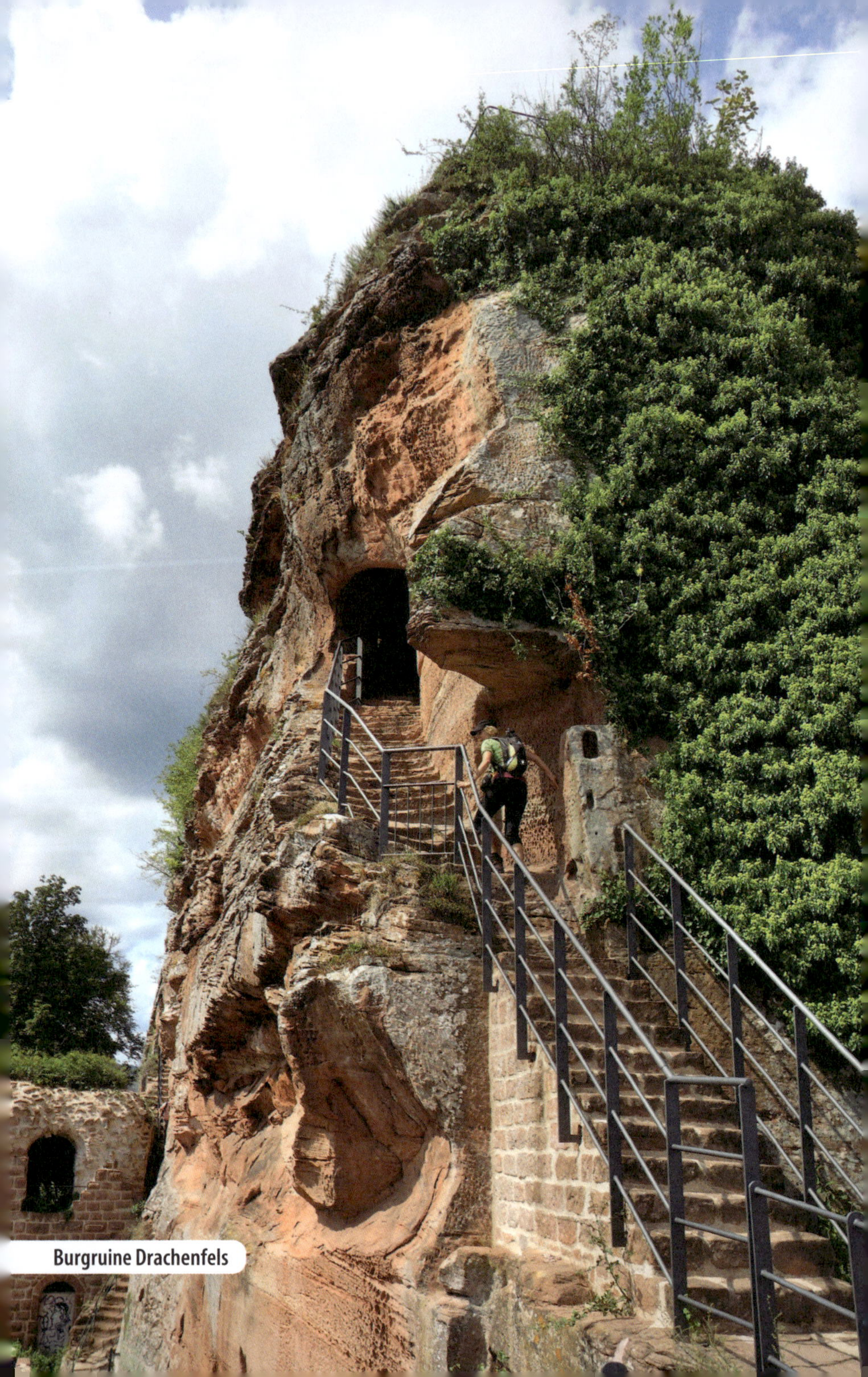
Burgruine Drachenfels

Abenteuerlich

Zur Burgruine Drachenfels

Bei strahlendem Sonnenschein mit leicht durchzogenen Wolken sowie angenehmen Temperaturen starten wir diesen perfekten Tag für ein neues Wandererlebnis. Bepackt mit Rucksack und Wanderstiefeln fahren wir nach Bruchweiler-Bärenbach, wo der Premiumwanderweg Bärensteig auf uns wartet. Die Felsenburg Drachenfels, die fast übermächtig vom Bergsattel herabblickt, ist der Höhepunkt der Wanderung.

Unsere Tour beginnt am Parkplatz neben dem Waldfriedhof. Dort erwartet uns ein riesiger hölzerner Braunbär, das Maskottchen des Bärensteigs. Die **orange-weiße Bärensteig-Markierung** dient uns für heute als Orientierung. Wir folgen ihr in den Wald und wandern auf dem breiten Wanderweg hinauf zum **Wasserspeicher am Leimbüschel.** Dort gabelt sich der Steig und wir gehen rechts, denn von links kommen wir am Ende der Wanderung zurück. Der stramme Anstieg bringt uns in Schwung. Er leitet uns zum 315 Meter hohen ❶ **Schuhfelsen,** von dem aus wir einen prachtvollen Ausblick auf Bruchweiler-Bärenbach genießen dürfen. Fasziniert von der schönen Aussicht sind wir schon neugierig auf alles, was uns heute noch erwartet.

Weiter windet sich der Steig aufwärts und wir versuchen, in eine Art Gleichklang mit unserem Wanderschritt zu gelangen. Fast wie in Trance steigen wir so Meter um Meter hinauf, bis wir nach einer Rechtskehre zu einer Sitzgruppe gelangen. Nach einer kurzen Pause wandern wir bergauf zum Abzweig Drachenfelsblick. Den ❷ **Drachenfelsblick** errei-

Kilometer: 14,5
Höhenmeter: 460
Stunden: 5
RUNDWEG

chen wir über einen kurzen Stichweg. Es lohnt sich, denn von hier aus sehen wir die mächtige Felsenburg in der Ferne aufragen. Wahnsinn, dort oben werden wir heute noch stehen – darauf freuen wir uns.

Zurück am Abzweigpunkt folgen wir nun einem schmalen, naturbelassenen Pfad, der uns durch den schönen Wald weiter bergwärts führt, bis wir am Massiv des **3 Jüngstbergs** ankommen, der mit seiner aussichtsreichen Felskanzel auf uns wartet. Wahnsinn, über eine 15-stufige Stahlleiter gelangen wir hinauf. Das gesicherte Aussichtsplateau ermöglicht uns einen sagenhaften Ausblick über die weite Hügelkette des Pfälzerwalds mit seinen vielen Burgen. Bei so einem phänomenalen Blick gerät beinahe unser Atem ins Stocken.

*Die Kanzel auf dem **Jüngstberg** auf 491 Metern Höhe bietet eine wunderschöne Aussicht.*

Nach einer ausgiebigen Fotosession steigen wir umsichtig wieder die Leiter hinab, wandern an eindrucksvollen Felsen entlang und folgen dem wunderschönen Pfad, der jetzt langsam an Höhe verliert. Über Serpentinen gelangen wir durch einen duftig-harzigen Kiefernwald und im weiteren Verlauf führt uns teils ein seilgesicherter Pfad zu einem hölzernen **4 Pfälzerwaldsofa,** von dem aus wir entspannt den hübschen Blick auf den Ort Bundenthal einfangen.

Nach einer kurzen Pause setzen wir unsere Wanderung fort, ein Forstweg leitet überaus angenehm links weiter. Nach einem Rechtsknick öffnet sich an der **5 Schutz- und Jagdhütte am Jüngstberg** der Wald und wir wandern beschaulich zwischen Wald und Weide. Wir gehen links und geradewegs wieder in den Forst hinein. Achtung, während des Abstiegs üben wir uns in achtsamem Gehen, denn wir wandern rechts auf einem wurzeligen Untergrund in Richtung Busenberg und folgen hier einer ziemlich ausgetretenen Wegspur. Ruhe und Stille finden wir auf diesem schattigen Waldabschnitt, der im Sommer vor wärmenden Sonnenstrahlen schützt und völlig neue Blickwinkel auf die Natur eröffnet. Bequem erreichen wir im weiteren Abstieg die **6 Drachenfelshütte (PWV).** Hier ist richtig viel los, denn von hier aus ist es nicht mehr weit zur Burgruine. Viele Tagesgäste sind mit dem Auto bis hierher angereist, um die Felsenburg zu erklimmen. Wir kehren erst einmal ein und stärken uns mit deftiger Hausmannskost plus kühlem Getränk. Das tut gut.

Frisch gestärkt schreiten wir nun dem Höhepunkt des Tages entgegen. Nach der Hütte geht es erst mal für einige Meter eben weiter, bis es dann nochmals kräftezehrend bergauf geht zur sagenumwobenen 7 **Burgruine Drachenfels** auf 368 Metern Höhe. Da rinnt schon mal der Schweiß, denn der Aufstieg ist ziemlich steil, doch er belohnt mit einzigartige m Ambiente und grandiosem Ausblick. Ausgewaschene Steinstufen und Stahltreppen führen hinauf und bieten ein Abenteuer sondergleichen. Auf mehreren Plattformen und unterschiedlichen Ebenen bieten sich immer wieder neue Perspektiven auf das mittelalterli-

Für die Seele

„Besser als Arznei un Troppe isch en gute – Pfälzer – Schoppe", so ein Spruch in der Drachenfelshütte.

„Backenzahn"

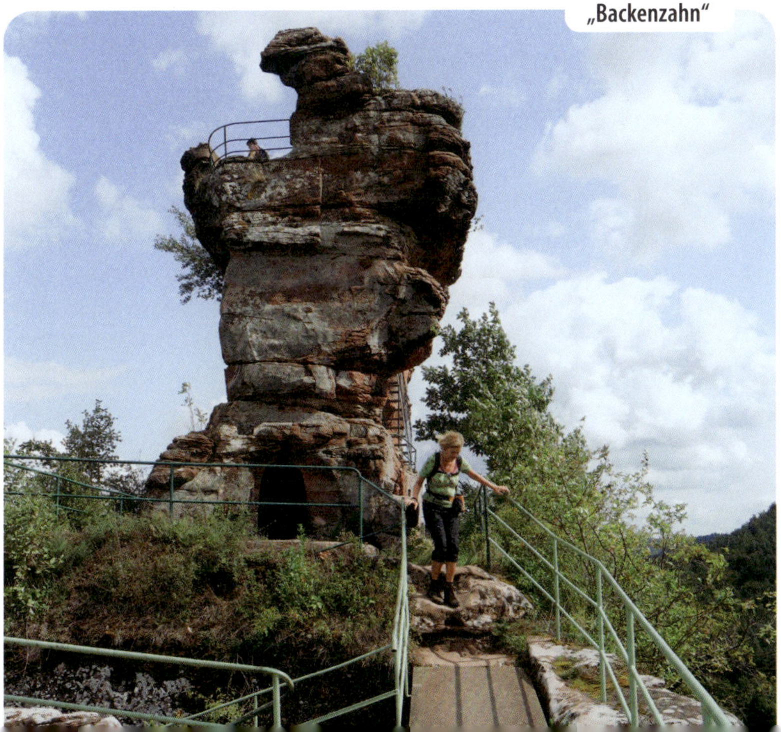

che Areal und das beeindruckende Umland. Vom oberen Plateau aus genießt man einen ungehinderten Blick in den Wasgau. Der ehemalige Bergfried wird gern als **„Backenzahn“** bezeichnet. Die Burg stammt wohl aus dem 12. Jahrhundert und wurde angeblich als Grenzburg der Abtei Klingenmünster errichtet, bevor sie dann wahrscheinlich 1335 von den Rittern von Drachenfels als Raubritternest vereinnahmt wurde. Allerdings zerstörten Straßburger Truppen sie bei diversen Schlachten teilweise. Im 14. Jahrhundert errichtete Eckbrechten von Dürckheim die Burg wieder, später teilten sich 25 Eigner die Burgrechte, darunter Franz von Sickingen und Kaiser Maximilian. Während der Fehde Sickingens 1523 wurde die Anlage fast völlig zerstört und anschließend als Steinbruch genutzt. Die Sanierung von 2021 bis 2023 durch die Daniel-Theysohn-Stiftung rettete die Burg vor dem Verfall.

Für die Erkundung sollte man genügend Zeit einplanen, denn es gibt einiges Interessantes zu entdecken und die Aussicht im alten Gemäuer und drum herum ist superschön. Weiter geht es. Wir verlassen den historischen Ort und biegen gleich am Haupteingang neben der Ruine rechts ab. Auf dem Waldpfad an der Burg entlang sehen wir Kletterer, die sich an der Felswand emporhangeln, das will gekonnt sein. Endlich kehrt auf dem Weg wieder Ruhe ein, denn die meisten Besucher der Burg haben an der Drachenfelshütte geparkt und so verläuft sich der Trubel bald. Der nächste Abzweig leitet scharf nach links. So langsam verlassen wir den Wald und treten in ein wiesenumsäumtes wunderschönes Tal. Dort wenden wir uns nach links und entdecken einen hübsch gelegenen kleinen **Weiher,** vor dem es allerdings links abgeht. Schon sind wir wieder im Wald und kreuzen einen grünen Talgürtel.

Wir folgen der Markierung, die uns auf einem Pfad nach links leitet. Pure Wald- und Wiesenromantik ist nun angesagt, die wir förmlich in uns aufsaugen. Bald

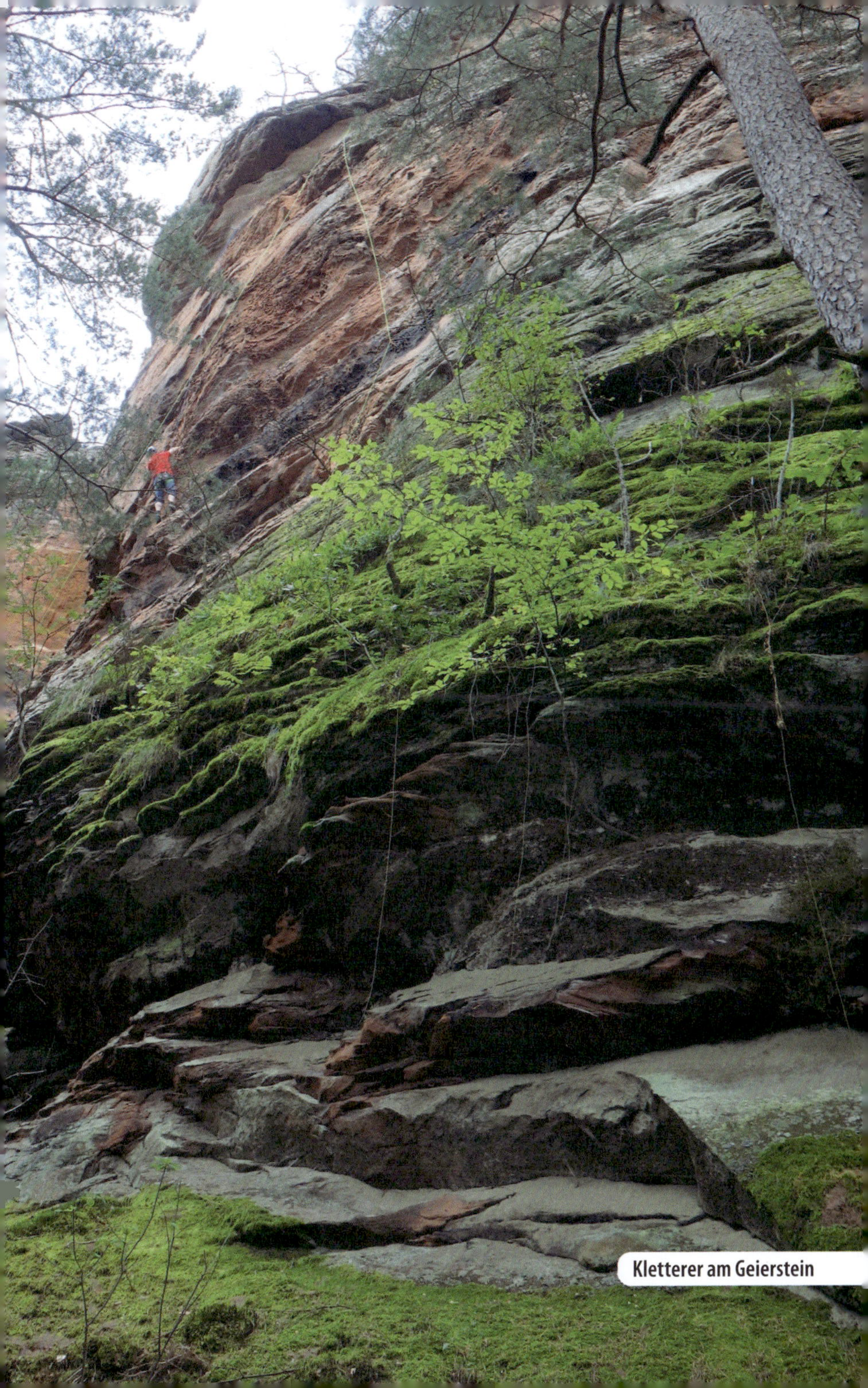

Kletterer am Geierstein

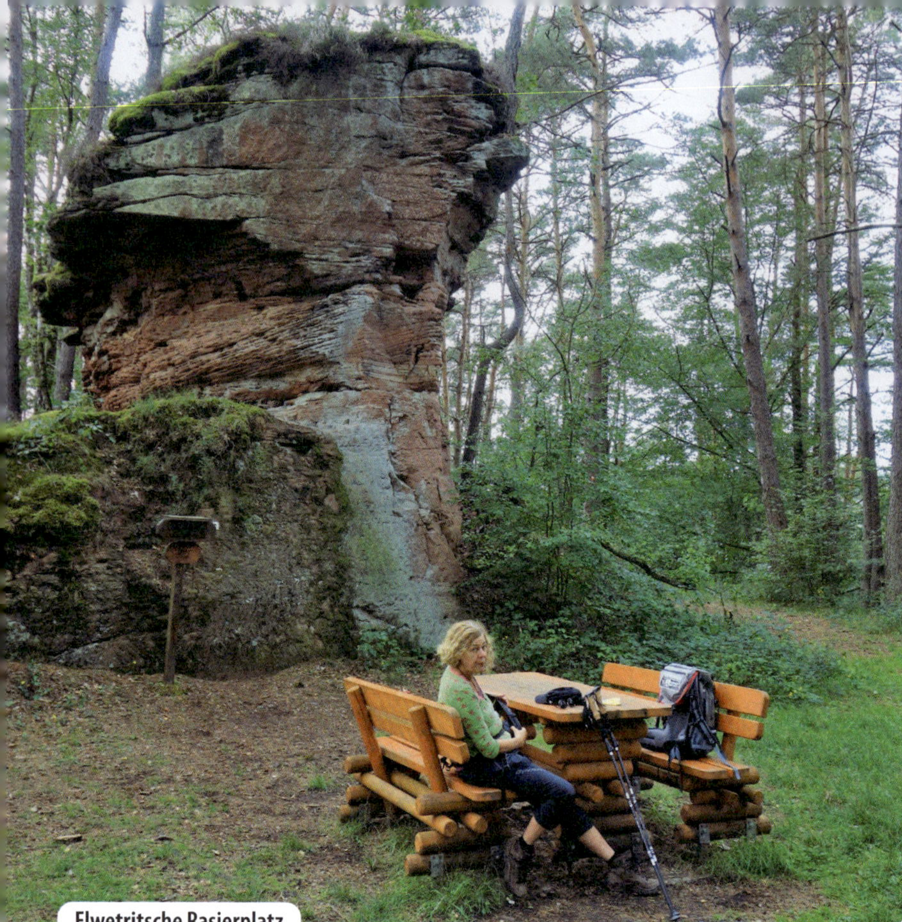

Elwetritsche Rasierplatz

knickt unser Weg zweimal rechts ab, aber noch vor der nächsten Linkskurve wenden wir uns einem mystisch verwunschen wirkenden Pfad zu, der uns ins Staunen versetzt. Solche Glücksmomente können wir nur in der Natur erleben. In der südlichen Knurrenhalde biegen wir rechts ab und können noch einmal eindrucksvoll zu Burg Drachenfels hinüberblicken, was für ein mächtiger Gigant. Nun kreuzt ein Forstweg und wir gehen links. Beim Wegpunkt Ungerteich in einer Lichtung achten wir auf den Linksabzweig, der uns flugs zum Fuß des **8 Bruchweiler Geiersteins** hinaufbringt. Während des Aufstiegs fallen uns die moosbewachsenen Steine auf, die in wilder Ordnung überall herumliegen. Kletterer üben sich an der Felswand, alle

Achtung, das beeindruckende Felsmassiv ist etwa 50 Meter hoch und sehr beliebt bei Kletterern, da es verschiedene Schwierigkeitsgrade bietet.

Bei unserem Anstieg kommen wir ganz schön ins Schwitzen, doch für geübte Wandersleute ist das kein Problem. Wir setzen einen Fuß vor den anderen und atmen gleichmäßig. So schaffen wir den Aufstieg und gelangen einige Zeit darauf mühelos über den Bergrücken zur Picknickbank am **9 Elwetritsche Rasierplatz.** Ach, wie lustig, da wurde eine Steckdose am Felsen befestigt und schon hat man einen Rasierplatz für das legendäre Fabelwesen Elwetritsch. Mutmaßlich soll es hier im Pfälzerwald beheimatet sein. Angeblich soll dieser Ort den scheuen vogelartigen Fabelwesen für ihre Reinigungsrituale gedient haben. Wir lauschen in die Stille und schauen uns mehrfach um, vielleicht entdecken wir so eine Elwetritsch irgendwo!

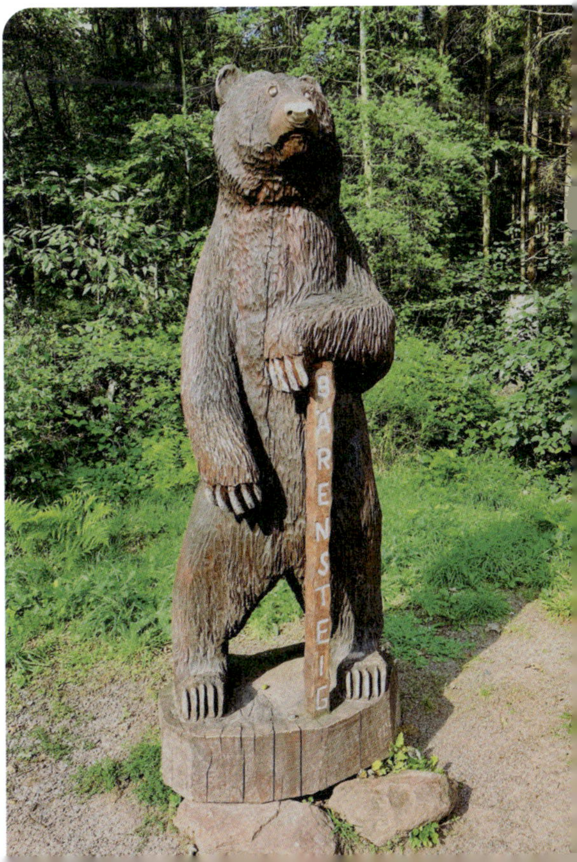

Nach vergeblicher Müh umrunden wir den Felsen und blicken hinab ins Tal. Der **Bärensteig** schlängelt sich durch den schönen Kiefernwald, wir bewundern diese prächtigen Bäume und atmen dabei den Wohlgeruch der Kiefernadeln ein. An warmen sonnigen Tagen duften sie intensiv. Wer möchte, kann jetzt auf dem Stichweg die **Lourdesgrotte** besuchen. Wir folgen dem Pfad, der sich durch den Steilhang windet, und entdecken die auswuchernde Jungfernrebe, die hier überall wächst.

Am **Heidenbühl/Eppenteich** biegen wir scharf links ab, laufen einige Meter und gehen wieder rechts. Bei einem Forstweg halten wir uns links und blicken aussichtsreich auf die Häuser des Orts, wo wir am Wanderparkplatz gestartet sind. Von hier aus ist es nicht mehr weit und wir können die Tour im wahrsten Sinne des Wortes auslaufen lassen. Gemütlich schlendern wir zum Parkplatz zurück und genießen noch einmal die herrliche Stille des Walds.

Heute sind wir mal wieder voll auf unsere Kosten gekommen. Die Tour bietet alles, was man sich als Wanderer wünscht – naturbelassene Pfade, einzigartige Fels- und Gesteinsformationen, Kultur und Historie und traumhafte Aus- und Weitblicke.

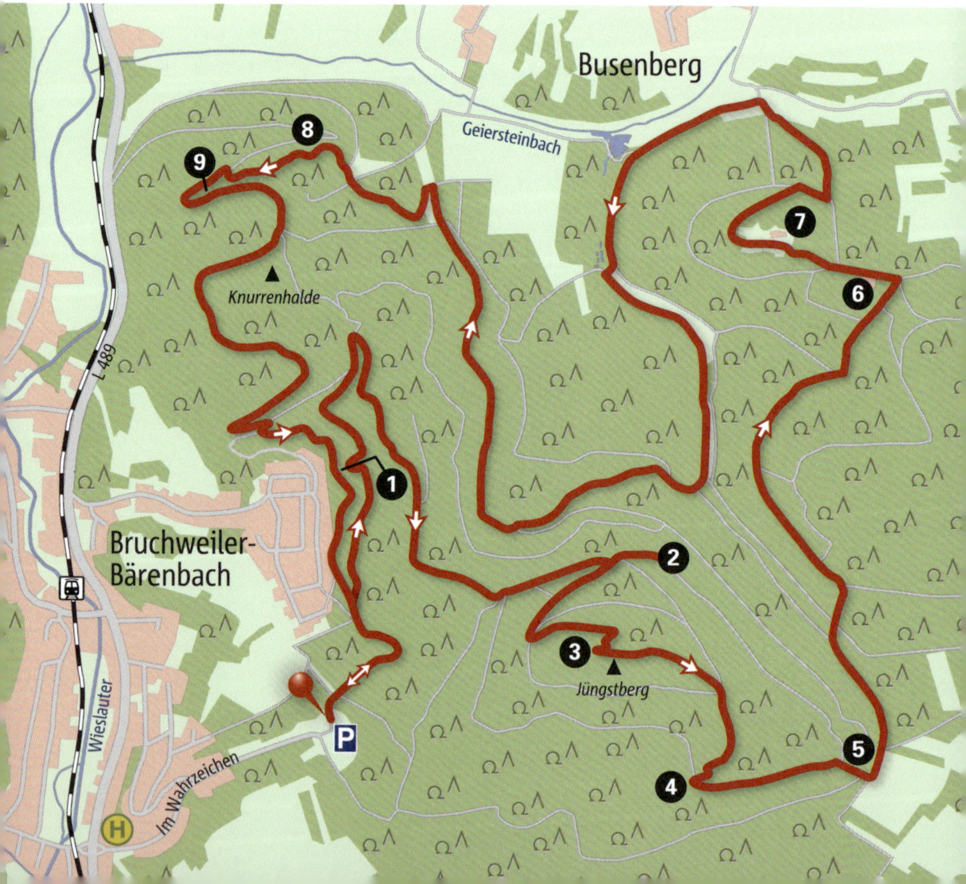

ALLES AUF EINEN BLICK

Entspannung
Abenteuer
Vielfalt

WIE & WANN

Die Wegbeschaffenheit ist durchweg sehr gut, aber trittsicher sollte man sein. Beste Wanderzeit von März bis November.

HIN & WEG

Auto: Wanderparkplatz Bärensteig, Im Wahrzeichen, 76891 Bruchweiler-Bärenbach
ÖPNV: Haltestelle Bruchweiler Otto-Muck-Straße oder Bahnhof Bruchweiler, ca. 1,5 Kilometer Fußweg

ESSEN & ENTSPANNEN

6 **Drachenfelshütte (PWV),** 76891 Busenberg, Tel. (0 63 91) 38 77, www.pwv-busenberg.de

ENTDECKEN & ERLEBEN

1 **Schuhfelsen**
2 **Drachenfelsblick**
3 **Jüngstberg**
4 **Pfälzerwaldsofa**
5 **Schutz- und Jagdhütte am Jüngstberg**
7 **Burgruine Drachenfels**
8 **Bruchweiler Geierstein**
9 **Elwetritsche Rasierplatz**

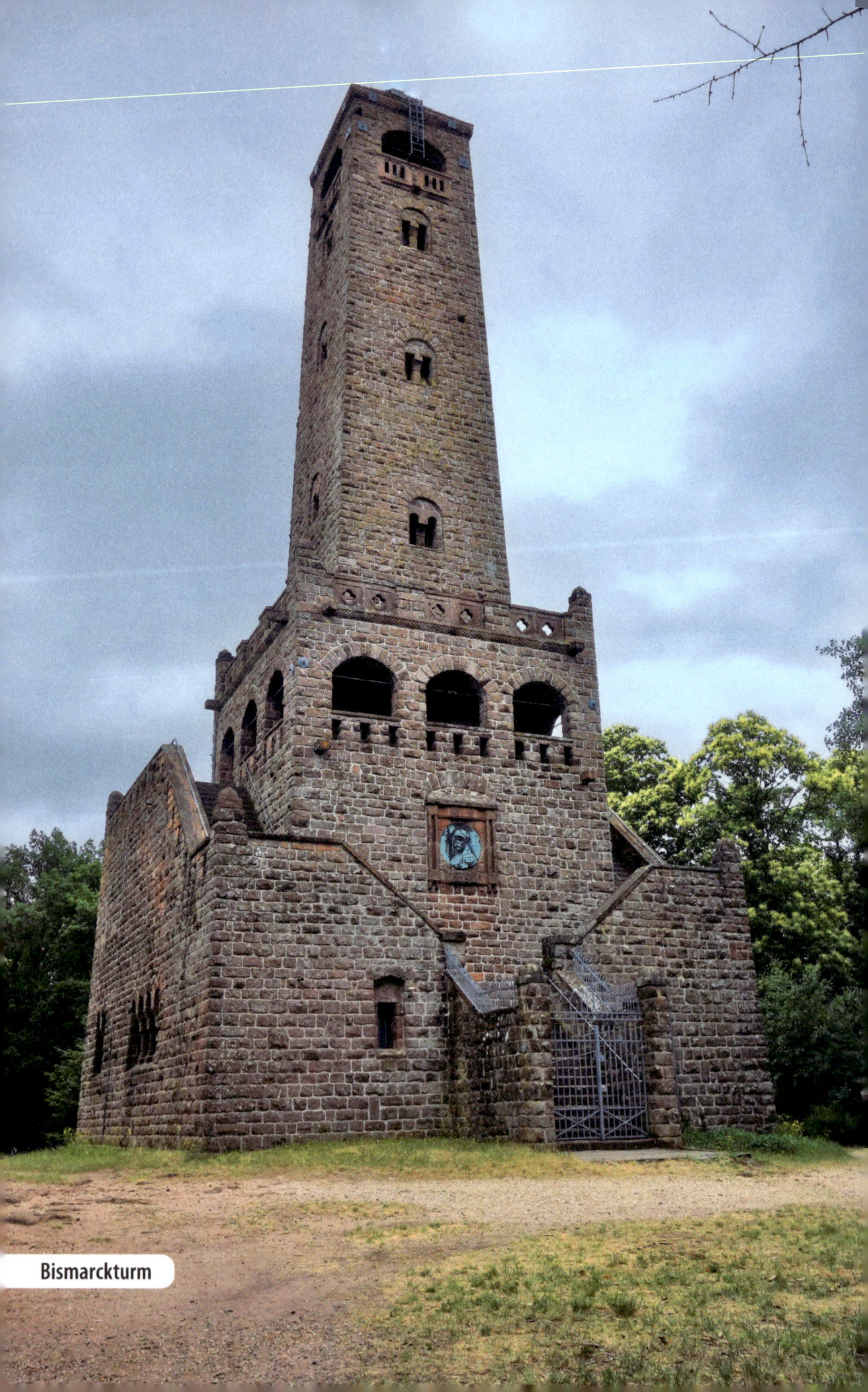

Bismarckturm

Beeren naschen

Ganerbenweg zum Bismarckturm

Unser heutiges Wandererlebnis bringt uns nach Bad Dürkheim, wo der Ganerbenweg mit seinen einzigartigen Felsvariationen auf uns wartet – Suppenschüssel, Kanapee oder Krummholzer Stuhl. Zudem stehen herrlich angenehme Pfade auf unserem Programm. Wir durchkämmen schöne Wälder streifen den sagenumwobenen Ungeheuersee und blicken vom Bismarckturm weit über die Grenzen von Bad Dürkheim hinaus.

Hinter Bad Dürkheim sind wir hoch hinauf in den Wald gefahren und beginnen gegenüber vom Forsthaus Lindemannsruhe die Tour über den **Ganerbenweg.** Am Ende des Parkplatzes erkennen wir halb rechts die Markierung einer **schwarzen Axt im gelben Kreis.** Bestens gelaunt folgen wir dieser auf einem schmalen Weg, der uns gleich in eine angenehme, friedliche Waldatmosphäre eintauchen lässt. Während wir so dahinlaufen, schütteln wir alle Alltagsgedanken förmlich von uns ab, das tut unheimlich gut. Tief atmen wir die gute Waldluft ein. Vor einem privaten Anwesen halten wir uns links und gehen auf dem hübschen, von großen Steinen und Wurzeln geprägten Pfad weiter. Bald gelangen wir zu einem kleinen Steinberg, dann schlängelt sich unsere Wegspur munter durch den Wald – pures Wanderfeeling mit viel Abwechslung. Alte Grenzsteine zieren als Zeugen einer längst vergangenen Zeit den Weg.

An einer T-Kreuzung halten wir uns rechts und steigen sanft bergan zur steinernen ❶ **Teufelsmauer.** Unterhalb einer uralten Eiche können wir Energie tanken und Kraft schöpfen.

Kilometer: 11,1
Höhenmeter: 250
Stunden: 4
RUNDWEG

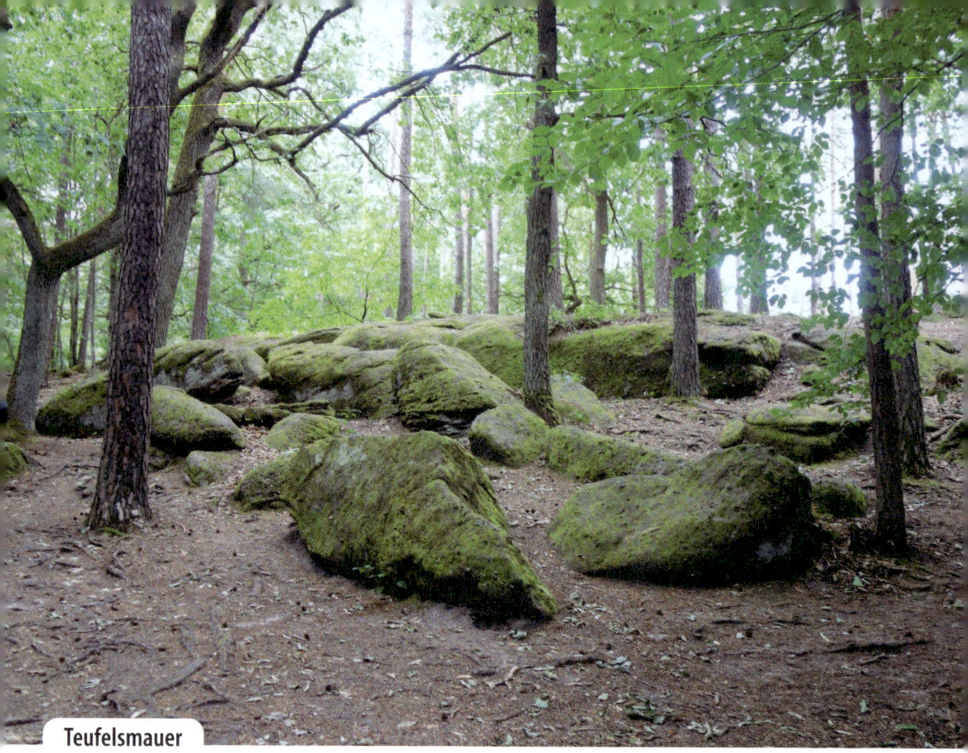
Teufelsmauer

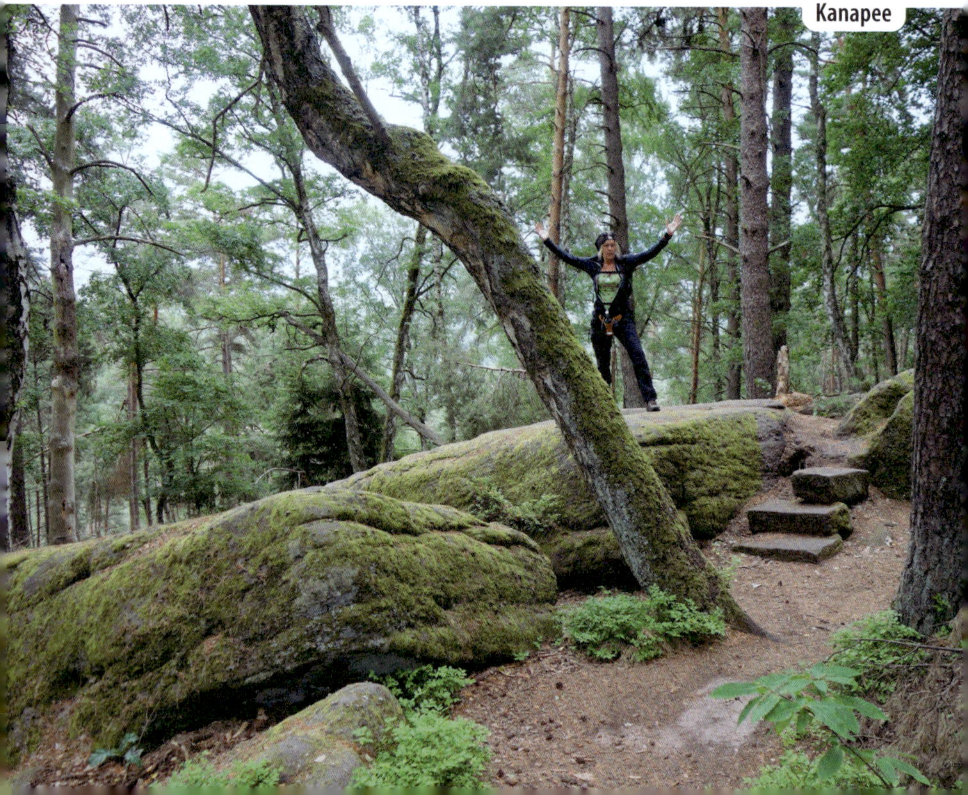
Kanapee

Stetig säumen einzigartig interessante Felsbrocken den Weg, während wir durch ein kleines Wäldchen mit überwiegend Birken hindurchwandern. Linker Hand entdecken wir den überdimensionierten **Fernmeldeturm Weilerskopf.** Wir behalten unsere Richtung bei und erfreuen uns bald am ❷ **Odenwaldblick.** Nun durchqueren wir eine üppige Pflanzenwelt – Brombeeren, Ginster, Fingerhut, Farngewächse und Heidelbeeren, die langsam heranreifen. Zahlreiche Kastanienbäume dominieren unseren Wegverlauf, während wir kurzweilig den Waldpfad entlangschlendern und uns der schönen Naturoase bewusst werden. Beim Picknickplatz legen wir eine kleine Verschnaufpause ein und genießen die tiefe Stille. Nur ein paar Vögel sind zu hören.

Für die Seele

Auf den Spuren längst vergangener Tage kosten wir leckeres Essen im Riesenfass.

Nach der Auszeit lohnt sich der Abstecher zum ❸ **Kanapee,** einer bizarren Felsformation mit Steinstufen und Sitzfläche im Fels. Wie die wohl dort hineingekommen ist? Kurz darauf passieren wir den ❹ **Leininger Grenzstein,** der aus dem Jahr 1595 und von den Grafen von Leiningen-Hardenburg stammt. Für uns zweigt ein Weg nach rechts ab und bringt uns zur ❺ **Suppenschüssel.** Die in Stein gehauene Vertiefung

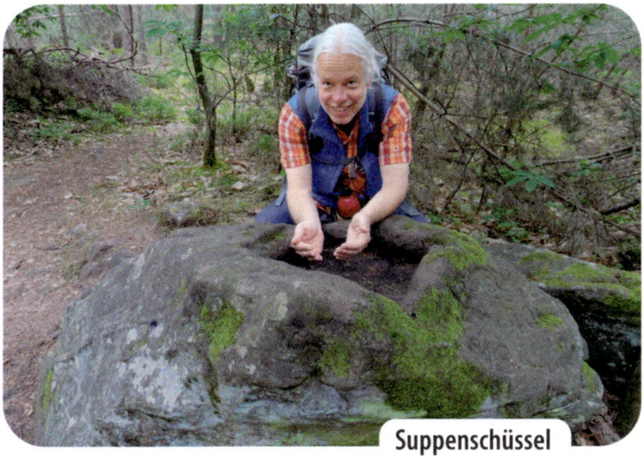

Suppenschüssel

könnte tatsächlich als solche durchgehen, hierbei handelt es sich um ein historisches Denkmal aus dem 12. Jahrhundert. Kaum haben wir unsere Fotos im Kasten, erwartet uns auch schon die nächste Attraktion: der ❻ **Krummholzer Stuhl,** der einem übermäßig großen Felsensofa gleicht. Bei diesem Felsblock handelt es sich wohl um einen römischen Steinbruch aus dem 2./3. Jahrhundert. Angeblich wurde er für Teile der Stadtmauer von Worms sowie für Särge aus Stein ausgeschlachtet. Danach wenden wir uns scharf links und folgen dem Pfad unterhalb des Steins talwärts.

Ein Querweg lässt uns rechts gehen, dann führt ein weiterer Pfad links hinunter zum romantisch gelegenen Naturdenkmal ❼ **Ungeheuersee** und zur ❽ **Weisenheimer Hütte (PWV).** Um den See ranken sich einige Mythen. Einer handelt davon, dass sich angeblich einst, als der See noch ungepflegt morastig war, keiner dorthin verirrte, weil dort um Mitternacht die Waldgeister ihr Unwesen trieben. Ebenso soll hier am See eine Waldfrau gelebt haben, die so manches Kind raubte.

*Der 150 Meter lange legendenumwobene ovale **Ungeheuersee** wurde durch Menschenhand über den Krumbach angestaut. 1599 erstmals urkundlich erwähnt, diente er früher als Viehtränke.*

Das wildromantische Naturdenkmal Ungeheuersee ist ein nährstoffarmer Moorsee und ein gefährdetes Biotop, das zahlreichen bedrohten Tierarten einen Lebensraum bietet. Tiere sollte man hier nicht füttern, um das natürliche Gleichgewicht des Sees nicht aufs Spiel zu setzen. Wunderschön wachsen hier Seerosen auf dem Teich und wir dürfen einem wohlklingenden Froschkonzert lauschen. Hier scheint ja mächtig was los zu sein, nach der Lautstärke des Gequakes zu urteilen. Die Weisenheimer Hütte hat von März bis Dezember sonntags geöffnet und von Mai bis Oktober zusätzlich mittwochs, leider ist heute Samstag. So gönnen wir uns zumindest am großen Picknickplatz eine kurze Verweilpause, bevor wir unsere Tour fortsetzen. Hier herrscht reges Treiben: Radfahrer, Wandersleute, alle machen hier eine kurze Zwischenrast.

Unser Weg führt uns am rechten Seeufer entlang, bald kommen wir an einer Lichtung vorbei und erreichen dann über vereinzelte Steinplatten und Holzbohlen das **Herxheimer Brünnchen.** Dort entspringt eine kleine Quelle im Wald, die uns die nötige Erfrischung an warmen Tagen spendet. Nun beginnt unser Anstieg und wir tauchen ein in einen mystisch wirkenden Pfad, auf dem wir uns in Grimms Märchenwelt zurückversetzt fühlen. Während wir so seelenruhig durch den Weisenheimer Wald pilgern und fasziniert den Wegabschnitt bewusst erleben dürfen, erfreuen wir uns an den Heidelbeerbüschen, die hier pratzelvoll mit leckeren Blaubeeren sind, die jedoch leider noch etwas reifen müssen. Weiter folgen wir unserem Wegzeichen und lauschen dem angenehmen Vogelgesang, während wir immer wieder neue Pflanzen und Kräuter entdecken, eine wahre Naturküche. Der Ganerbenweg führt jetzt gemeinsam mit dem Pfälzer Weinsteig über den Lindenpfuhl. Vor einem Forstweg biegen wir

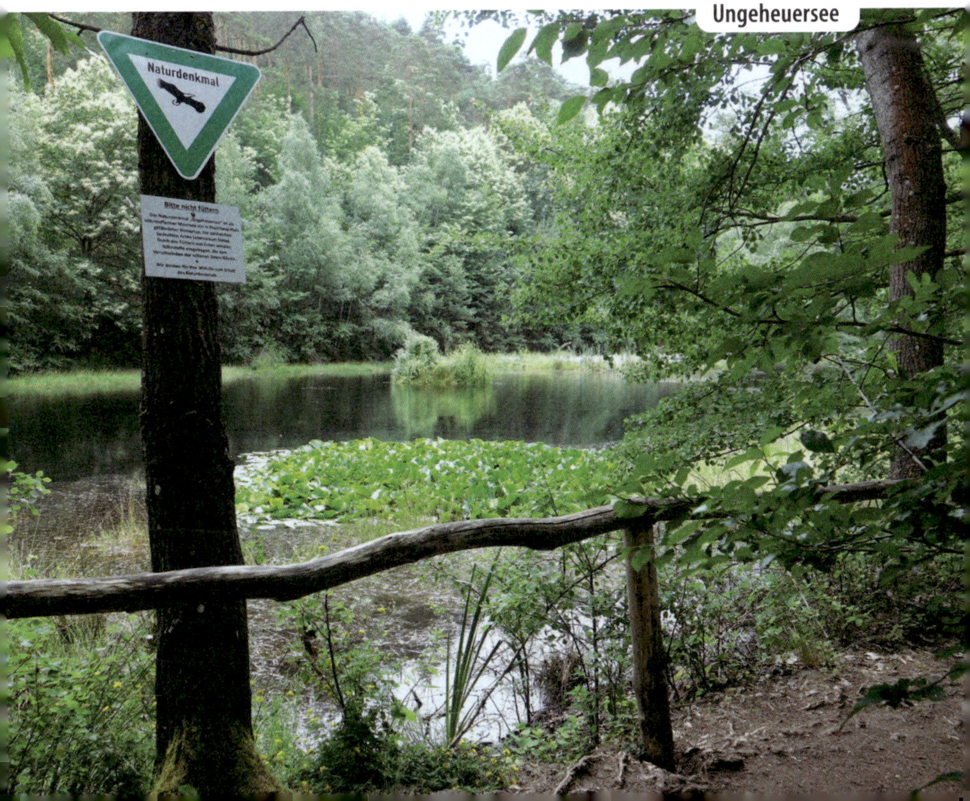

Ungeheuersee

Mit seinen Schriften „Der Waldbau" und „Der gemischte Wald" legte der Münchener Universitätsprofessor ***Johann Christian Karl Gayer*** *(1822–1907) den Grundstein für die waldbauliche Entwicklung in Bayern. Seine Impulse finden noch heute im Landeswaldgesetz Anwendung.*

rechts ab und gehen kurze Zeit später abermals rechts. Ein breiter Weg bringt uns zu einer Kreisstraße, die wir vorsichtig überqueren. Nun führt links leicht versetzt ein mit Felsbrocken gesäumter Waldpfad weiter über den Bergrücken zum 496 Meter hohen **9 Heidenfelsen,** der einst eine keltische Opferstätte war.

Was für ein magischer Ort, wir wandern um den Felsen herum und gelangen über Steinstufen zu beeindruckenden Felsöffnungen. Total geflasht erkunden wir diesen fantastischen Kraftort. Nach diesem Monument biegen wir an der großen Kreuzung scharf rechts ab und folgen neben moosüberwucherten Steinen dem Serpentinenpfad hinunter. Kurz erhaschen wir ein schönes Aussichtsfenster auf das Klaustal und die Pfälzer Bergketten. An der Gabel Kleiner Peterskopf halten wir uns links und steigen auf zum **Gayersbrunnen,** der zu Ehren von Professor Johann Karl Gayer dort errichtet wurde.

Von hier aus ist es nicht mehr weit zum Tageshöhepunkt, dem übermächtigen **10 Bismarckturm** auf 492 Metern Höhe. Gegen eine kleine Gebühr dürfen wir den Turm besteigen. Stolz ragt er hinauf, die 151 Stufen zur Aussichtsplattform gehen noch mal mächtig in die Beine, doch der Rundblick scheint grenzenlos. Er reicht über das Rheintal zum Odenwald und sogar bis in den Schwarzwald. Mit dem genialen Fernrohr erkennen wir das hübsche Panorama über die Deutsche Weinstraße noch deutlicher. Die Mühe des Aufstiegs hat sich mehr als gelohnt. Der **11 Turmkiosk** wird von Familie Kleiner bewirtschaftet, wer möchte, kann hier einen leckeren Flammkuchen oder andere Kleinigkeiten verspeisen.

Nach einer kurzen Verschnaufpause auf einer Himmelsliege vor dem Turm machen wir uns auf zum Endspurt unserer Tour. Hierzu folgen wir unserer Markierung, die uns über einen schönen Waldweg führt. Wir genießen noch einmal die friedliche Stille des angenehmen Wegabschnitts. Entspannt und völlig

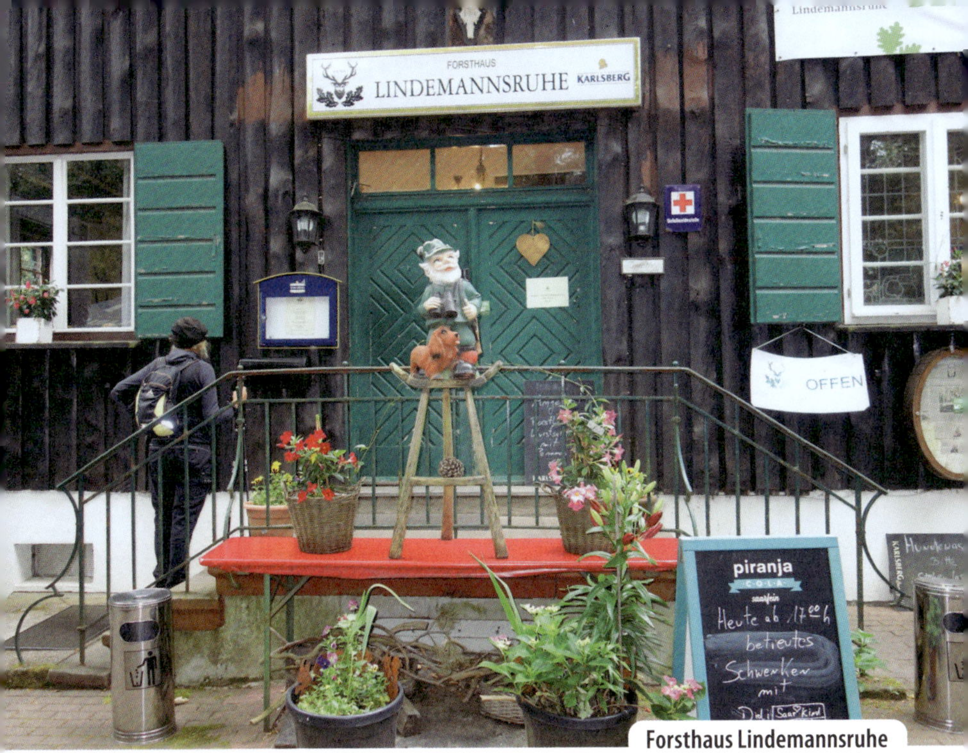

Forsthaus Lindemannsruhe

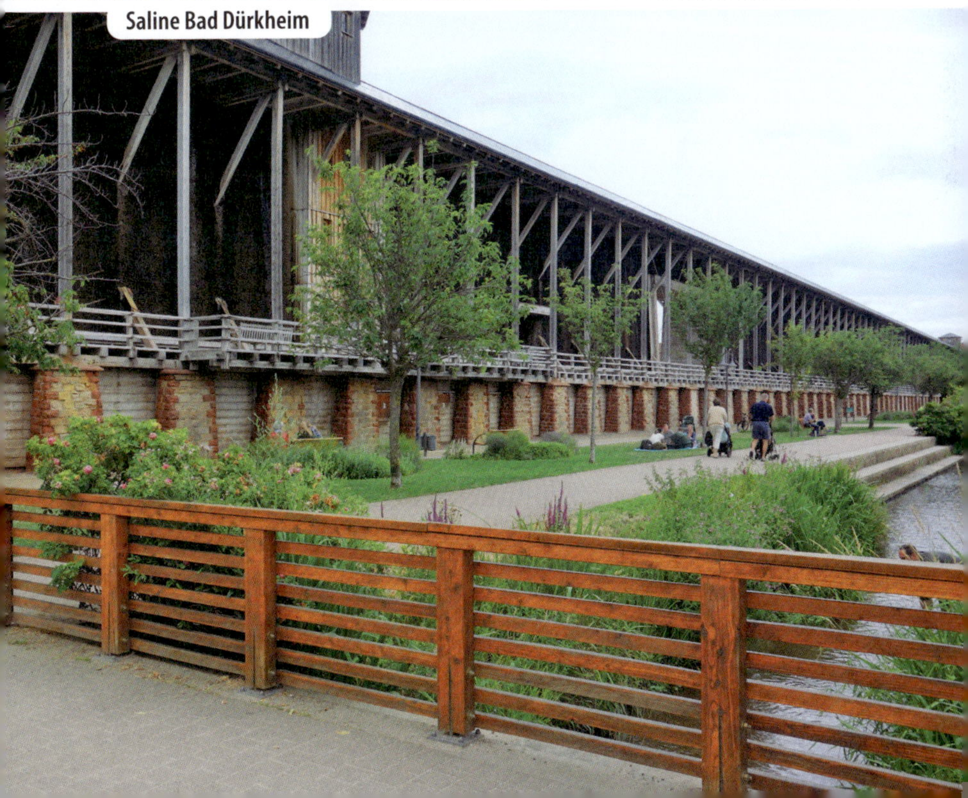
Saline Bad Dürkheim

relaxt treffen wir beim ⑫ **Forsthaus Lindemannsruhe** ein und lassen auf der gemütlichen Terrasse den heutigen Wandertag perfekt ausklingen.

Weil es so schön war, beschließen wir, noch **Bad Dürkheim** zu besuchen, wo eines der größten Weinfeste der Welt stattfindet, und zwar der **Bad Dürkheimer Wurstmarkt.** Wir spazieren am Gradierbau im Kurpark an der **Saline** entlang und bewundern das mächtige Bauwerk, phänomenal. Von hier aus entdecken wir das **Riesenfass,** ein rustikales Lokal und gut zur Einkehr geeignet. Das Fass hat ein Fassungsvermögen von etwa 1.700.000 Liter Wein, wenn man es füllen würde. Ein toller Ausflugstag neigt sich dem Ende zu, der unsere Erwartungen an die Wanderung noch übertroffen hat.

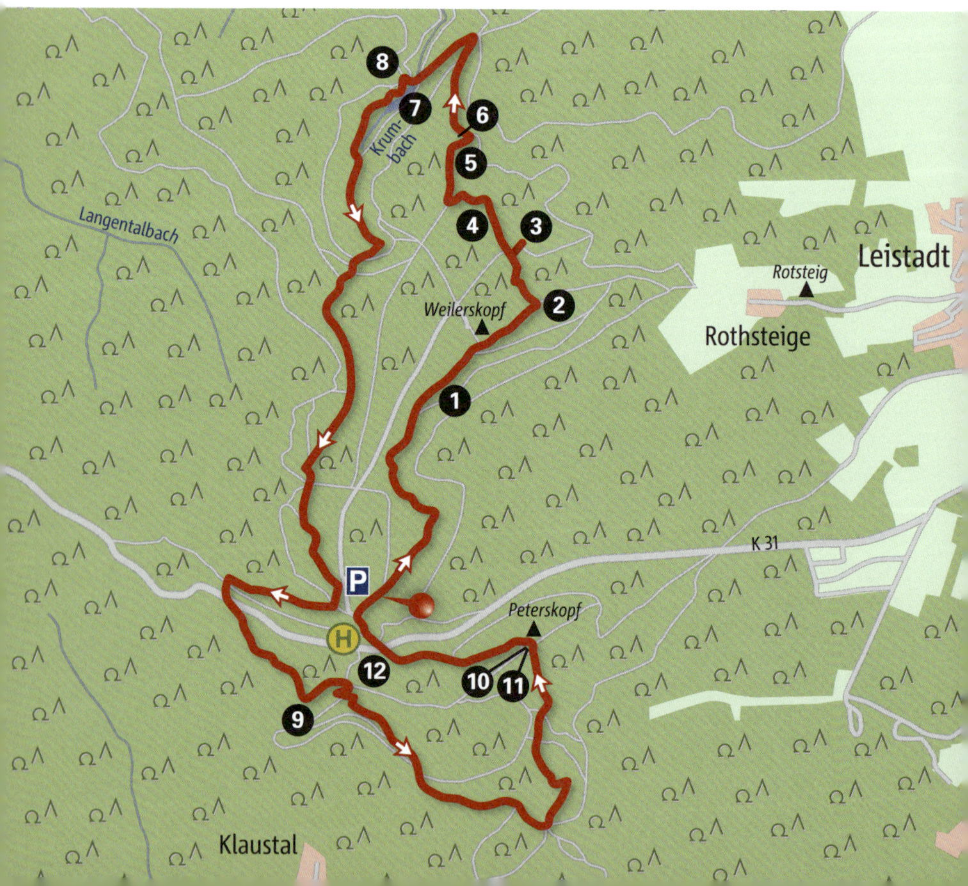

ALLES AUF EINEN BLICK

Entspannung 5/5
Abenteuer 5/5
Vielfalt 5/5

WIE & WANN

Die Wege verlaufen beständig als hübsche Pfade durch den Wald. Beste Wanderzeit von März bis November.

HIN & WEG

Auto: Wanderparkplatz Forsthaus Lindemannsruhe, L 518, 67098 Freinsheim
ÖPNV: Haltestelle Freinsheim Lindemannsruhe

ESSEN & ENTSPANNEN

8 **Weisenheimer Hütte (PWV),** am Ungeheuersee, 67273 Weisenheim am Berg, www.pwv-weisenheim.de
11 **Turmkiosk,** Peterskopf, 67098 Kallstadt
12 **Forsthaus Lindemannsruhe,** Lindemannsruhe 1, 67098 Bad Dürkheim, Tel. (0 63 22) 6 20 82 92, www.lindemannsruhe.de

Abseits der Route empfehlenswert:
Dürkheimer Riesenfass, Sankt-Michaels-Allee 1, 67098 Bad Dürkheim, Tel. (0 63 22) 21 43

ENTDECKEN & ERLEBEN

1 **Teufelsmauer**
2 **Odenwaldblick**
3 **Kanapee**
4 **Leininger Grenzstein**
5 **Suppenschüssel**
6 **Krummholzer Stuhl**
7 **Ungeheuersee**
9 **Heidenfelsen**
10 **Bismarckturm**

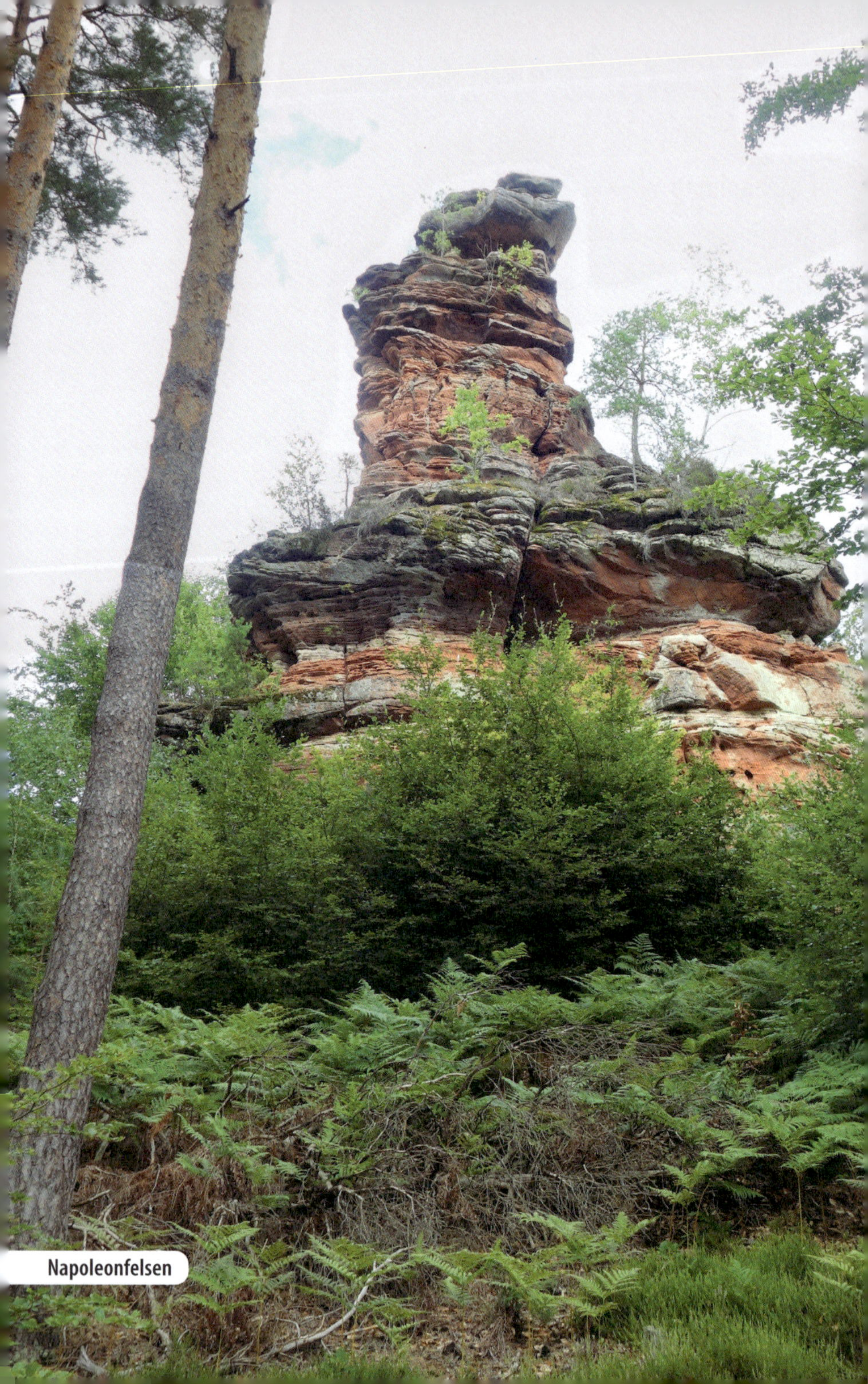

Napoleonfelsen

Steiler Zahn

Auf dem Napoleon-Steig

Heute begeben wir uns auf Stippvisite nach Bruchweiler-Bärenbach. Dort wartet der Premiumweg Napoleon-Steig auf uns. Wir erleben nicht nur erlebnisreiche Stunden in der Natur, die uns über naturbelassene Pfade an einzigartige Kraftplätze führt, sondern lassen uns einmal mehr von den imposanten **Felsformationen** faszinieren. Bei dieser abwechslungsreichen Tour gelangen wir über wunderschön verträumte Wiesentäler zu einer wundersamen Quelle und erleben den ländlichen Charme der Region.

*Die markanten und gewaltigen **Felsformationen** beeindrucken während der gesamten Tour.*

Unser Rundweg startet beim Wanderparkplatz an der Däumling Kinderschuhfabrik in **Bruchweiler-Bärenbach.** Wir schnüren unsere Stiefel und sehen schon rechts einen Waldpfad mit der **blauen Napoleon-Ausschilderung.** Sie ist an dem markanten Zweispitzenhut gut zu erkennen und dient uns heute als Wegzeichen. Umgeben von Tannen wandern wir zu einem etwas breiteren Weg und gehen dort scharf rechts. Wir atmen tief die harzig angereicherte Luft ein und sind gleich beflügelt, da dieser Geruch viele Erinnerungen in uns wachruft. Die Route führt uns auf den Wöllmersberg mit dem 500 Meter langen Felsmassiv des ❶ **Retschelfelsen** auf 295 Metern Höhe. Unser Pfad führt links an dem imposanten Felsen vorbei. Wenn die Sonne auf die Nuancen des Buntsandsteins und die Grüntöne des Mooses scheint, ergibt das ein wunderbares Naturschauspiel. Wenn man so direkt vor der gigantischen Felswand steht, könnte man fast den Eindruck gewinnen, man hätte das Ende der Welt erreicht, zumindest augenscheinlich.

Kilometer: 12
Höhenmeter: 370
Stunden: 4
RUNDWEG

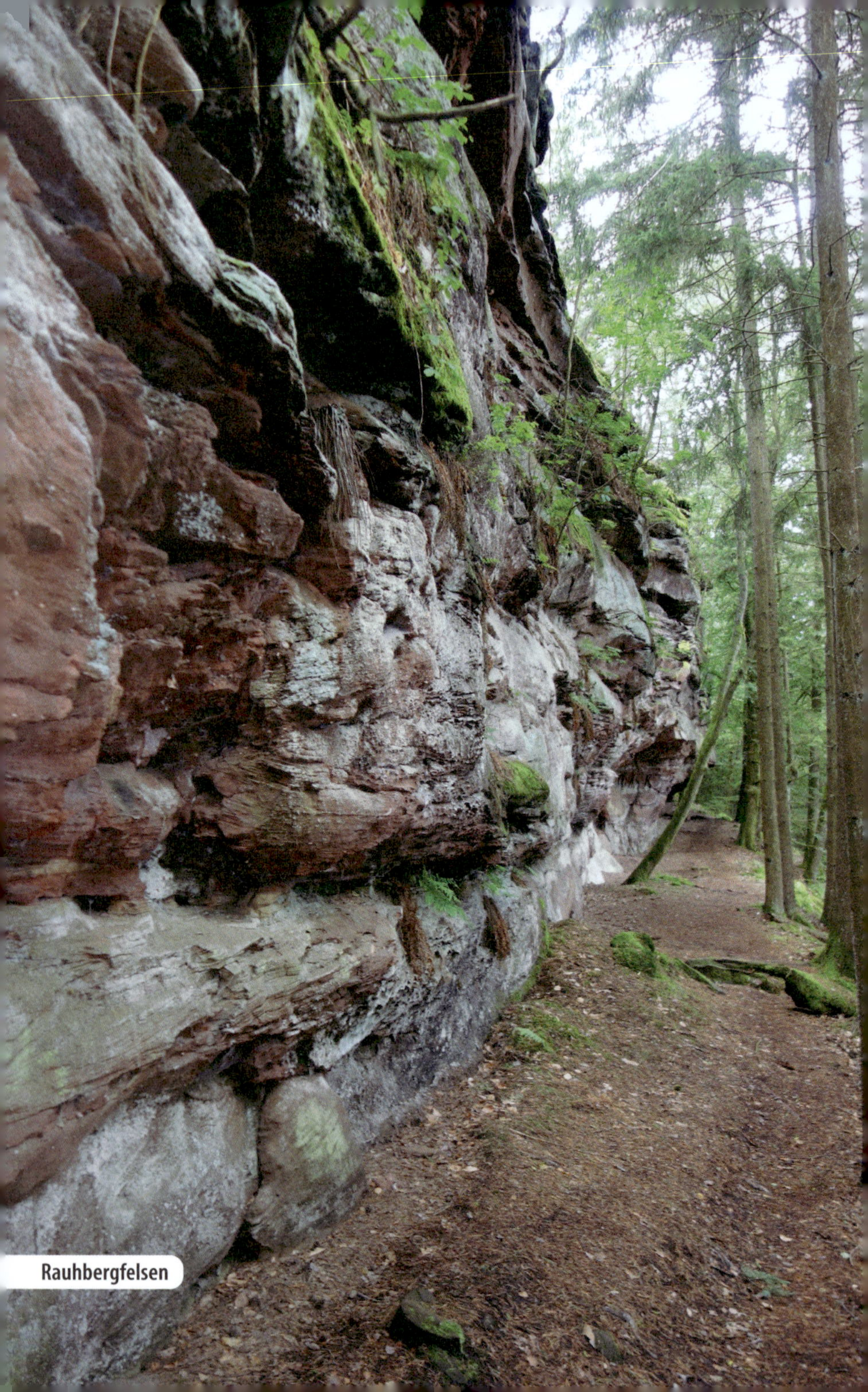

Rauhbergfelsen

Der Weg schlängelt sich weiter aufwärts, dem Bergrücken entlang. Bei einer Sitzbank können wir uns kurz ausruhen und die klare Bergluft in unsere Lungen füllen. Nach einer kurzer Pause geht es munter weiter, bis wir oben entlang des Felsens nach links wandern und kurz darauf den sogenannten ❷ **Eisenbahnfelsen** auf 344 Metern Höhe erreichen. Eine ganz besondere Faszination geht von diesem Felsen aus, der jetzt übermächtig vor uns aufragt. Wow, wir sind begeistert, denn das überragende Felsmassiv wirkt sagenhaft bizarr und schroff, aber auch zauberhaft. Der Steig führt uns etwa 500 Meter auf der einen Felsseite entlang, dann umlaufen wir die Flanke und gehen quasi auf der Rückseite der Felswand wieder in die entgegengesetzte Richtung. Man könnte sich die Gesteinsformation fast wie ein Abstellgleis vorstellen, vielleicht rührt der Name des Eisenbahnfelsen daher, wer weiß? Bemerkenswert sind die Auswaschungen und Waben, die bedingt durch Erosionsprozesse hier über Jahrtausende entstanden sind. Immer wieder genießen wir Ausblicke auf die bewaldeten Hügelketten und erkennen sogar den Retschelfelsen, wo wir eben noch gestanden haben.

Für die Seele

Die Pfälzer Kulinarik und Gastfreundlichkeit, aber auch gigantische Ausblicke locken in die Wanderstiefel.

Kurzzeitig ist die Szenerie weniger wild, der Weg führt uns jetzt talwärts und wir streifen bald die ersten eindrucksvollen Ausläufer des ❸ **Rauhbergfelsens,** die uns auch etwas weiter unten mit ihren ganz eigenen imposanten Facetten faszinieren. Zuvor kommen wir noch an der ❹ **Kaiserslauterer Hütte** des Deutschen Alpenvereins vorbei, die auf 325 Metern Höhe liegt. Dann geht es in Serpentinen bergab. Was für ein spektakuläres Felsmassiv! Wir sind absolut begeistert und kraxeln zwischendurch auch mal an den einladenden Klippen herum oder schauen an einem Felsloch hinab auf unseren Wanderweg, da kommt wahre Freude auf.

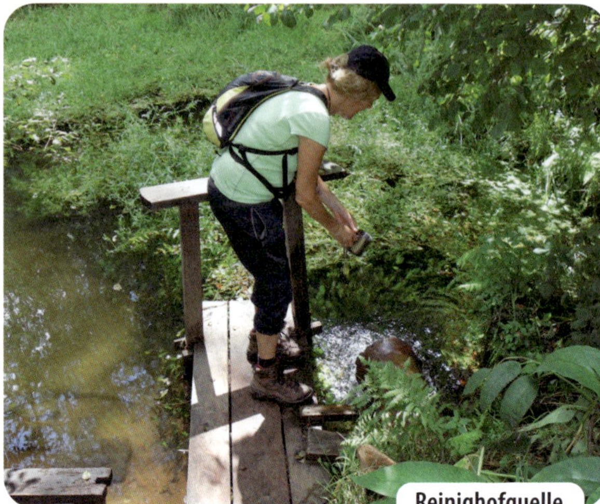

Reinighofquelle

Gefühlte 1000 Fotos später wandern wir weiter in Kehren hinab und erreichen alsbald ein idyllisches Wiesental, das uns jetzt eine ganz andere Seite der Tour zeigt. Ach, wie schön, es geht vorbei an weidenden Pferden, die auf einer Koppel stehen, und dann nach rechts. Die friedliche Ruhe, die von diesem Tal ausgeht, färbt gleich auf uns ab und wir gelangen in einen Zustand von Gelassenheit, den wir sehr genießen. Wir streifen ein kleines Garten- oder Ferienhaus, das sich Haus Ruhe nennt, welch passender Name, und gehen dort links. Im Feuchtgebiet leitet ein Holzsteg zur traumhaft schön gelegenen 5 **Reinighofquelle,** der man in früheren Zeiten heilende Eigenschaften zuschrieb. In alten Karten ist sie noch als Marienquelle aufgeführt. Was für ein herrlicher Platz, um Kraft zu tanken.

Nach einer ausgiebigen Verweildauer laufen wir an den Moorwiesen entlang und erreichen einen Forstweg, der uns rechts weiterführt. In der **Felmersbacher Halde** wandern wir beschwingt links und kurz darauf geht es abermals links. Der nächste Anstieg beginnt im dichten Mischwald, der etwas düster und durchaus mystisch auf uns wirkt, dabei achten wir auf den scharf rechts abzweigenden Pfad, der uns zum Napoleonsattel leitet. Ein kleiner Stichweg führt uns zum 335 Meter hohen **6 Napoleonfelsen,** der auch für diesen Steig Namensgeber ist. Wie ein steiler Zahn ragt die Felszinne stolz vor uns auf und erinnert an Napoleon Bonaparte mit seinem legendären Krempenhut. Wir umrunden den faszinierenden Felssporn, wandern zurück zum Sattel und folgen dann dem markierten Weg hinab, jedoch nicht, ohne zuvor noch einen kleinen Abstecher zur **7 XXL-Holzbank** zu machen. Dort legen wir eine kurze Pause ein und können den Felsen in seiner ganzen Pracht erleben. Was für ein Gigant! Wir können es kaum glauben, welche verrückten Gesteinsformationen wir im Pfälzerwald schon gesehen haben, und werden tatsächlich immer noch aufs Neue überrascht.

Nach dieser Erkenntnis machen wir uns wieder auf den Weg. Wir gehen links und genießen während des Abstiegs ein panoramareiches Aussichtsfenster, das uns einmal mehr die weiten bewaldeten Hügelketten präsentiert. Schon bald passieren wir den **8 Dretschbergfelsen,** an dessen Felssockel wir auf einem schma-

XXL-Holzbank

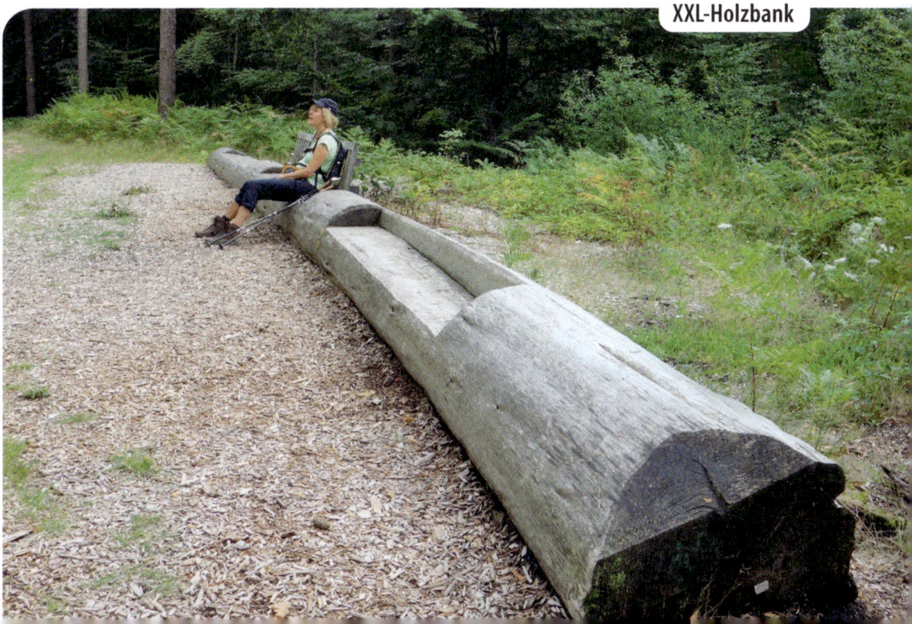

len Pfad kurzzeitig entlanggehen. Im weiteren Wegverlauf verlieren wir nach und nach weiter an Höhe, bis wir unten im Wald ein Wiesental erreichen. Das friedliche Tal vermittelt uns im ersten Augenblick ein Gefühl von Stille und Einsamkeit, doch der Schein trügt, denn bald schon sind wir an der **9 Hütte Am Schmalstein (PWV)** angelangt. Hier herrscht emsiges Treiben. Wir haben Glück, die Hütte ist heute geöffnet, und setzen uns auf die große Terrasse. Wer hier eine Einkehr einplanen möchte, sollte unbedingt vorab die Öffnungszeiten auf der Homepage nachschauen. Die PWV-Hütte ist überaus beliebt. Sie steht in einer hübschen Waldlichtung mit vielen Biertischen im Freien. Es gibt meist Wurstsalat, Rindfleischsalat, Rieslingschinken oder Bauernsülze mit Pommes. Bei einer gemütlichen Rast mit zünftiger Erbsensuppe haben wir hier prima Kraft getankt. Wir fühlen uns gestärkt und gehen munter weiter.

Am Wegedreieck biegen wir rechts ab und queren den **Wöllmersbach.** Unserer Markierung folgend biegen wir gleich zweimal links ab und laufen hinauf zum Wegpunkt Käskammer/Kiesbuckl. Hier wenden wir uns links und wandern leichtfüßig den Weg entlang, dabei erfreuen wir uns der entspannten Waldatmosphäre, die uns umgibt. Als wir das Wasserschutzgebiet erreichen, öffnet sich der Forst und wir treten ein in ein ländliches Idyll aus saftig grünen Wiesen und Weideflächen, umrahmt von den bewaldeten Bergen, eine willkommene Abwechslung zu den bizarren Felsformationen. Herrlich, wir saugen den heimatlichen Anblick förmlich in uns ein und gelangen nach einer Schlehenhecke zum Aussichtspunkt **10 Napoleons Felsenblick,** der mit einem gigantischen Bilderrahmen vor uns auftaucht. Wahnsinn, das ist natürlich optimal für ein kleines Fotoshooting. Durch den Rahmen erhaschen wir einen wunderschönen Blick auf den Napoleonfelsen in der Ferne, dem wir vor Kurzem noch einen persönlichen Besuch abgestattet haben.

Viele Fotos später gehen wir über einen lieblichen Bergrücken, dabei können wir uns kaum sattsehen an dem faszinierten Rundumblick. Jetzt streifen wir Streuobstwiesen und stellen fest, dass die Ernte in diesem Jahr etwas geringer ausfallen dürfte als im letzten Herbst. Im **Fuchsloch** biegen wir links ab und können auf einer Sitzbank eine Verweilpause einlegen, um das wunderschöne Panorama noch einmal ausgiebig zu genießen. Entrückt vom Alltag sitzen wir völlig entspannt hier und lassen unseren Gedanken freien Lauf, das sind für uns wahre Glücksmomente.

Nach Minuten des Abschaltens machen wir uns wieder auf und folgen einem hübschen Grasweg, der und zwischen Wald und Wiese abwärtsführt. Es folgt ein Linksknick, bevor es über einen schönen Pfad durch eine herrliche Blumenwiese geht. Wenn wir achtsam in die Stille lauschen, können wir den Klang des Summens und Brummens der Bienen vernehmen, die emsig ihr Tagewerk auf den Blütenkelchen der Wiesenblumen verrichten. Im Talkessel setzen wir

Napoleons Felsenblick

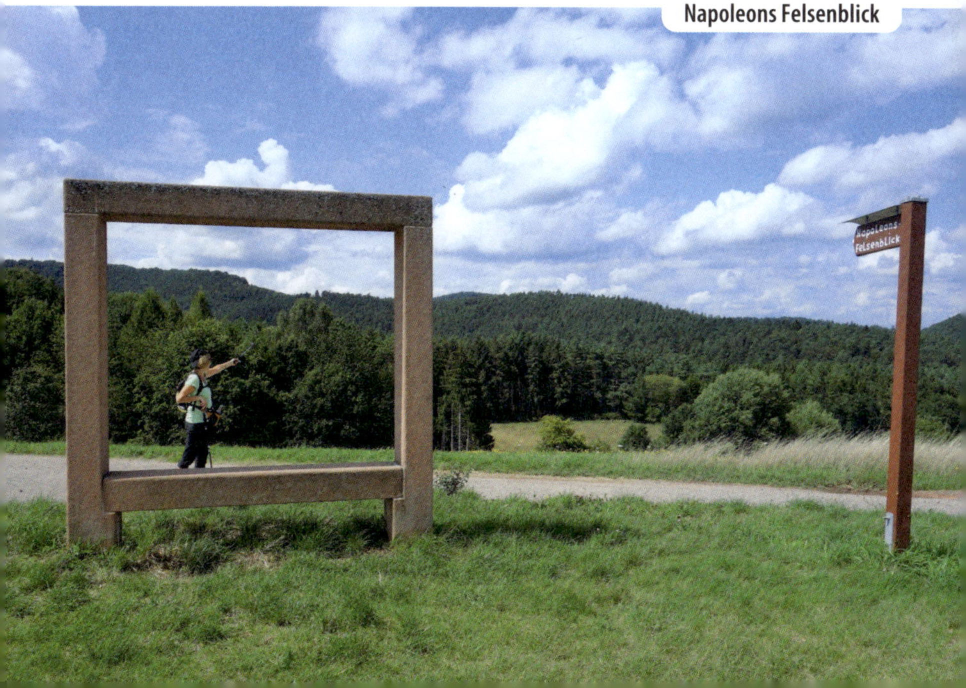

nochmals über den **Wöllmersbach** über und wandern neben dem plätschernden Wildbach den Fahrweg hinab. Nach gut einem halben Kilometer erreichen wir wieder den netten Ort **Bruchweiler-Bärenbach.**

Wir schlendern die Reinighofstraße entlang und biegen nach Hausnummer 12 halb links der Markierung folgend in einen Pfad ab. In Ortsrandlage spazieren wir nun zügig zu unserem Ausgangspunkt zurück, dabei lassen wir den Wandertag noch einmal Revue passieren: eine abwechslungsreiche Tour mit ländlichem Charme, schattigen Wäldern, mystisch wirkenden Felsen, überragenden An- und Ausblicken, wunderschönen Wiesentälern, einer sagenhaften Quelle und ganz viel Entschleunigung.

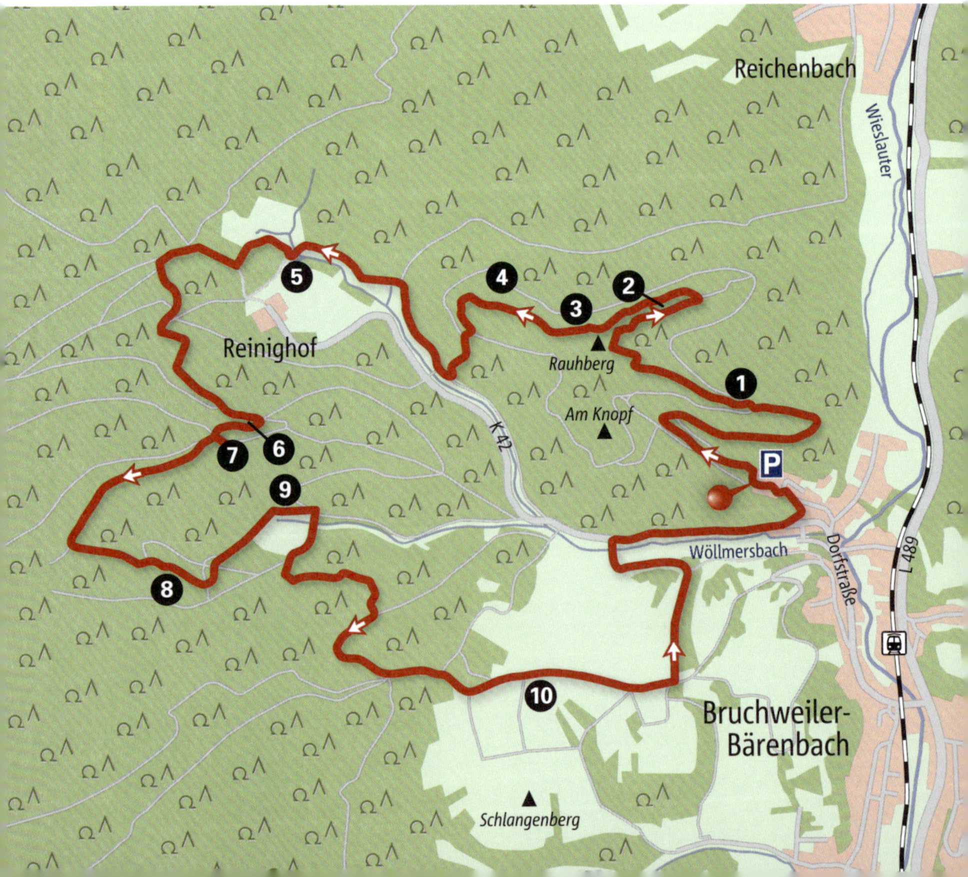

ALLES AUF EINEN BLICK

Entspannung
Abenteuer
Vielfalt

WIE & WANN

Die Pfade dieser Traumtour weisen teilweise alpinen Charakter auf, erfordern Trittsicherheit, Schwindelfreiheit und Wanderschuhe mit griffigen Profilsohlen. Beste Wanderzeit von April bis November.

HIN & WEG

Auto: Wanderparkplatz an der Däumling Kinderschuhfabrik, Fabrikstraße 17, 76891 Bruchweiler-Bärenbach
ÖPNV: Bahnhof Bruchweiler, ca. 1 Kilometer Fußweg

ESSEN & ENTSPANNEN

9 **Hütte Am Schmalstein (PWV)**, 76891 Bruchweiler-Bärenbach, Tel. (0 63 94) 7 80, www.pwv-ogbruchweiler.de

ENTDECKEN & ERLEBEN

1 **Retschelfelsen**
2 **Eisenbahnfelsen**
3 **Rauhbergfelsen**
4 **Kaiserslauterer Hütte**
5 **Reinighofquelle**
6 **Napoleonfelsen**
7 **XXL-Holzbank**
8 **Dretschbergfelsen**
10 **Napoleons Felsenblick**

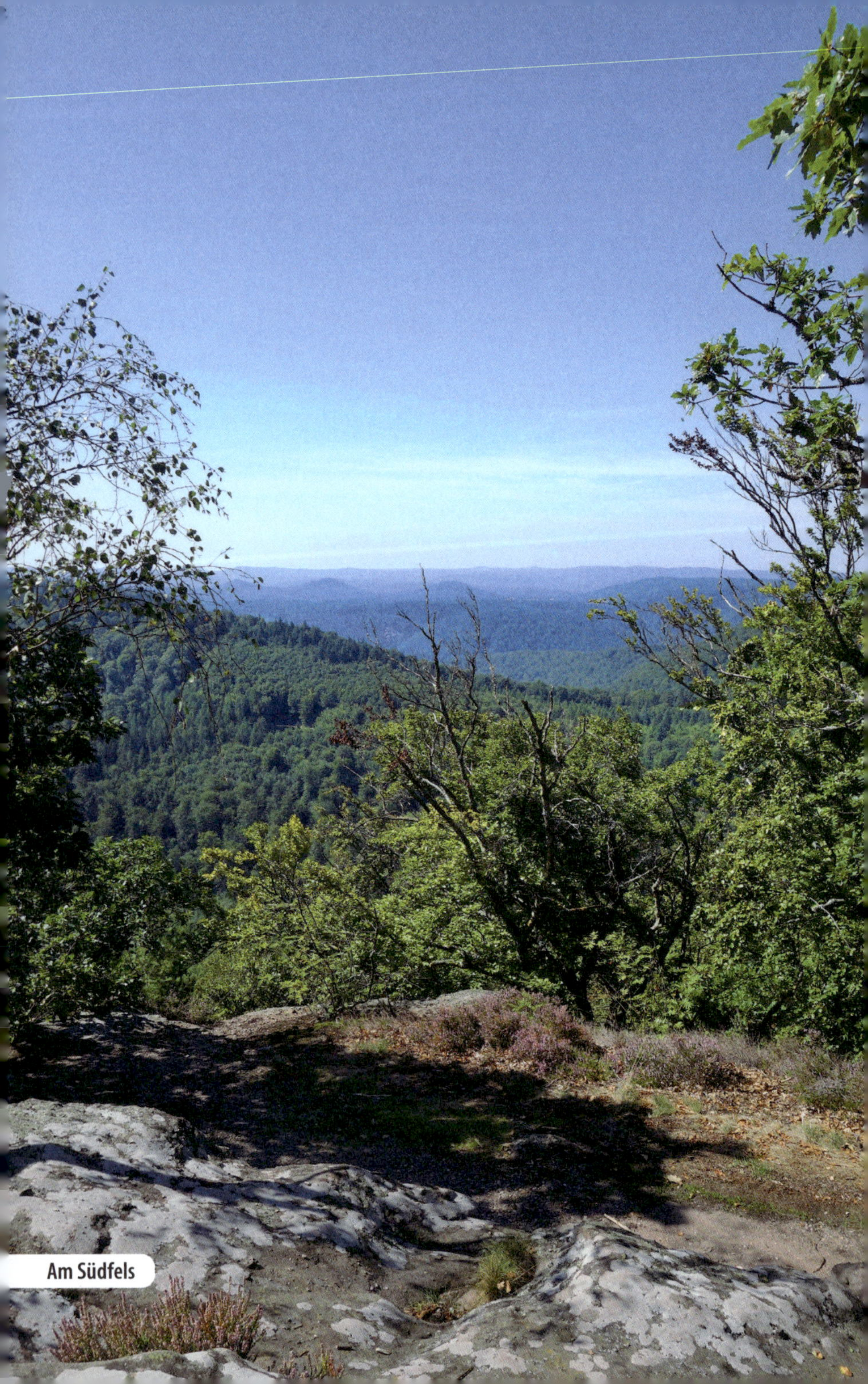

Am Südfels

Rast im Wald

Zum Waldhaus Lambertskreuz

Unser Wandertag im Stütertal verspricht eine wunderschöne Naturlandschaft, besticht mit traumhaften Ausblicken vom Drachenfels und sorgt für ganz viel Entschleunigung. Er wartet auch mit einer Felsenhöhle und einer Durchblickkammer auf. Wir dürfen gespannt sein und uns auf eine Einkehr mit zünftiger Pfälzer Hausmannskost freuen.

Schon die Anfahrt über die 1,8 Kilometer lange Waldstraße durch das liebliche **Stütertal** ist wunderschön und wir sind bereits jetzt voller Vorfreude auf das, was uns heute erwartet. Wir parken am Wanderparkplatz Saupferch, schnüren rasch unsere Stiefel, schultern die Rucksäcke und los geht's. Gleich schon sind wir fasziniert von der charmanten Gegend, setzen über den Glashüttentalbach und folgen dem asphaltierten Weg. Die **Drachenmarkierung** leitet uns neben dem Stütertalbach zur Waldgaststätte Zum Saupferch. Derzeit ist sie allerdings nicht bewirtschaftet. Direkt hinter dem Haus steigt der Weg kräftig an. Der Pfad ist durchsetzt mit Baumwurzeln und Steinen, was bewusstes Gehen erfordert.

Eine zauberhafte Waldromantik umgibt uns hier, während wir mit jedem Schritt Meter um Meter weiter an Höhe gewinnen. Die Markierung **blauer Strich** unterstützt uns bei der Orientierung. An der Kreuzung gehen wir geradeaus und bei der nächsten Gabelung wandern wir rechts und gelangen zur hölzernen **❶ Westfelshütte** auf 410 Metern Höhe. Unterhalb der Schutzhütte geht es weiter und kurz darauf führt uns ein Pfad steil den Berg

Kilometer: 11,1
Höhenmeter: 350
Stunden: 4
RUNDWEG

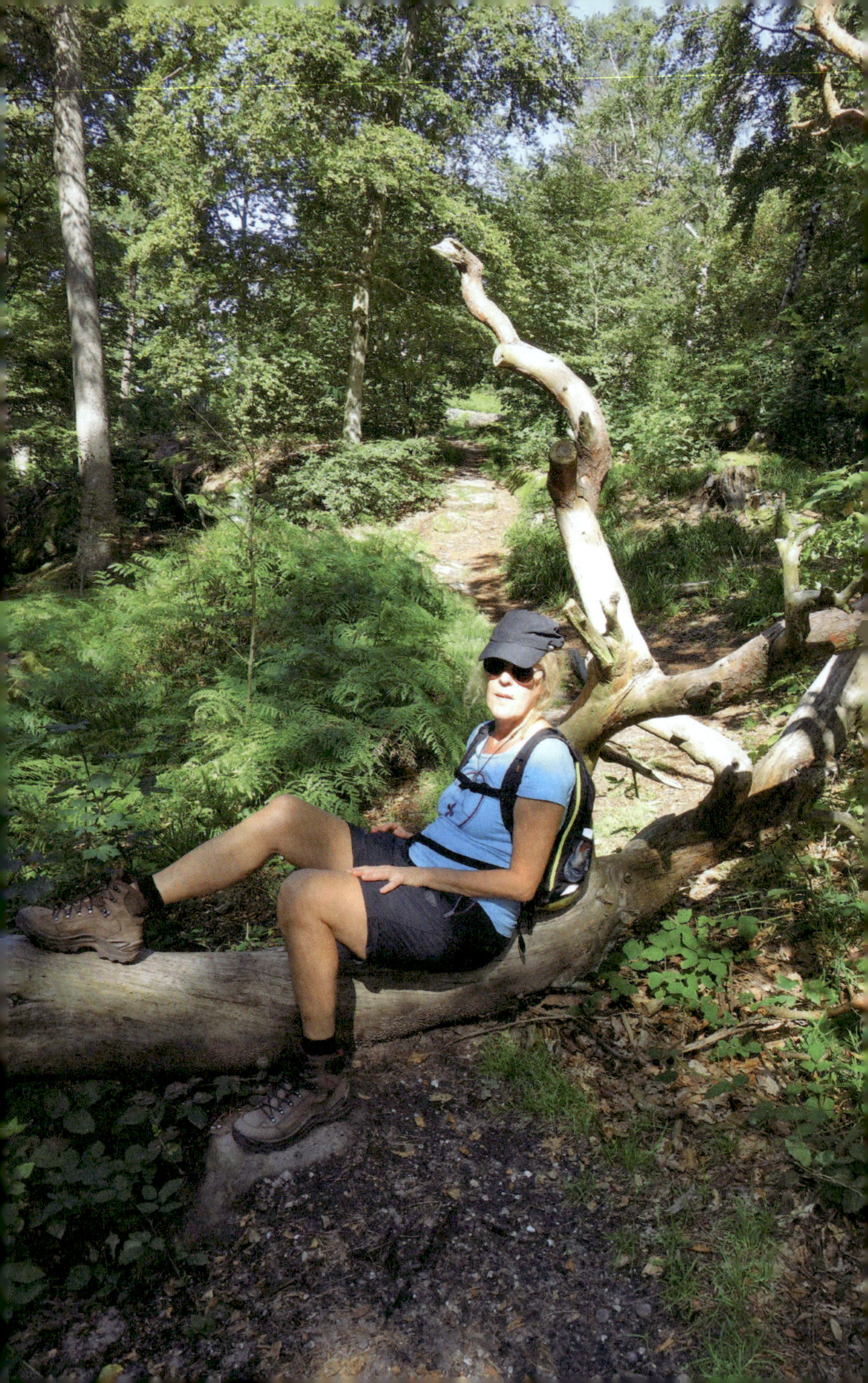

hinauf. Während des Anstiegs atmen wir immer wieder die herrliche Luft des Pfälzerwalds ein, die gerade auf diesem Abschnitt wunderbar mit würzigem Duft durchtränkt ist. Bald gelangen wir zum sagenumwobenen Drachenfels, den wir zuerst über Steinstufen am 551 Meter hohen ❷ **Westfels** erklimmen. Wir stehen hier auf einer der höchsten Erhebungen der Nordpfalz. Allein der Blick von der Kanzel ist einzigartig. Aus dieser Adlerperspektive blicken wir weit in den Pfälzerwald. An klaren Tagen reicht die Sicht bis zum Hunsrück. Nach der geländergesicherten Kanzel folgen wir dem Weg nach rechts und gehen auf dem Drachenfels hinüber in Richtung des 559 Meter hohen ❸ **Südfels.**

Für die Seele

Auf den Spuren des Drachens sorgt das Waldhaus Lambertskreuz für kulinarische Glücksmomente.

Den beeindruckenden Aussichtspunkt erreichen wir über einen Stichweg, indem wir an der Gabelung zum oberen Pfad gehen. Wir sind geflasht von der prächtigen Landschaft, die vor uns liegt. Weit reicht der Blick über die bewaldeten Hügelketten. So, jetzt Achtung, über die Scharte an der linken Seite gelangen wir über einen steilen, abenteuerlichen Steintreppensteig hinunter zur sogenannten ❹ **Durchblickkammer.** Unglaublich, jetzt stehen wir quasi direkt unter dem Südfels und können im wahrsten Sinne des Wortes durch die riesige Steinöffnung blicken. Phänomenal, das muss unbedingt auf einem Foto verewigt werden. Die faszinierenden Naturfelsen zeigen an dieser Stelle einzigartige Facetten. Vorsichtig steigen wir die Treppen wieder hinauf und folgen dem Stichweg zurück bis zur Gabelung. Nun wollen wir natürlich auch noch den unteren Pfad erkunden und erreichen kurz darauf die sogenannte ❺ **Drachenhöhle** über Stufen, von Geländern gesichert. Vor uns liegt die Höhle. Wir lauschen hinein in die Stille, doch nichts ist zu hören von dem sagenumwobenen Drachen. War sie ein Schauplatz der Nibelungensage? Bei der Siegfried unermüd-

*Die Ausblicke vom Westfels und Südfels auf dem **Drachenfels** sind überragend schön. Der Blick reicht weit über die bewaldeten Hügel des Pfälzerwalds.*

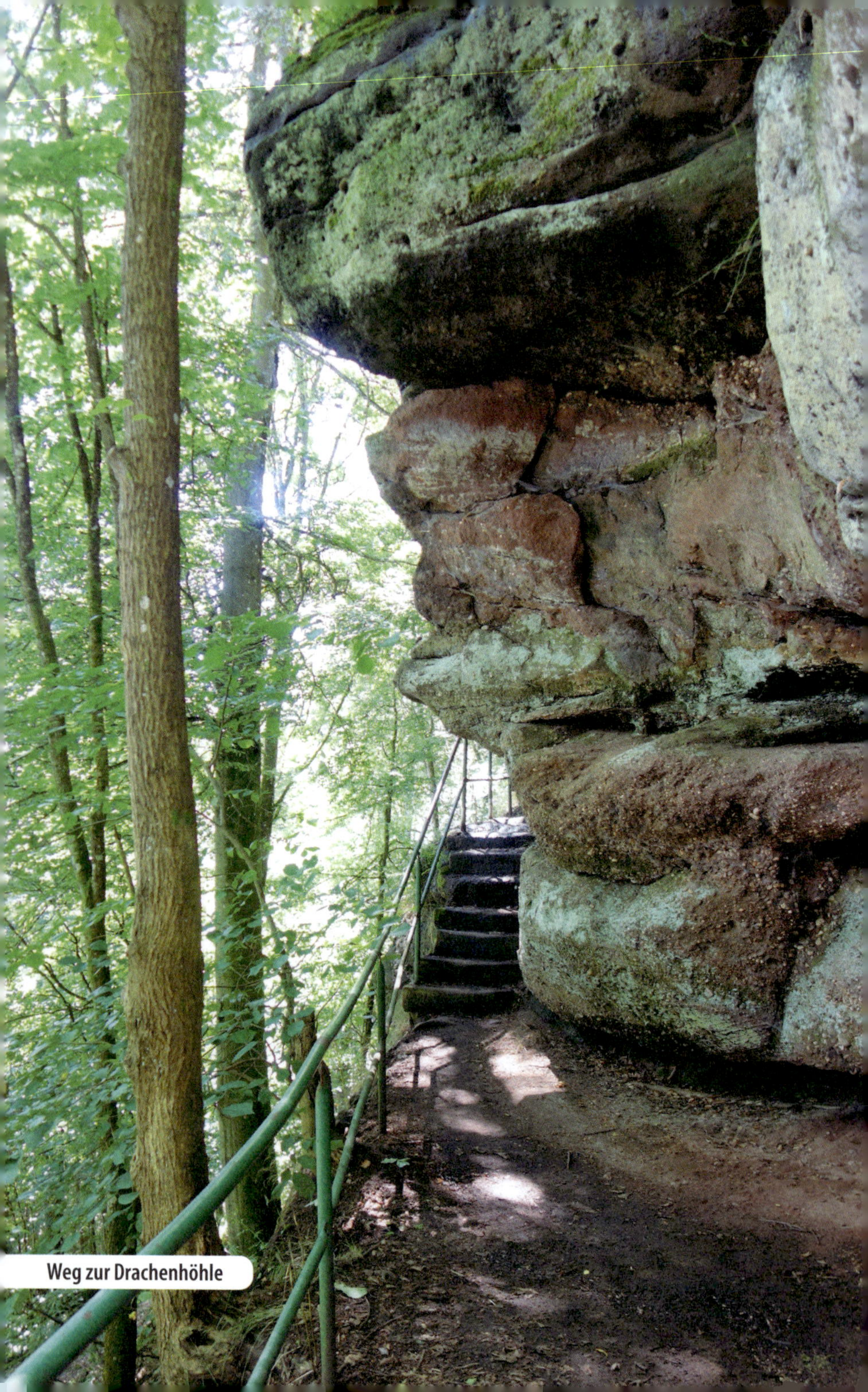

Weg zur Drachenhöhle

lich mit dem übermächtigen Drachen kämpfte und ihn am Ende bezwang? Man weiß es nicht genau, aber man munkelt es.

Zurück auf unserem Hauptweg, folgen wir einem ausgetretenen schmalen Pfad, der uns unterhalb des mächtigen Felsenriffs leitet. Immer wieder blicken wir hinauf und spüren kaum, wie rasch wir an Höhe verlieren. Der Weg windet sich durch den Berghang zum **6 Waldrastplatz Sieben Wege.** Hier entscheiden wir uns für den dritten Abzweig nach links und wandern an mächtigen Buchen und Kiefern vorbei. Der Geruch von Kiefernadeln dringt an unsere Nasen. Vor uns tauchen Erinnerungen früherer Wandertouren im Süden auf. Herrlich, die natürliche Stille und Waldatmosphäre wirken wie Balsam für unsere Seele – Entschleunigung pur, eine wahre Krafttankstelle für den Alltag.

Bald erreichen wir den 1937 errichteten **7 Nadenbrunnen,** der zur Wasserversorgung der Lambertskreuz-Hütte dient, genauer gesagt des **8 Waldhauses Lambertskreuz** auf 462 Metern Höhe kurz hinter dem Brunnen. Hier ist mächtig was los, der weitläufige Außenbereich bietet viele Sitzplätze und ist rege frequen-

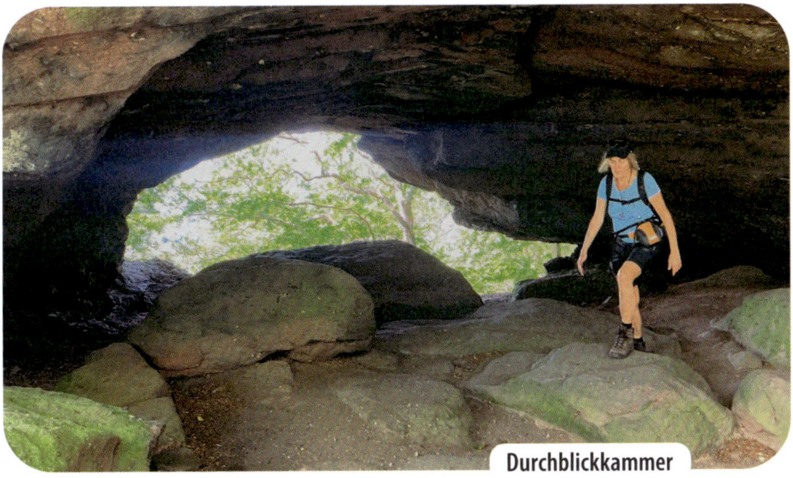

Durchblickkammer

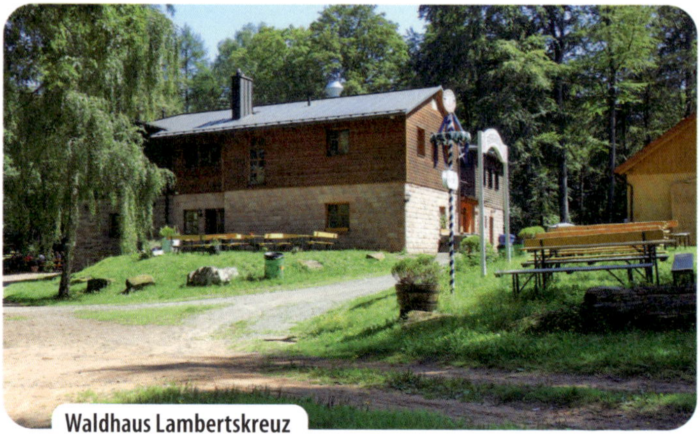
Waldhaus Lambertskreuz

tiert – Wandersleute, Spaziergänger, Nordic Walker, Mountainbiker, E-Biker. Am Waldhaus bietet sich die optimale Gelegenheit für eine ausgiebige Rast. Die Vereinshütte ist von April bis Oktober von Mittwoch bis Sonntag geöffnet und bietet je nach Tag andere Spezialitäten. So stehen beispielswiese freitags Dampfnudeln und Fisch auf der Speisekarte, aber auch gute Pfälzer Hausmannskost. Wir genießen ausgiebig unsere leckeren Dampfnudeln und die entspannende Pause.

Dann geht es frisch gestärkt weiter. Gleich links der Hütte führt uns ein Waldpfad hinab, bald schon tauchen wir wieder ein in die tiefe Stille des Walds und lassen den Trubel hinter uns. Wir genießen mit allen Sinnen diesen stimmungsvollen Waldabschnitt. Der wurzeldurchzogene Weg trainiert uns im bewussten Gehen, fast am Forstweg gehen wir rechts versetzt auf den steinigen **Herbert-Weg** und setzen den Abstieg ins lauschige Stütertal fort. Überaus beruhigend plätschert der Stütertalbach neben uns, das ist immens wohltuend. Während wir am Wasser entlangflanieren, machen wir eine Übung. Sinnbildlich werfen wir alle negativen Gedanken, Emotionen und alles, was unserer Seele nicht wohlgesinnt ist, in den Bach und lassen

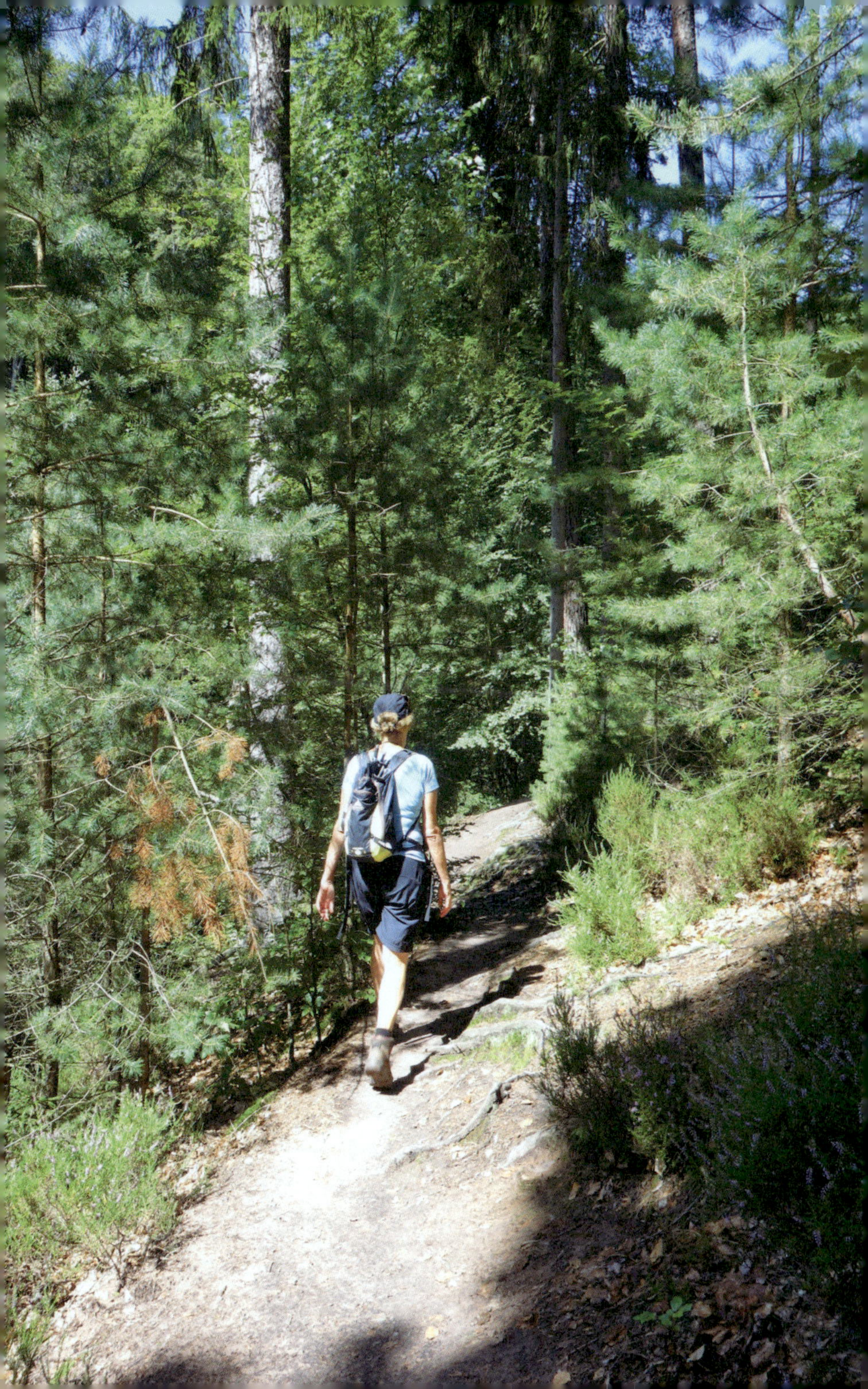

es mit dem Strom davonschwimmen. Dann atmen wir mehrmals tief ein und aus und gleich schon kann sich eine gewisse Leichtigkeit einstellen, bei uns funktioniert das immer. Der Traumpfad bringt uns zum Wegpunkt **Saupferchdell,** an dem wir uns links halten und dem Wildbach folgen. Bei der Kreuzung Stütertalbach Ost queren wir das Wasser und gehen weiter talwärts. Wildwüchsige Pflanzen und üppige Farnvegetation begleiten uns, während wir auf naturbelassenem weichem Boden zurück zu unserem Parkplatz wandern.

Bei diesem aussichtsreichen und entspannenden Wandertag konnten wir neue Kräfte sammeln und beim Abstieg zur Durchblickkammer und zur sagenumwobenen Höhle unsere Abenteuerlust stillen.

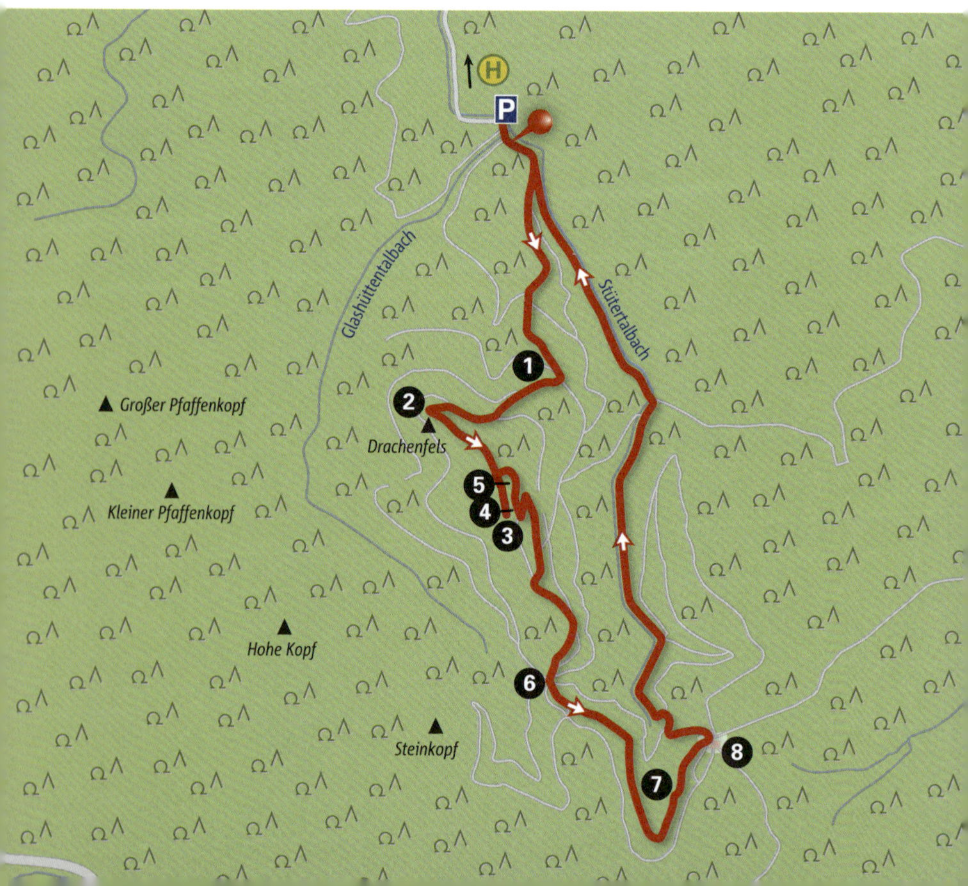

ALLES AUF EINEN BLICK

Entspannung 5/5
Abenteuer 5/5
Vielfalt 5/5

WIE & WANN

Die Wege sind prima wanderbar, allerdings sollte man für den Abstieg durch die Scharte zur Durchblickkammer trittsicher sein. Beste Wanderzeit von April bis November.

HIN & WEG

Auto: Parkplatz Saupferch, Jägerthal, 67098 Bad Dürkheim
ÖPNV: Haltestelle Hardenburg Abzweigung Saupferch, ca. 2 Kilometer Fußweg

ESSEN & ENTSPANNEN

8 **Waldhaus Lambertskreuz,** Wald 1, 67468 Neidenfels, Tel. (0 63 21) 18 88 47, www.lambertskreuz.eu

ENTDECKEN & ERLEBEN

1 **Westfelshütte**
2 **Westfels**
3 **Südfels**
4 **Durchblickkammer**
5 **Drachenhöhle**
6 **Waldrastplatz Sieben Wege**
7 **Nadenbrunnen**

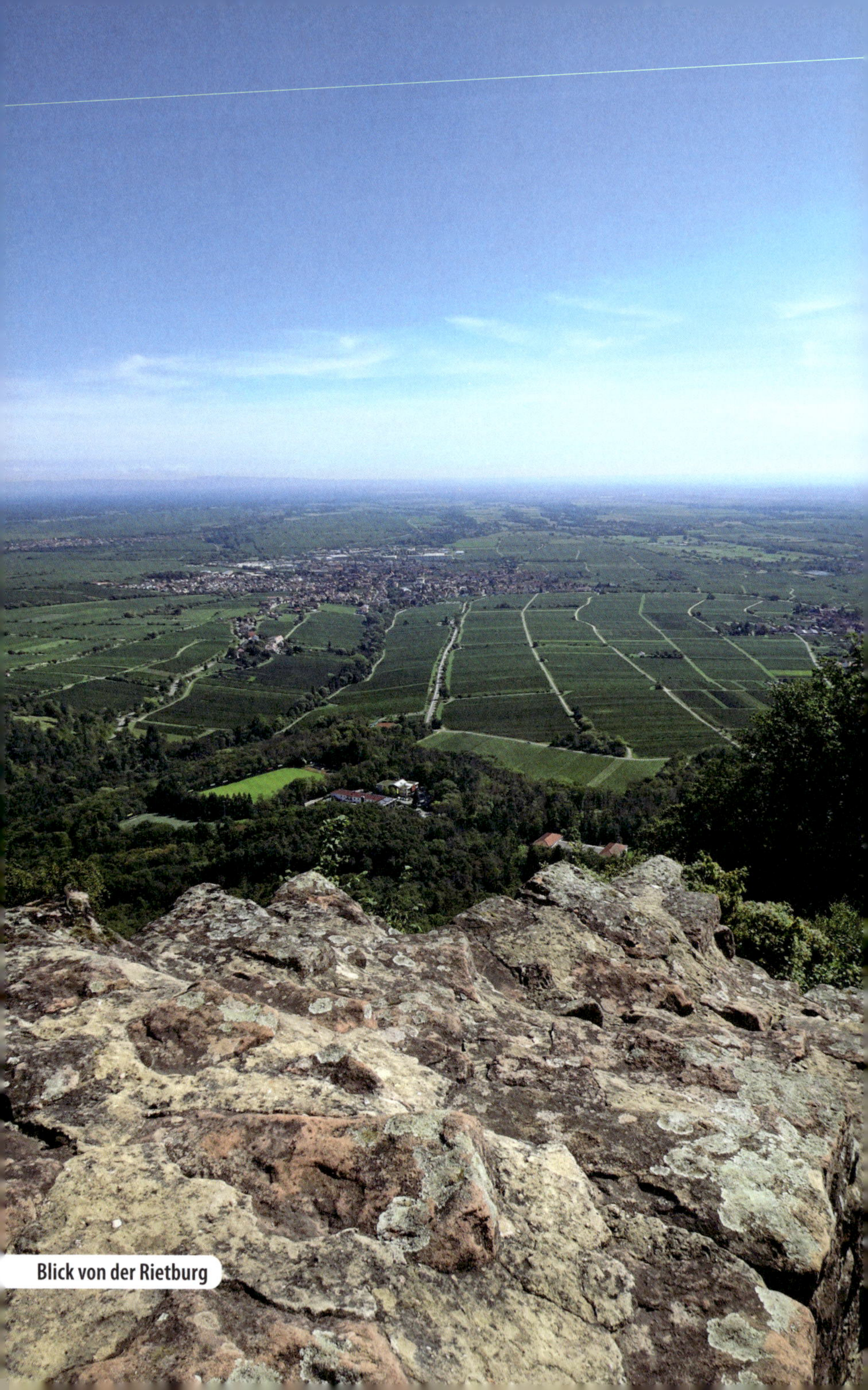

Blick von der Rietburg

Weinseligkeit

Rund um den Edenkobener Querenberg

Heute brechen wir auf zu einem vielversprechenden Wandererlebnis, das uns in die wunderschöne **Weinregion Edenkoben** bringt. In dieser Gegend mit schönen Wanderwegen und historischen Zeitzeugen besuchen wir die mächtige Rietburg und den Ludwigsturm. Spannende Natur und sensationelle Panoramaaussichten erwarten uns.

Vom Parkplatz der **Rietburgbahn** folgen wir dem Fußweg hinauf zur Sesselbahn. Wir laufen durch einen Park mit altem Baumbestand und am ehemaligen **Königsschloss Villa Ludwigshöhe** vorbei, die sich König Ludwig I. als Sommerresidenz von 1846 bis 1852 hier erbauen ließ. Zu dieser Zeit war diese Gegend noch Bayern zugeordnet. Was für ein Palast. Unser Weg führt uns vollends hinauf zur **❶ Talstation.** Dort erreichen wir bereits das erste Gasthaus, doch für eine Einkehr ist es definitiv zu früh. An der Kasse der nostalgischen Doppelsesselbahn lösen wir ein Ticket für die Bergfahrt, die uns hinauf zur Rietburg katapultiert. Während wir über dem Abgrund schweben, genießen wir die tolle Aussicht über die weite Rheinebene.

Nach etwa 8 Minuten haben wir rund 220 Höhenmeter überwunden und steigen an der Bergstation der Rietbergbahn aus. Gleich daneben steht die stattliche **❷ Rietburg** auf 550 Metern Höhe, die wir jetzt ausgiebig begutachten. Die Anlage wurde um das Jahr 1200 von den Herren von Riet errichtet. Im Laufe der Jahrhunderte wechselte sie mehrmals die Besitzer und hielt vielen Angriffen stand, wie der Weißenburger Fehde, bei der die Burg

Kilometer: 10

Höhenmeter: 180

Stunden: 3

RUNDWEG

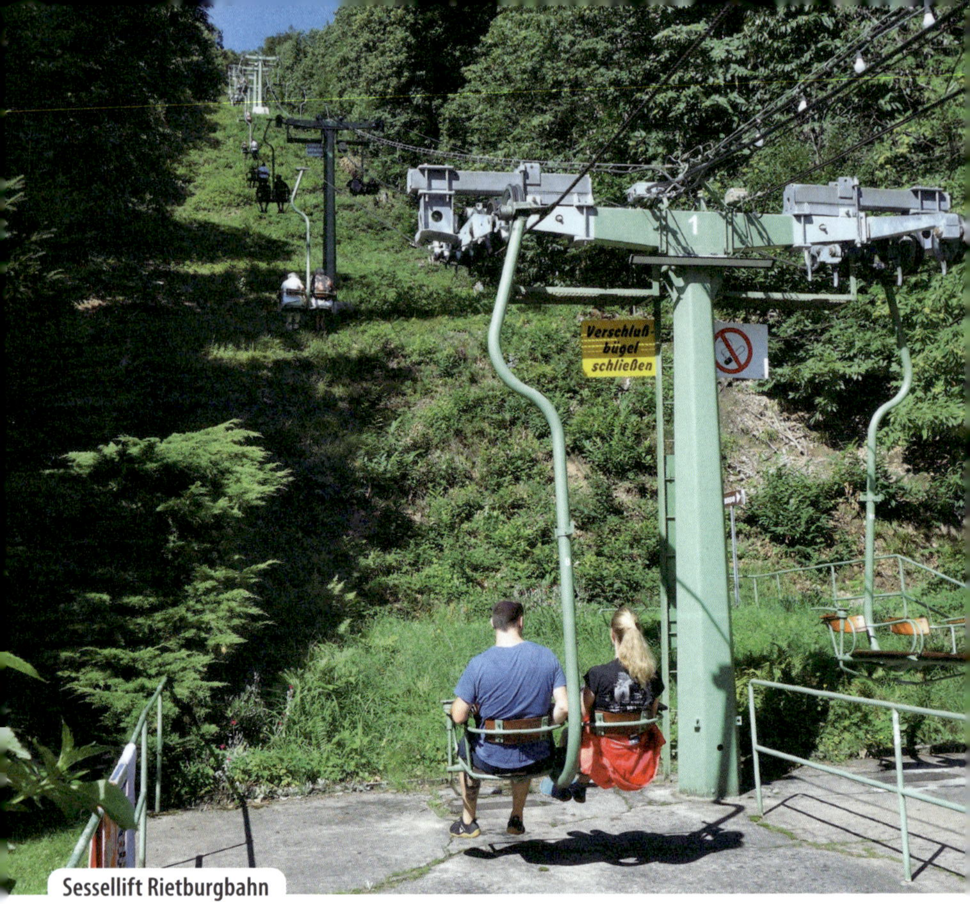

Sessellift Rietburgbahn

stark beschädigt wurde, oder dem Bauernkrieg von 1524 bis 1526. Doch im Dreißigjährigen Krieg (1618–1648) wurde sie so gut wie zerstört. Die heutige Burgruine verdankt ihr Aussehen aufwendigen Instandsetzungsarbeiten, bei denen man auf den ehemaligen Grundmauern unter anderem Terrassen errichtet hat. An der Stelle der **3 Höhengaststätte Rietburg** befand sich einst das Hauptgebäude der Burg.

Wir genießen die fantastische Aussicht, die wir von verschiedenen Stellen erhaschen. Gleich neben der Gaststätte lassen wir unseren Blick (an klaren Tagen) von Speyer bis Worms gleiten. Mit ganz viel Glück können wir die Domspitzen ausmachen. Die welligen Hügelketten des Odenwalds breiten sich sanft vor uns aus. Rechts ragt stolz der Schwarzwald auf. Wir sind begeistert, die Sicht ist einfach sensationell, dank strahlendem Sonnenschein. Am liebsten würden wir hier noch stundenlang bleiben, doch unsere Wanderung hat ja nicht einmal richtig begonnen, so machen wir uns schweren Herzens auf, mit dem festen Vorsatz: „Wir kommen wieder."

Vor der Burg beginnt unsere eigentliche Tour. Linker Hand folgen wir dem breiten Wanderweg Rietburgstraße, zur Orientierung dienen uns der **bunte Blättersberg** und die **blau-gelbe Markierung.** Wer möchte, kann vorab noch das Dammwildgehege besuchen. Wir aber starten gleich durch, um dem Trubel der Touristen zu entkommen. Der rechts abzweigende Pfad ist anfangs etwas wurzelig. Allein die holzig-harzigen Gerüche entfachen in uns ein Gefühl von purem Genusswandern. Trotz leichter Steigung wandern wir leichtfüßig dahin, bis wir wieder auf einen breiteren Weg treffen, dem wir folgen, während wir die Richtung beibehalten. Mit allen Sinnen nehmen wir die schöne Natur in uns auf und kommen schnell voran.

Für die Seele

Die Ausblicke von der Rietburg beflügeln auf dieser Verwöhntour mit vielen Einkehrmöglichkeiten.

Am nächsten Wegweiser halten wir uns links und erreichen nach etwa 300 Metern das Kulturdenkmal **4 Ludwigsturm** auf 605 Metern Höhe. Der aus Rotsandstein erbaute Turm auf dem Blättersberg stammt aus dem Jahr 1889 und ist 15 Meter hoch. Seinen Namen verdankt er König Ludwig I., dessen ehemaliger Sommerlandsitz am Fuße der Rietburg liegt. Nun wollen wir hoch hinaus und steigen die 75 Stufen im Turm empor zur Aussichtsplattform. Von hier haben wir einen überragenden Rundumblick auf die bewaldeten Bergkuppen des Pfälzerwalds. Etwas Acht-

Ludwigsturm

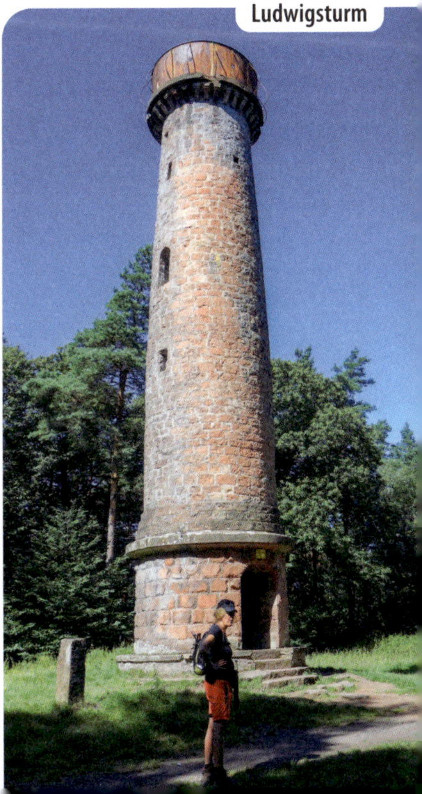

samkeit ist beim Abstieg der Wendeltreppe des Turms erforderlich, denn hier ist es ziemlich dunkel.

Zwischen dem Turm und einer **Schutzhütte** folgen wir unserem Weg, bis wir auf einen Pfad gelangen, auf dem wir sanft an Höhe verlieren. Moosbewachsene Sandsteine, etliche Kräuter und Heidelbeeren säumen den Wegesrand, welch hübscher Anblick. Während wir so dahinspazieren, können wir die schöne Waldatmosphäre ausgiebig in uns aufnehmen. Der wurzelige Pfad bietet eine kurzweilige Abwechslung. Völlig im Einklang mit der Natur kommen wir gut voran. Kiefern umgeben uns auf diesem Abschnitt.

Bei einer Sitzbank öffnet sich für uns der Blick bis ins **Modenbachtal** und bis zur Ruine Frankenberg. Bald kreuzt ein Forstweg, wir aber bleiben auf dem schmalen Pfad und laufen durch einen Berghang, der mit weiß-rosafarbenem Besenheidekraut bewachsen ist, das gerade jetzt am Ende des Sommers wunderschön blüht. Einige Stufen leiten uns zu einem Wegetreff, bei dem wir unserer Ausschilderung weiter folgen, die uns nun bis zur Kreuzung bei der **5 Sitzgruppe am Kohlplatz** bringt. Hier stand wohl früher ein Kohlenmeiler, denn ein Schild erinnert daran.

*Der **Kiefer** werden heilende Eigenschaften zugesprochen. Das Öl, das aus den Kiefernadeln gewonnen wird, ist als Inhalationszugabe besonders bei Atemwegbeschwerden wie Bronchitis, Husten, Hals und Heiserkeit förderlich.*

Weiter geht es und wir wenden uns halb rechts. Jetzt orientieren wir uns an der **blau-weißen** und der **Blättersberg-Markierung,** die uns über einen breiten Schotterweg langsam sanft ins Tal führt. Während wir hinabwandern, erfüllt herrliche erdig-harzige Waldluft unsere Nasen. Die Terpene des Walds sind nachweislich besonders gesundheitsfördernd und stärken das Immunsystem. In der Talsohle angekommen, queren wir nur noch die Fahrbahn nach links und stehen auch schon vor der **6 Edenkobener Hütte am Hüttenbrunnen (PWV).** Hier ist mächtig was los, denn heute ist optimales Wander- und Ausflugswetter. Wir suchen uns ein lauschiges Plätzchen im Waldgarten, denn jetzt wollen wir erst einmal eine ausgiebige Essenspause einlegen. Alle Speisen werden frisch zubereitet, da

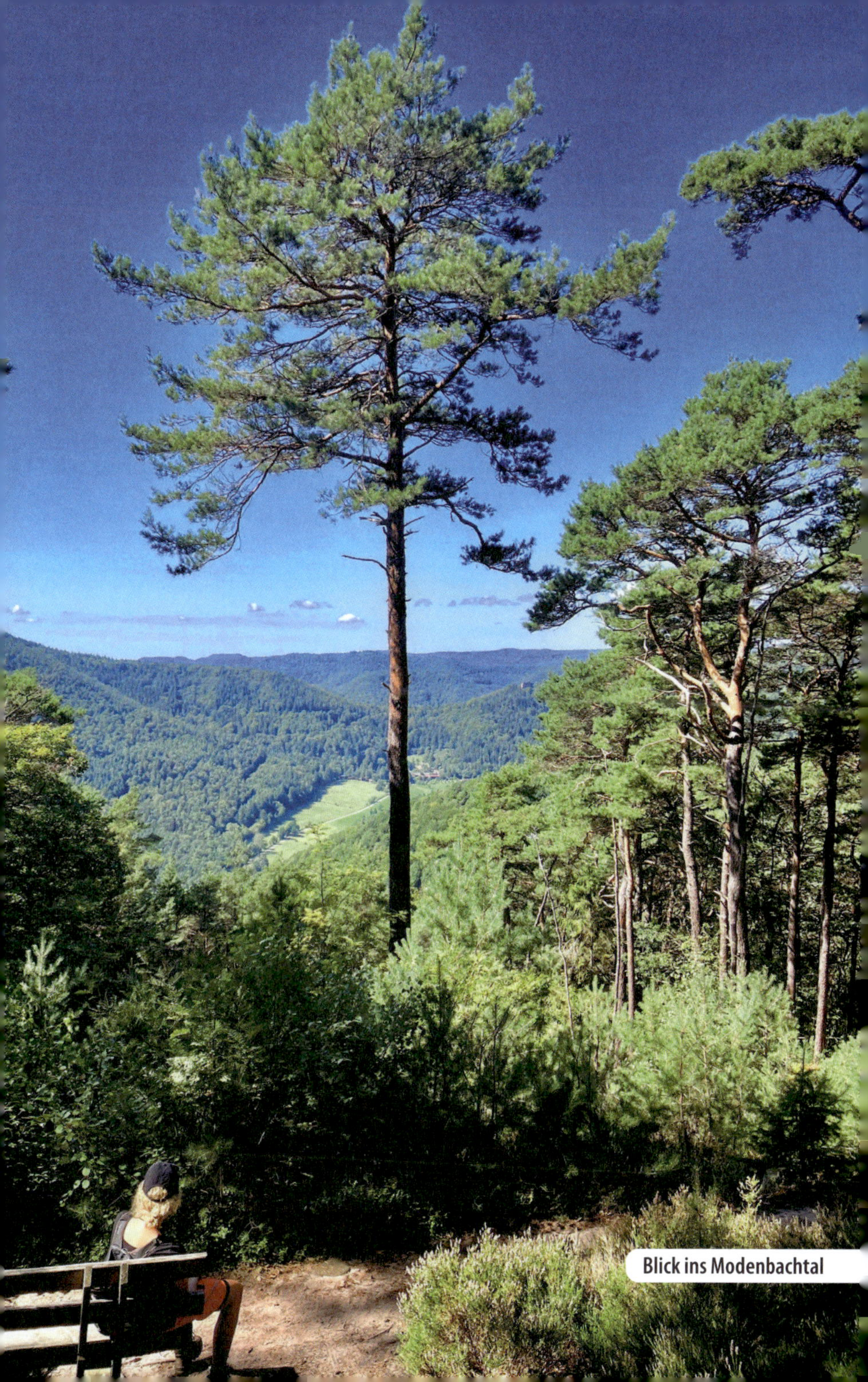

Blick ins Modenbachtal

kann es schon mal zu kleinen Wartezeiten kommen, aber es lohnt sich. Man sollte auch immer auf den zusätzlichen Aushang achten. Heute gibt es neben den Speisen auf der normalen Karte leckeren Gyros mit Tsatsiki und Pommes. Wir genießen die gemütliche Hüttenatmosphäre und schöpfen neue Kräfte.

Frisch gestärkt brechen wir zur Schlussetappe auf, verlassen das Wanderheim leicht beschwingt und überqueren links die Straße. Einige Meter gehen wir an der Fahrbahn entlang weiter, bis wir einen Pfad erreichen, der wunderschön am Triefenbach entlangführt. Bald passieren wir den **Hüttenbrunnen** von 1872/73, der einen sogenannten Innungsstein oder Ritterstein mit Inschrift trägt. An dieser Stelle fließen mehrere kleine Wasserläufe zum Triefenbach zusammen. Achtung, wir orientieren uns ab jetzt an der Markierung **rotes Kreuz.** Vorbei geht es am Innungsstein. Das sanfte Plätschern des Bachs wirkt entspannend. Wir sind sehr angetan von dem wildromantischen Pfad, der an dem Gewässer entlangleitet. Moosbewachsene, aber auch glatte Steine liegen im Wasser. Was für eine herrliche Naturidylle, fast wie aus einem Bilderbuch. So hätten wir das nicht erwartet, umso begeisterter sind wir jetzt.

Immer wieder kreuzen wir auf Holzstegen und kleinen Brücken den Bachlauf. Das glasklare Wasser begleitet uns auf Schritt und Tritt, gluckert und gluckst und bietet gerade im Sommer eine willkommene Abkühlung. Wir kommen ins Schwärmen und können so richtig die Seele baumeln lassen, so unsagbar schön ist es hier – das sollte jeder selbst erleben. Bald treffen wir auf den **7 Waldkiosk am Hilschweiher,** wo wir uns noch mal eine kurze Pause gönnen. Wir holen uns am Kiosk am See einen Kaffee, den wir dann am Ufer des Weihers genüsslich trinken, während wir den Ruderbooten auf dem Weiher zusehen. Die beiden Königskinder Walther und Hildegunde aus Aquitanien fanden um 462 auf ihrer Flucht aus dem Hunnenland am Hilsch-

*Am **Hilschweiher** schenkte einst ein Mädchen einem sehr armen anderen Mädchen sein letztes Hemd. Noch in der Nacht regnete es vom Himmel Tausende Goldtaler. Zur Erinnerung an die gute Tat schenkt uns die Natur bis heute die violett blühenden „Nackthemdchen", auch „Nackte Jungfer" oder Herbstzeitlose genannt.*

weiher Schutz und Geborgenheit, weshalb man den See auch Walthariweiher nennt.

Auch die **Wasserfälle** am Hilschweiher sind sehenswert. Ein ideales Programm für Familien mit Kindern, die dort einen natürlichen Wasserspielplatz vorfinden. Auf Treppen steigen wir hinauf und überqueren das feuchte Nass über kleine Stege. Am oberen Wasserfall ist das Wasser gestaut. Es ist einfach faszinierend, welche Kraft von einem Wasserfall ausgeht, egal wie groß oder klein er ist. Beeindruckt steigen wir wieder abwärts und flanieren rechts am Seeufer entlang. Dabei entdecken wir die sagenumwobene **Sterntalerwiese,** die uns die Geschichte von dem Mädchen mit den Sternentalern erzählt.

Nach dieser schönen mystischen Anekdote laufen wir geradewegs talwärts und erreichen auch bald das **8 Waldgasthaus Zur Siegfriedschmiede.** Ursprünglich stammt die Siegfriedschmiede aus dem Jahr 1688 und bis 1942 wurde sie als sogenannte Wappenschmiede betrieben. Seit 1787 ist hier auch eine Gaststätte ansässig. Es lohnt sich allemal, dort eine Durstlöscher-Rast ein-

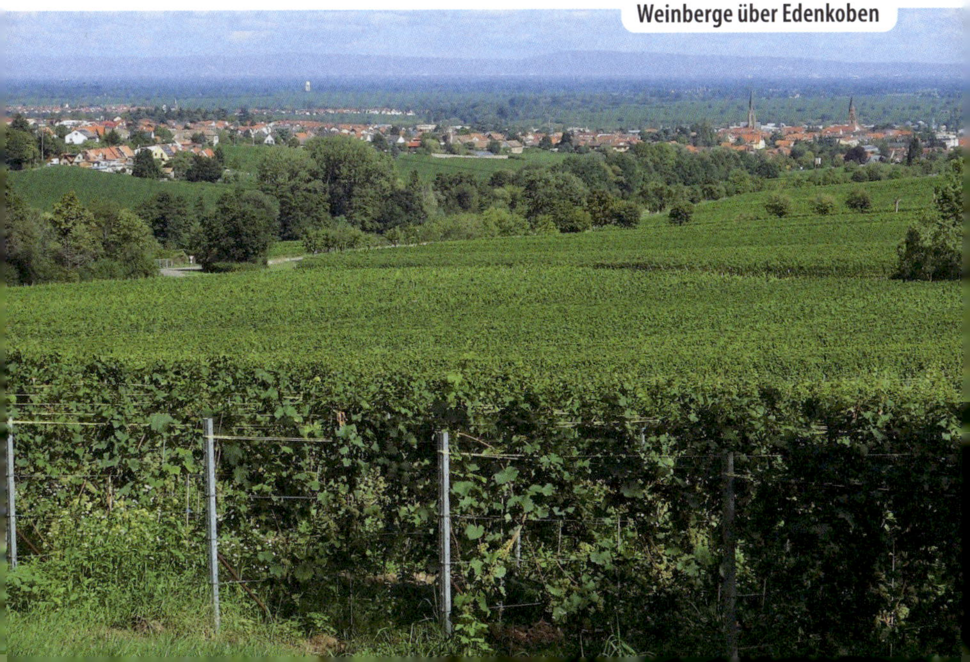
Weinberge über Edenkoben

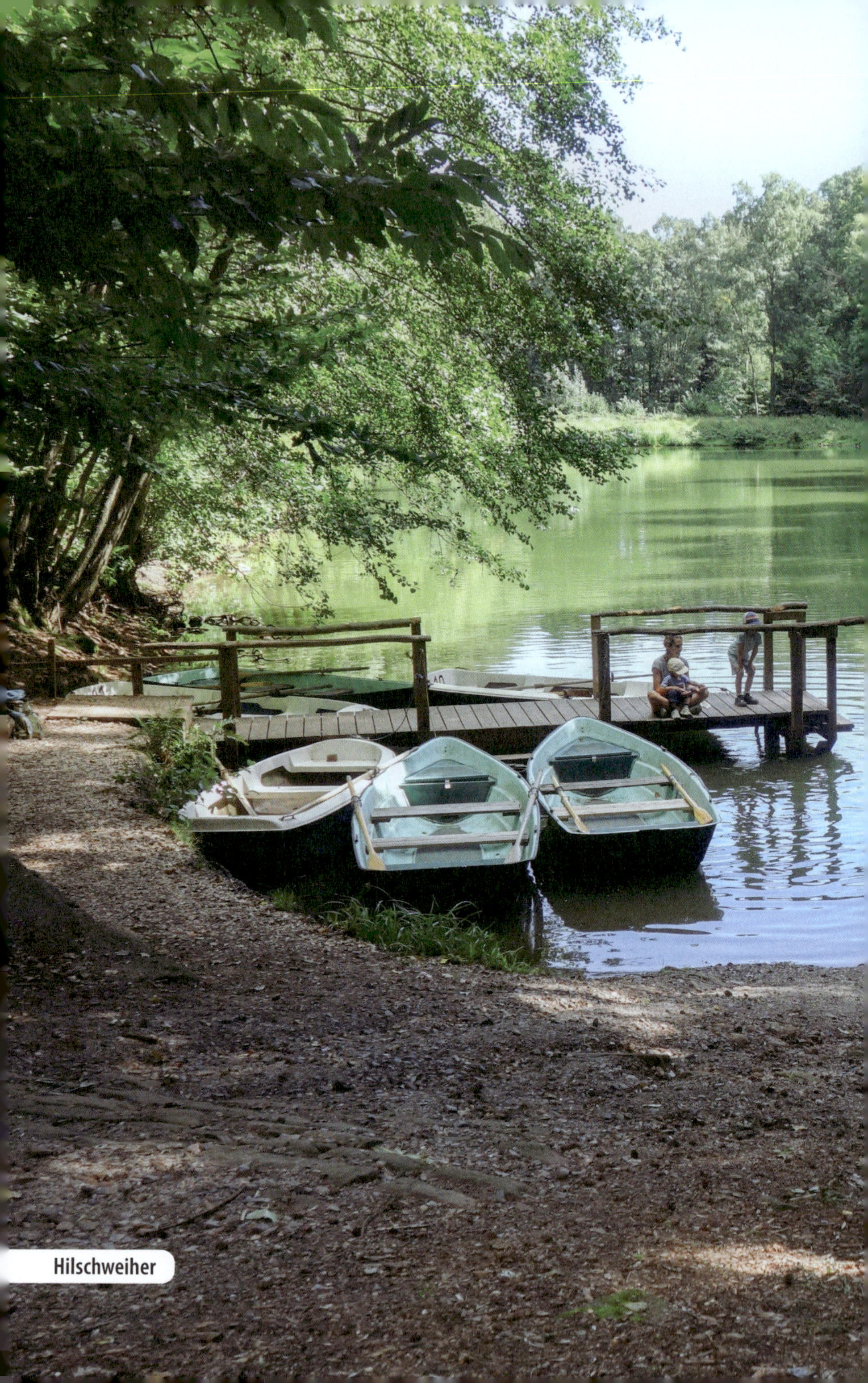

Hilschweiher

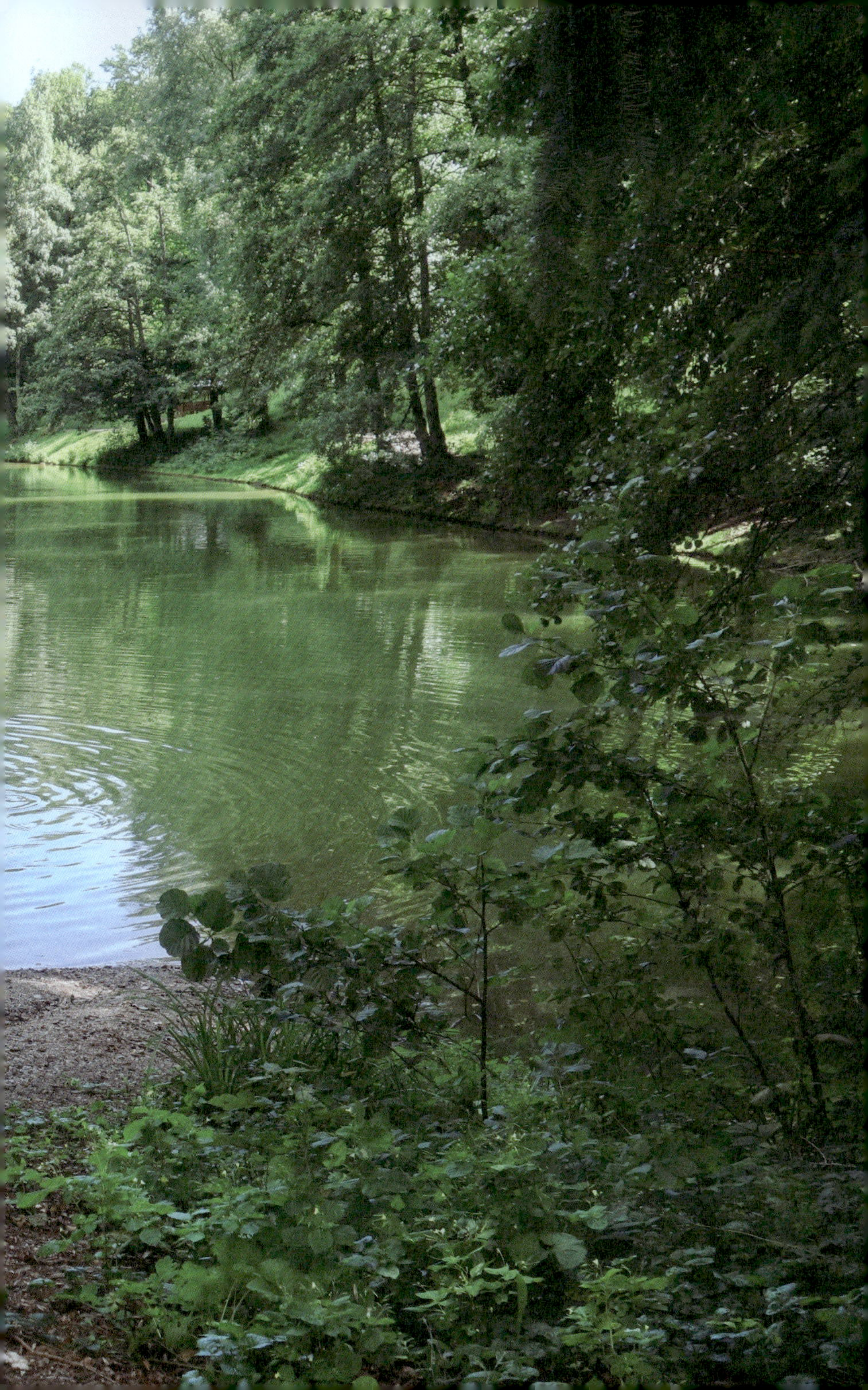

zulegen, denn das historische Gebäude der Gaststätte und der alten Schmiede mit ihrem Wasserrad ist durchaus sehenswert. Begeistert von dem geschichtsträchtigen Ort gehen wir nun weiter talwärts. An der nächsten Wegkreuzung halten wir uns rechts und wandern auf dem Forstweg leicht bergan. Bald darauf erreichen wir die **Villastraße** und spazieren wieder rechts. Wir kommen an der Sportschule des Südwestdeutschen Fußballverbands e. V. Edenkoben vorbei und folgen einer Einbahnstraße bis zu unserem Parkplatz.

Was für eine einmalige Tour, die uns durch ein beschauliches Naturparadies und zu historischen Sehenswürdigkeiten geführt hat. Edenkoben, wir kommen wieder!

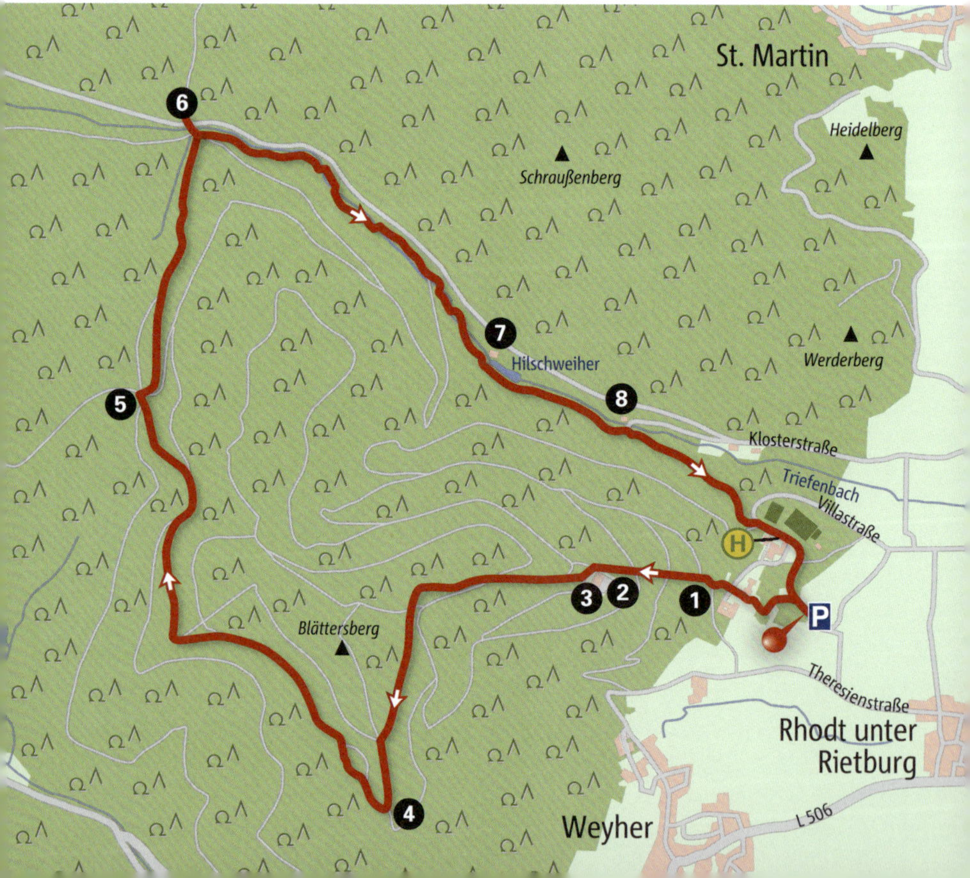

ALLES AUF EINEN BLICK

Entspannung
Abenteuer
Vielfalt

WIE & WANN

Der Wegabschnitt vom Ludwigsturm bis ins Tal zählt zu den schönsten Wegen des Pfälzerwalds, die Wegbeschaffenheit ist durchweg sehr gut. Beste Wanderzeit von März bis November.

HIN & WEG

Auto: Parkplatz an der Rietburgbahn, Villastraße, 67480 Edenkoben
ÖPNV: Haltestelle Edenkoben Villa Ludwigshöhe

ESSEN & ENTSPANNEN

3 **Höhengaststätte Rietburg,** Villastraße, 76835 Rhodt unter Rietburg, Tel. (0 63 23) 29 36
6 **Edenkobener Hütte am Hüttenbrunnen (PWV),** Schänzelstraße, 67480 Edenkoben, Tel. (0 63 23) 28 27, www.huettenbrunnen.net
7 **Waldkiosk am Hilschweiher,** Zum Hilschweiher, 67480 Edenkoben
8 **Waldgasthaus Zur Siegfriedschmiede,** Zum Hilschweiher 1, 67480 Edenkoben, Tel. (0 63 23) 39 12

ENTDECKEN & ERLEBEN

1 **Talstation Rietburgbahn**
2 **Rietburg**
4 **Ludwigsturm**
5 **Sitzgruppe am Kohlplatz**

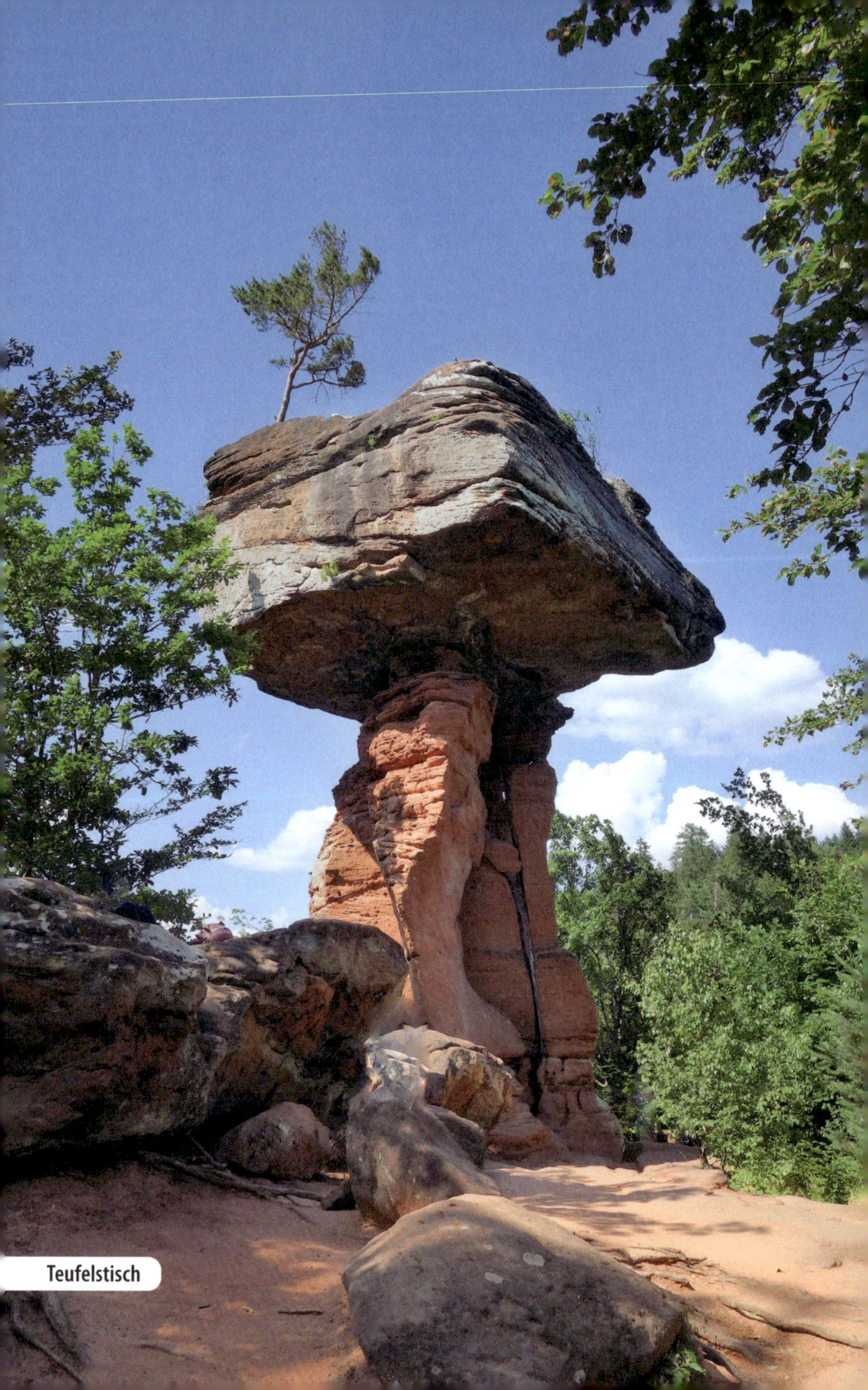

Teufelstisch

Beeindruckend

Hinterweidenthaler Teufelstisch-Tour

Heute machen wir uns schon ziemlich zeitig auf den Weg, um bei Hinterweidenthal ein imposantes Natursteinwunder zu erkunden, dem der Pfälzer Mundart- und Heimatdichter Johann Martin Jäger (1853–1923) sogar ein eigenes Gedicht widmete.

Am gebührenpflichtigen Parkplatz des **Erlebnisparks Teufelstisch** stellen wir unser Auto ab und konnten trotz früher Stunde gerade noch einen Parkplatz finden. Schuhe an, Rucksack auf und ein kurzer Orientierungsblick – links der Einfahrt entdecken wir unser heutiges Wegzeichen, einen **orangenen stilisierten Teufelstisch.** Steinige Stufen führen uns auf einen Weg, dem wir nach links folgen. Auf grobem Schotter steigen wir aufwärts, bis sich auf einer Kuppe der Weg gabelt. Die meisten Besucher gehen direkt hoch zum Teufelstisch und nehmen vielleicht noch den Erlebnispark mit, aber wir wandern geradewegs auf einen schmalen Pfad zu. Den Trubel lassen wir erst mal hinter uns, das Dach des Buchenwalds spendet an heißen Sommertagen wohltuenden Schatten. Die Sonne hat mächtig Kraft, da sollte man auf jeden Fall genügend Wasser dabeihaben.

Der Traumpfad senkt sich ins ❶ **Salzbachtal.** In der romantischen Aue, die wie ein märchenhafter Wald wirkt, laufen wir flussaufwärts und genießen die angenehme Ruhe. In einer Linkskurve gabelt sich der Weg und wir verlassen die friedliche Talsohle. Der Anstieg führt an moosbewachsenen Felsen und einem Meer aus Farnen vorbei, was ihn überaus kurzweilig macht. Durch den lichten

Kilometer: 10,6
Höhenmeter: 330
Stunden: 3,5
RUNDWEG

Wald blicken wir auf die andere Talseite hinüber und sehen hügelige Wälder. Zwischendurch flacht der Anstieg immer mal wieder ab, bei jedem Schritt knirscht der sandige Boden unter unseren Sohlen.

Am Etschberg achten wir auf den rechts abzweigenden Pfad, der uns an ein paar mächtigen Felsen vorbei talwärts leitet. Bald schwenken wir in einen breiteren Weg ein und wandern diesen weiter. Plötzlich dringt ein mediterran anmutender Duft von Kiefernadeln zu uns durch, vermutlich von der Sommerhitze freigesetzt. Fast wie in Südfrankreich. Konzentriert gehen wir talseitig über Stock und Stein abwärts. Was für ein hübscher Waldpfad, der uns erneut ins Salzbachtal führt. Vor einem Spielplatz biegen wir links ab und spazieren kurz in Richtung der Häuser von ❷ **Salzwoog.** Am Ortsrand erwartet uns ein schattiger Picknickplatz, wo wir eine kurze Verschnaufpause einlegen.

Nach der kurzen Rast geht es munter weiter, unsere Markierung leitet uns auf einen schmalen Weg, der uns in leichter Anhöhe in mäßiger Entfernung an der Landstraße entlangführt. Viele Kräuter und Wildpflanzen wachsen am Wegesrand, auch das weiß-rosa blühende Taubenkropf-Leimkraut, das in der heutigen Medizin nicht mehr beachtet wird, mancherorts aber seinen Platz auf dem Essenstisch findet, etwa in Salaten, in Pesto, im Frühlingsquark oder aber auch im Smoothie. Wer dieses Kraut sammeln und zubereiten will, sollte sich aber gut auskennen.

Unser Wegzeichen führt nach links und wir gehen auf einem Forstweg weiter und lassen die natürliche Stille in uns wirken. Umgeben von Heidelbeeren gabelt sich der Pfad und wir halten uns links, bis es an einer weiteren Freifläche scharf links hinaufgeht. Brombeersträucher, Farne sowie Brennnesseln gedeihen hier. Mutter Natur ist einfach fantastisch.

An der ❸ **Schwambornquelle** beschließen wir, eine kurze Auszeit auf einer der Sitzbänke einzulegen. Bei strahlendem Sonnenschein wirkt der Ausblick auf die

Natur noch eindrucksvoller. Ein Gedenkstein erinnert an den Oberförster Otto Groß (1930–1967). Erst als wir uns zum Serpentinenpfad aufmachen, wird uns bewusst: Die kleine Zwischenrast hat unsere Kräfte für den weiteren Aufstieg immens mobilisiert, wir hatten also eine gute Intuition. Jetzt geht es steil bergauf, von einer Kehre zur nächsten, die Mittagssonne fordert zusätzliche Schweißperlen. Bei einer Bank etwas weiter oben legen wir eine kleine Verschnaufpause ein, bevor wir dann die letzten Kehren gemeistert haben und etwas durchgeschwitzt auf der Bergkuppe zum breiten Weg nach rechts weitergehen. Ach, wie nett, plötzlich sehen wir am Wegesrand eine **Riesensitzbank,** die mit einem hübschen Ausblick aufwartet. Da müssen wir unbedingt hinaufklettern und fotografieren, so eine Bank gibt es nicht überall.

Für die Seele

Wow, bei dieser Wanderung kommt man von der Teufelsküche zum sagenumwobenen Teufelstisch!

Weiter geht es und der breite Höhenweg leitet jetzt um einen Taleinschnitt. Auf einer Felsnase steht ein **4 Pfälzerwaldsofa,** das wiederum eine schöne Sicht bietet. So macht das Wandern Spaß, immer wieder

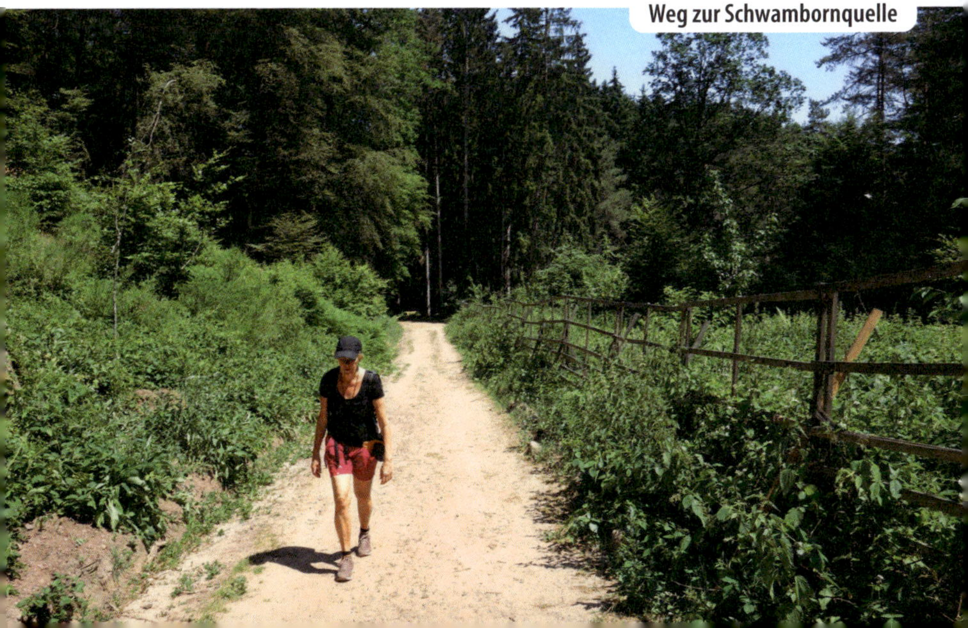

Weg zur Schwambornquelle

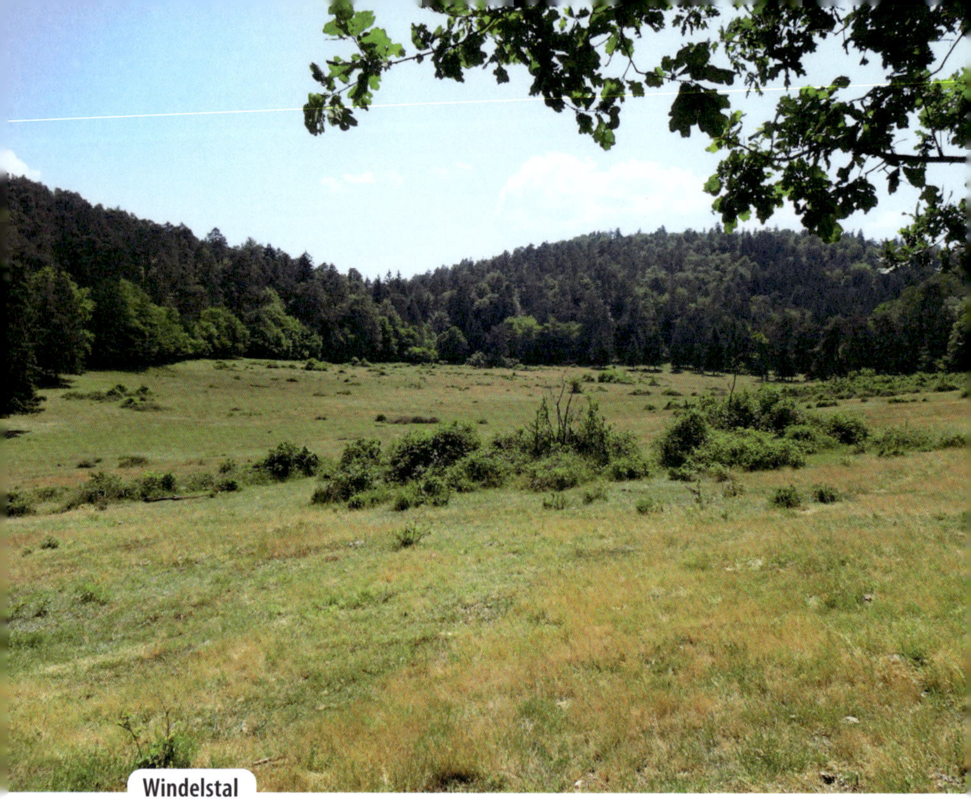

Windelstal

Sitzmöglichkeiten und schöne Ausblicke. Allmählich senkt sich unser Weg wieder und führt uns ins **5 Windelstal.** Hier weiden glückliche Kühe, zumindest ist das unser Eindruck. Leider verlassen wir die liebliche Talsohle bald wieder und biegen bei einer Sitzgruppe unter den Bäumen links ab. Gleich darauf geht es wieder rechts auf einen Wurzelpfad zu, der uns aufwärts führt. Wir kommen an vermoosten Felsformationen vorbei und blicken schließlich an der **6 Superschönen Aussicht** eindrucksvoll auf Hinterweidenthal mit dem Dreikönigsfelsen. Gleich zwei geschwungene Holzliegen bieten sich uns zum entspannten Verweilen an. Das lassen wir uns nicht zweimal sagen und nehmen in Relaxposition Platz. Hinter dem Dorf zieren waldbedeckte Bergrücken den Horizont, einfach nur schön, dieser Ausguck.

Beflügelt wandern wir nach kurzer Rast weiter und kommen in eine Art Schlendergang, wie oft nach einer entspannten Pause, vor allem wenn der Weg wie jetzt leicht talwärts leitet. Beim **Heibertsstein** nehmen wir den Abzweig nach links und erfreuen uns zum wiederholten Mal an der **7 Schönen Aussicht.** Urgemütlich schlängelt sich unsere Tour durch den Wald und an einer Abzweigung gehen wir noch einmal bergwärts. Oben halten wir uns links und streifen eine sonnendurchflutete Lichtung mit Steinmännchen. Weiter geht es, bis wir an einen imposanten Felsen mit Loch gelangen, der so futuristisch aussieht, dass wir geradezu in einen Fotorausch geraten. Nach unserer kleinen Fotosession halten wir uns links und gehen auf einem schönen Kammweg weiter. Ein kurzer Stichweg führt uns zur **8 Teufelsküche** etwas oberhalb des Wegs. Nun startet der finale Abstieg, der uns über einen hübschen Waldpfad zum Höhepunkt der heutigen Wanderung führt: zum sagenumwobenen **9 Teufelstisch.**

In der Pfalz zählt der Teufelstisch zu den herausragenden landschaftlichen Wahrzeichen. Einer Sage nach ging des Nachts der Teufel im Pfälzerwald um. Müde und etwas ausgehungert wollte er unbedingt eine Pause einlegen, fand jedoch keine Rastmöglichkeit, die ihm gefiel. So nahm er Felsbrocken, die herumlagen, und errichtete sich an diesem schönen Platz einen Tisch. Nachdem er gespeist hatte, ließ er alles so zurück. Als die Bewohner des Morgens den übermächtigen Felsen erblickten, war ihnen gleich klar, dass es sich hierbei nur um das Werk des Teufels handeln konnte. Alle bis auf einen glaubten daran. Ein junger Mann, so hieß es, wollte den anderen beweisen, dass diese Annahme nicht stimmen konnte, und so brach er des Nachts auf, um sich mit dem finsteren Gesellen zu treffen. Er war guten Mutes und hatte auch keine Angst. Doch just um Mitternacht vernahmen die Dorfbewohner aus der Richtung des Felsens einen unüberhörbaren lauten Schrei. Von dieser Stunde an ward der junge Mann nie mehr gesehen und die mystisch wirkende Felsformation bekam den Namen Teufelstisch.

*Unbedingt lohnenswert mit Kindern, aber auch für alle, die noch nicht genügend erlebt haben, ist ein Abstecher zum **Erlebnispark Teufelstisch** mit seiner 50 Meter langen Riesenrutsche, einem Spielplatz, einem Labyrinth und einer Minigolfanlage.*

So könnte es gewesen sein, oder? Auf jeden Fall handelt es sich bei dieser einzigartigen Felsformation aus Buntstandstein um ein faszinierendes Naturwunder, das etwas Ähnlichkeit mit einem übergroßen Pilz hat. Es ist 14 Meter hoch, einfach gigantisch. Nach gefühlten 100 Fotos folgen wir dem Stufenweg hinunter und gelangen bei einer Sitzbank wieder zum Anstiegsweg, der uns zu unserem Auto zurückbringt.

Zum Abschluss des Tages ist eine Einkehr im **⑩ Landgasthof Am Teufelstisch** oder im **⑪ Brauhaus Ehrstein** zu empfehlen. Ein Tagesausflug mit ganz viel Abwechslung, mit schönen Ausblicken und einer überragend imposanten Felsformation.

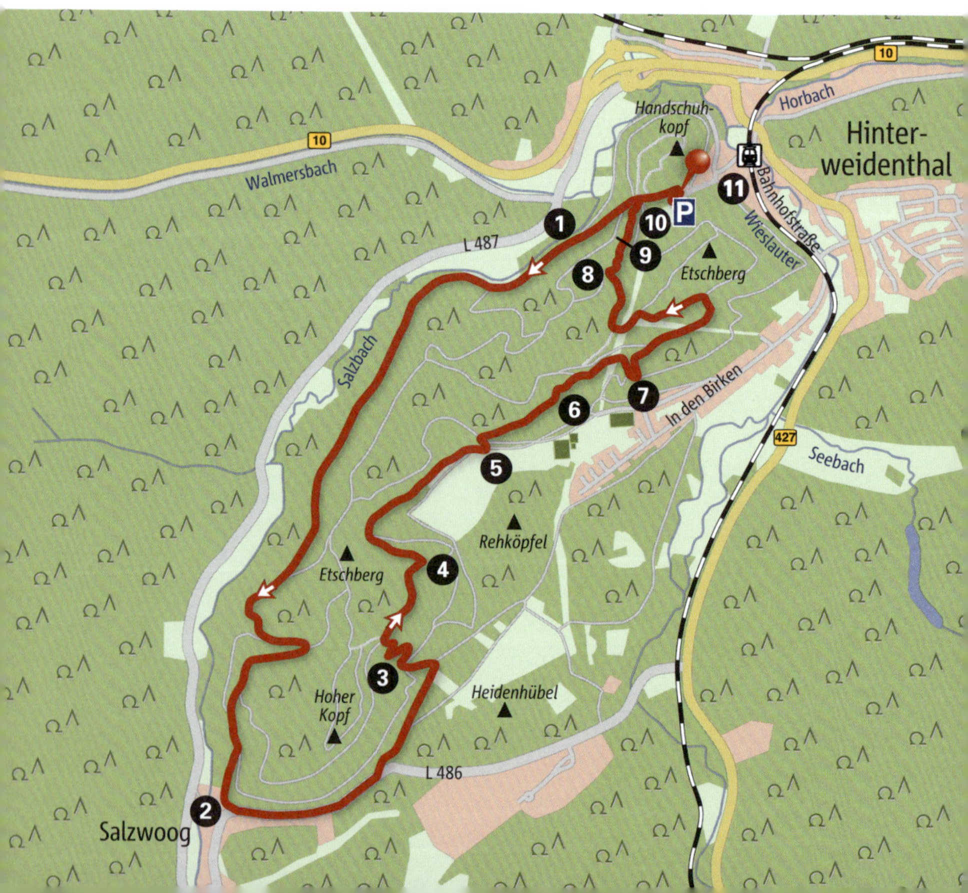

ALLES AUF EINEN BLICK

Entspannung ●●●●●
Abenteuer ●●●●○
Vielfalt ●●●●○

WIE & WANN

Die Anstiege sind kurz und knackig, die Wegbeschaffenheit ist durchweg sehr gut, mal auf breiten Waldwegen, mal auf Pfaden. Beste Wanderzeit von März bis Dezember.

HIN & WEG

Auto: Parkplatz (gebührenpflichtig) beim Erlebnispark Teufelstisch, Im Handschuhteich, 66999 Hinterweidenthal
ÖPNV: Bahnhof Hinterweidenthal Ort

ESSEN & ENTSPANNEN

10 **Landgasthof Am Teufelstisch,** Im Handschuhteich 29, 66999 Hinterweidenthal, Tel. (0 63 96) 3 69, www.am-teufelstisch.de
11 **Brauhaus Ehrstein,** Im Handschuhteich 3, 66999 Hinterweidenthal, Tel. (0 63 96) 1 68 00 00, www.brauhaus-ehrstein.de

ENTDECKEN & ERLEBEN

1 **Salzbachtal**
2 **Salzwoog**
3 **Schwambornquelle**
4 **Pfälzerwaldsofa**
5 **Windelstal**
6 **Superschöne Aussicht**
7 **Schöne Aussicht**
8 **Teufelsküche**
9 **Teufelstisch**

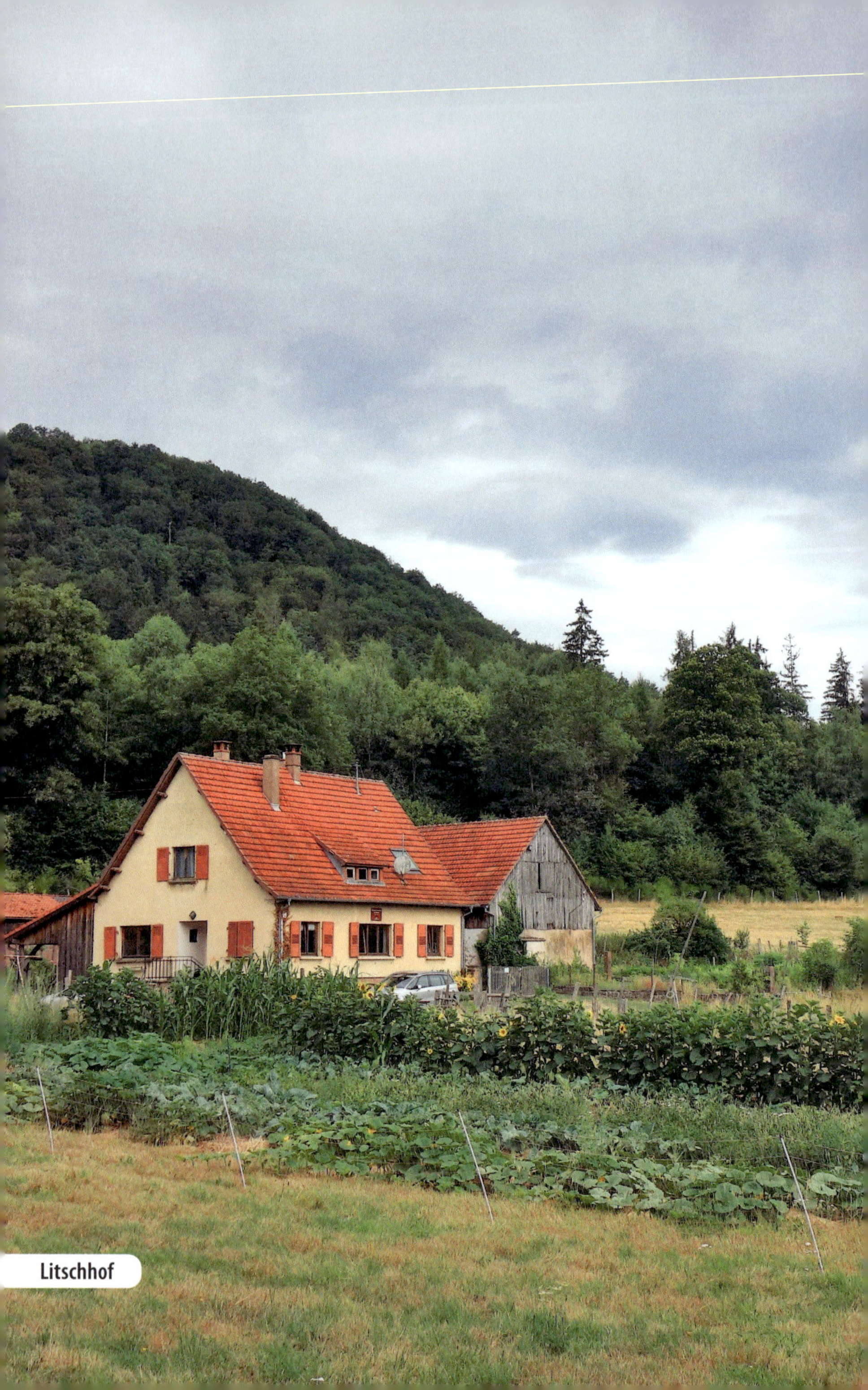

Litschhof

Grenzüberschreitend

Zur Eisenerzgrube St.-Anna-Stollen

Diese Tour bringt uns etwas über die deutsche Grenze hinaus. Wir wandern im Grenzgebiet ins französische Elsass. Dabei können wir hautnah erleben, was es heißt, über Grenzen hinauszugehen, denn die Tour führt uns zu einem fantastischen Ausblick. Wir wandern über naturbelassene Pfade auf luftigen Höhen und erfahren einiges über den Eisenerzabbau von einst in der Region.

Wir starten beim Wanderparkplatz Nothweiler und wandern mit dem Rücken zum Ort geradewegs zu dem sandigen Weg, der sich hinter einer Schranke befindet. Verrückt, gerade noch standen wir mit beiden Füßen in Deutschland und innerhalb weniger Minuten – vive la France! – sind wir im elsässischen Frankreich. Entspannt spazieren wir das stille Tal entlang auf der Route Forestière du Litschhof, also auf der Litschhof-Waldroute. An der Gabelung halten wir uns links und folgen einem schönen Pfad, dabei haben wir die **Blaue-Köpfe-Markierung,** die uns heute den Weg weist, fest im Blick. Aber aufgepasst, manches Mal zeigt sie auch nur ein Köpfchen.

Farne und Brombeeren zieren den Wegesrand, immer wieder naschen wir die ein oder andere schwarze Beere. Gleich schon tauchen wir in eine grüne Oase ein, was nicht nur unseren Augen guttut, sondern auch unsere Seele enorm beflügelt. Was kann es Schöneres geben, als die Kraft der Natur so hautnah zu erleben? Wir halten die Richtung bei und steigen einen Hohlweg hinauf, der uns beim ❶ **Litschhof** zu einer lieblichen Lichtung

Kilometer: 7,6
Höhenmeter: 275
Stunden: 3
RUNDWEG

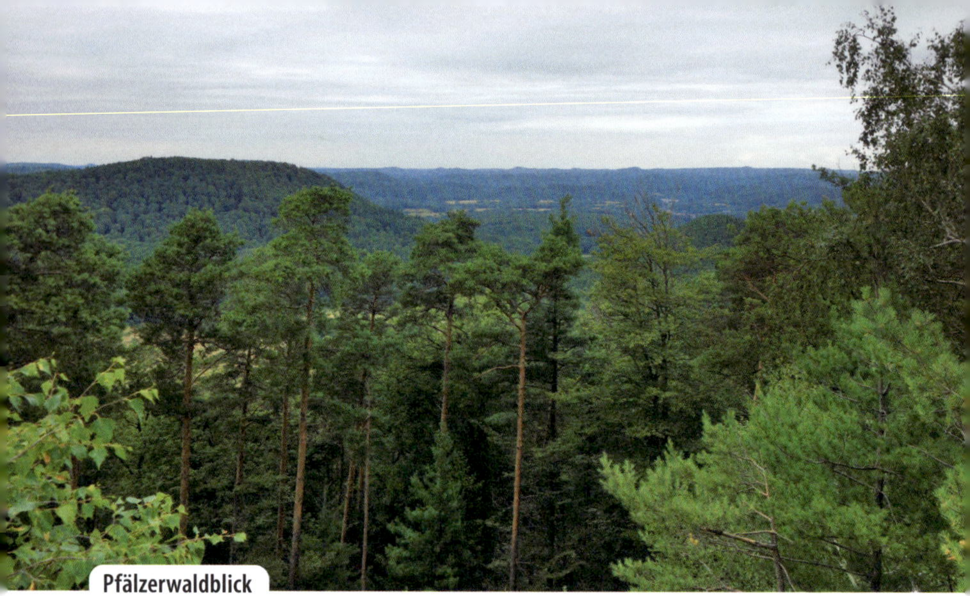

Pfälzerwaldblick

führt. Freudig werden wir vom ansässigen Gockel begrüßt. Ach, wie schön der Hof hier mitten im Waldgebiet eingebettet liegt. Im Talgrund entdecken wir einen verträumten Entenweiher. Hinter dem Anwesen wenden wir uns am Waldrand links dem Wiesenpfad zu und folgen wenige Meter später rechts dem überaus weichen Waldpfad. Dieser gabelt sich und wir gehen links über einen wurzeligen Pfad zur **Schutzhütte Col du Litschhof.** Direkt vor der Hütte führt ein Pfad nach links, wir folgen ihm entlang einer schmalen Straße. Noch vor dem Anstieg biegen wir links ab, überqueren die Fahrbahn und wandern auf Schotter in Richtung Kappelstein weiter.

An der folgenden Kreuzung überrascht uns ein hübscher Waldpfad, der jetzt bergwärts leitet. An zahlreichen Heidelbeerbüschen entlang wandern wir im hübschen Kiefernwald den schmalen Pfad hinauf, der uns auf den 498 Meter hohen ❷ **Kolbenberg** bringt. Die letzten Meter hinauf zur Spitze des Bergs erklimmen wir auf einem steilen Anstiegsweg, der einmal mehr unsere Konzentration und Ausdauer fordert. Jedoch belohnt uns die großartige Aussicht für die Anstrengung. Ein faszinierender Ausblick auf das herrliche Umland breitet sich vor uns aus. Eingefasst von

*Das **Biosphärenreservat Pfälzerwald-Vosges du Nord** (Nordvogesen) ist grenzüberschreitend. Im Jahr 1998 haben sich Frankreich und Deutschland mit gemeinsamen Aktionen im Natur- und Umweltschutz zusammengeschlossen.*

steilen Waldhängen erkennen wir die Wegelnburg und die Hohenbourg vor uns. Der Gipfel hat durchaus seinen Reiz und zeigt spannende Perspektiven des Pfälzerwalds und der Nordvogesen.

Nach dem Gipfelglück folgen wir dem steilen Fußweg achtsam bergab. Anschließend wandern wir an der deutsch-französischen Grenze entlang durch den lichtdurchfluteten Wald. Beim Wegweiserpfosten am **Grenzstein** laufen wir links hinab und haben bald schon wieder deutschen Boden unter unseren Füßen. Bei einem Aussichtsfenster breitet sich stolz vor uns der Pfälzerwald aus. Je weiter die Bergkuppen entfernt sind, desto wasserfarbenblasser erscheinen sie uns, was für ein ästhetisches Stimmungsbild! So reizvoll kann Wandern sein. Während wir an dem mit Ginsterbüschen gesäumten Pfad entlangwandeln, spüren wir förmlich die aktive Entschleunigung und saugen die Eindrücke mit allen Sinnen in uns auf. An einer Tafel werden wir über den Bergbau und die Eisengewinnung informiert und auch über den Minenwichtel. So erfahren wir, dass man sich einst in früheren Zeiten kleine Männchen im Wald mit Hammer und Pickeln vorstellte, die nach Eisen und Metallen suchten. Die Gebrüder Grimm hauchten dann den kleinen Zwergen mit ihrem Märchen „Schneewittchen“ ewiges Leben ein.

Für die Seele

Das grenzüberschreitende Abenteuer führt unter Tage in die längst vergangene Zeit der Bergleute.

Nach dieser netten Anekdote wenden wir uns nach rechts und entdecken einen verschlossenen Eingang des **St.-Anna-Stollens.** Nach einem Serpentinenabstieg, der uns leichten Fußes bergab leitet, halten wir uns im urwüchsigen Wald rechts und entdecken einige moosüberwucherte Baumstämme. Wahrscheinlich handelt es sich um Zypressenschlafmoos, das häufig auf Rinden von Bäumen und Felsen wächst. Ganz relaxt und bester Stimmung genießen wir unseren schönen Weg, auf dem wir im weiteren Abstieg einen Schotterweg queren und den Talweg hinabwandern. An der nächsten Kreuzung biegen wir in der Schaufelshalde Erzgrube links ab. Dabei passieren wir einen kleinen Brunnen und entdecken den Eingang des nach seinem früheren Besitzer benannten ❸ **Herzog-Johann-Stollens,** der allerdings ebenfalls verschlossen ist. Natürlich ist es sinnvoll, diese Stollen zu verschließen, denn man könnte sich darin ansonsten hoffnungslos verirren.

Nach wenigen Metern erreichen wir dann auch das ❹ **Besucherbergwerk St.-Anna-Stollen.** Dieser Stollen wurde nach der Schutzheiligen des Bergbaus benannt. Hier lohnt es sich unbedingt, eine Führung mitzumachen, was täglich zur vollen Stunde möglich ist. Man erfährt viel Wissenswertes rund um den Abbau unter Tage, so auch, dass dieser Stollen insgesamt 15 Stockwerke hat, die verteilt auf 160 Höhenmetern liegen. Unter Bergleuten werden sie als Galerien bezeichnet. Die gesamte Länge des Bergwerks misst über 10 Kilometer. Bis 1883 wurde rund 50 Jahre lang Eisenerz abgebaut, bis die Grube stillgelegt wurde. Erst 1977 öffnete das Bergwerk seine Pforten für Besucher. Seitdem kann man wieder in die Welt des Untertagebaus ein-

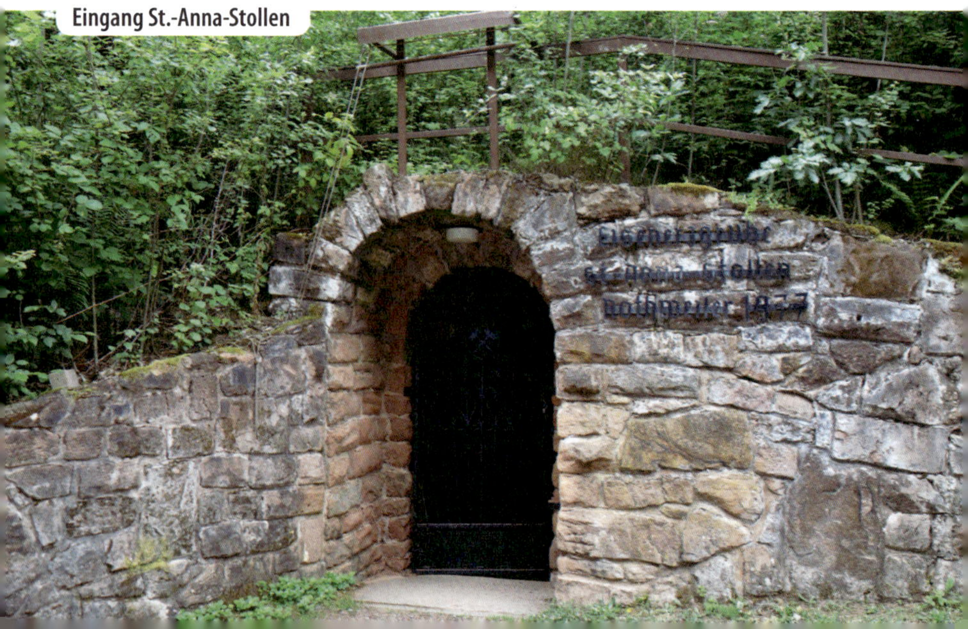

Eingang St.-Anna-Stollen

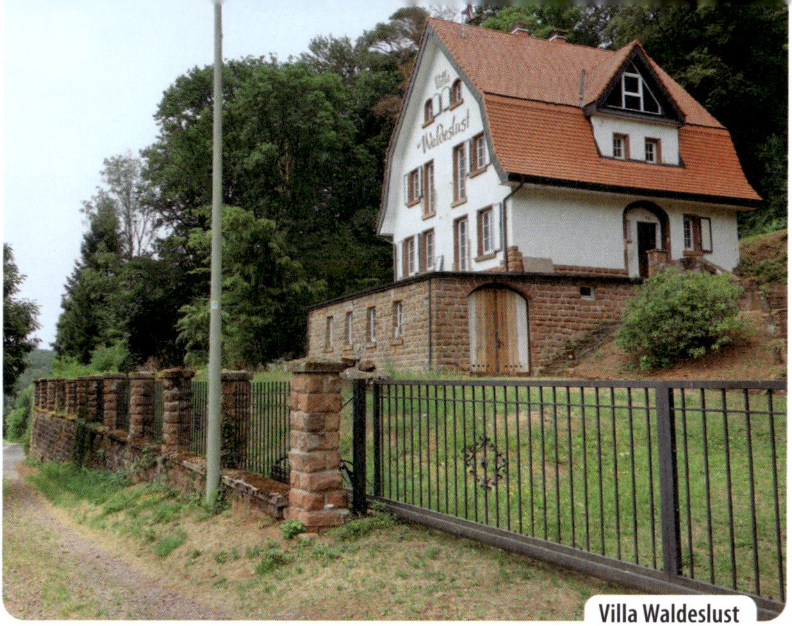

Villa Waldeslust

tauchen. Das angrenzende Museum informiert umfassend über dieses technische Kulturdenkmal.

Nach der spannenden Führung gönnen wir uns erst mal eine Butterbrezel und ein Erfrischungsgetränk am **5 Kiosk** gegenüber dem Grubeneingang und schwelgen in vergangenen Tagen. Für uns kaum vorstellbar, unter welchen Bedingungen wohl die Bergleute früher ihrer Arbeit nachgingen. Mit reichlich Bergmannswissen im Gepäck und frisch gestärkt machen wir uns wieder auf die Socken und wandern hoch zum Fünf-Wege-Sattel, der an einer Schutzhütte liegt. Scharf links und gleich wieder rechts geht es auf einen naturbelassenen Waldpfad. Inzwischen wandern wir schon wieder leicht bergauf und halten uns dabei zweimal rechts, bis es bei einem Forstweg nach links geht. Herrliche Ruhe umgibt uns hier, nur ein paar Vögel zwitschern munter von den Bäumen. Schon ein paar Minuten später biegen wir halb rechts ab und gelangen auf einem **Waldlehrpfad,** der sich bis zum Tal von **6 Nothweiler** schlängelt. Schön blicken wir hinab auf den Ort, der uns zu Füßen liegt.

Vorbei geht es an altehrwürdigen Häusern, dabei streifen wir die **Villa Waldeslust,** die ihren ganz eigenen Charme versprüht. Meter um Meter gelangen wir kurzweilig weiter hinunter in den Talgrund, bis wir bei der evangelischen Kirche über Steinstufen bis ganz unten kommen. Im 7 **Gasthaus Wegelnburg** kann man lecker einkehren. Ganz langsam und gemächlich lassen wir die schöne Tour nun auslaufen und genießen die hübschen Fachwerkbauten und alten Brunnen, während wir an der Lembacher Straße entlangschlendern. So gelangen wir kurzweilig zurück zu unserem Auto.

Eine gelungene Tour in einer reizvollen Gegend, die nicht nur tolle Ausblicke bietet, sondern mit dem Besucherbergwerk ein weiteres Highlight bereithält. Auf den grenzüberschreitenden Wald- und Naturpfaden erfahren wir absolute Ruhe und Gelassenheit.

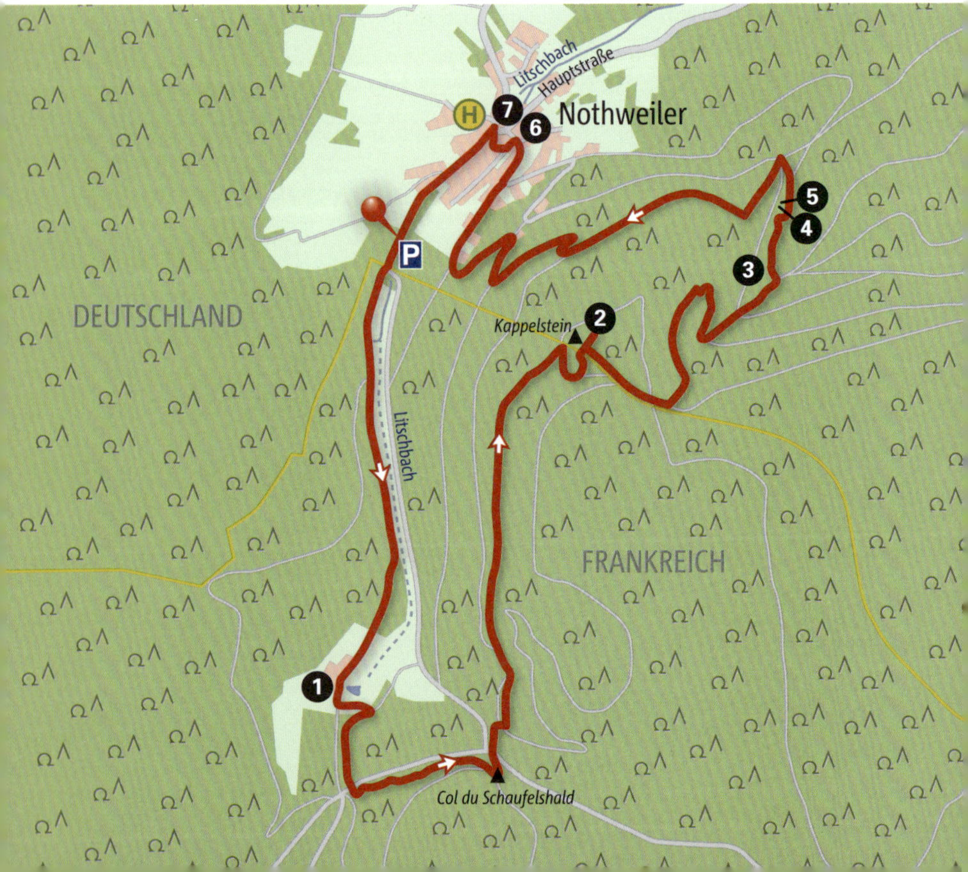

ALLES AUF EINEN BLICK

Entspannung
Abenteuer
Vielfalt

WIE & WANN

Die Wege am Kolbenberg sind teils recht steil, sonst aber unproblematisch. Die Markierungen mit einem und zwei „Blauköpfen" sind etwas lückenhaft. Beste Wanderzeit von April bis November.

HIN & WEG

Auto: Wanderparkplatz Nothweiler, Lembacher Straße, 76891 Nothweiler
ÖPNV: Haltestelle Nothweiler

ESSEN & ENTSPANNEN

5 **Kiosk am Besucherbergwerk St.-Anna-Stollen,** Am Kolbenberg, 76891 Nothweiler

7 **Gasthaus Wegelnburg,** Hauptstraße 15, 76891 Nothweiler, Tel. (0 63 94) 2 84, www.naturhotel-wegelnburg.de

ENTDECKEN & ERLEBEN

1 **Litschhof**
2 **Kolbenberg**
3 **Herzog-Johann-Stollen**
4 **Besucherbergwerk St.-Anna-Stollen,** www.nothweiler.de/erzgrube.html
6 **Nothweiler**

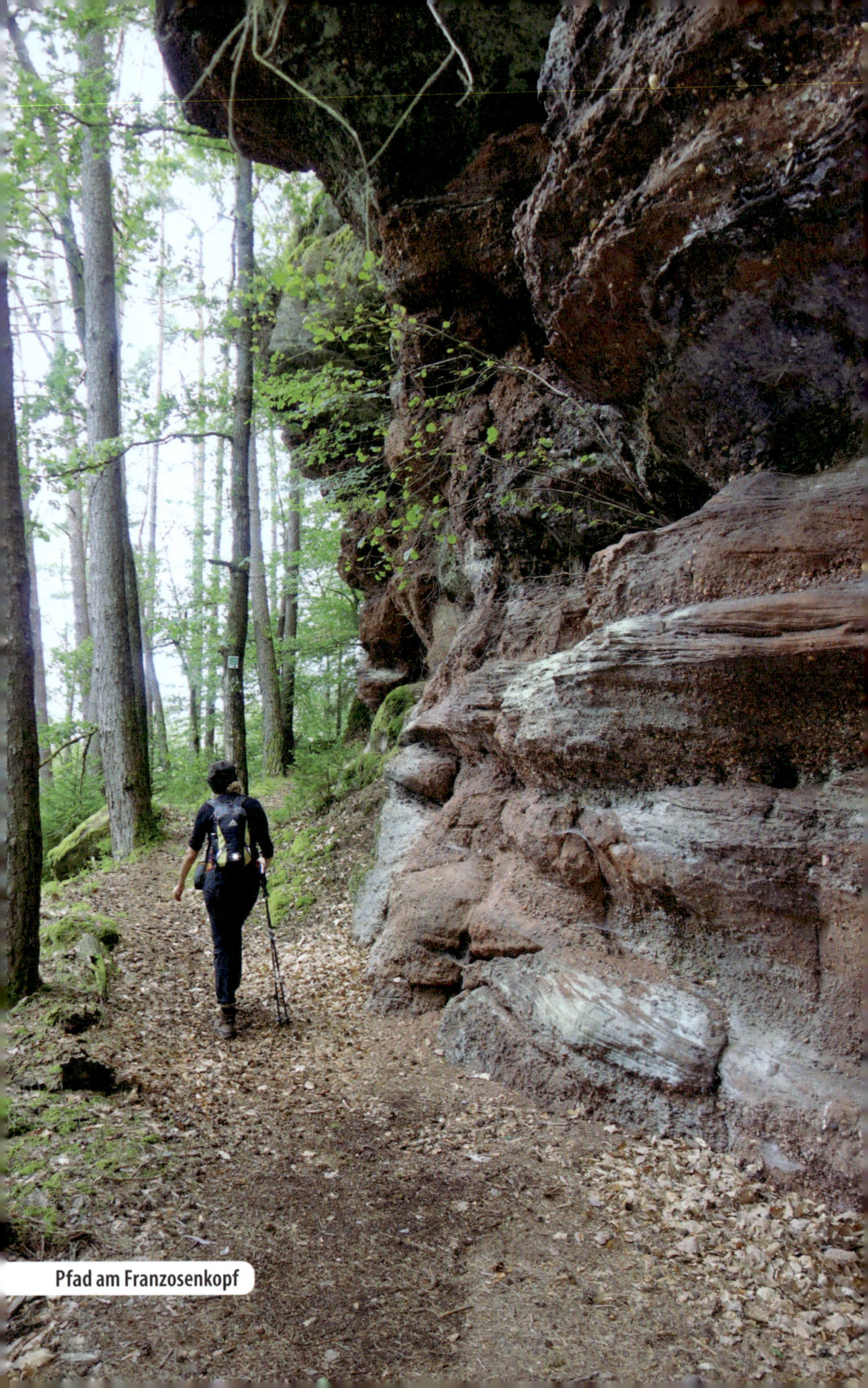

Pfad am Franzosenkopf

Felsenreich

Trulber Sandhasentour

Ein neuer Tag beginnt, wir freuen uns schon auf unser Wandererlebnis. Unsere Tour verspricht idyllische Täler, einzigartige Ausblicke, sanfte Hügel, famose Gesteinsformationen und naturnahe Pfade mit sportlichen Anstiegen. Fernab des Alltags findet man hier pure Entschleunigung, ideal, um den Kopf freizubekommen und ein paar Stunden in der Natur zu verbringen.

Die Sandhasentour führt uns nach Trulben, allein schon die Anfahrt leitet uns über Berg und Tal. Wir parken an der **Trualbhalle,** schnappen unseren Rucksack und gehen los. Der Weg führt halb links, wenig später folgen wir Treppen empor zu einem Wiesenweg, der uns schon in den Wald bringt. Die frische Waldluft atmen wir tief ein, das tut unwahrscheinlich gut, so langsam kommen wir an und können unser Gedankenkarussell abschalten. Ein breiter Weg führt rechts bergwärts und schlängelt sich an Brombeerhecken vorbei. Wir haben Glück und können einige von den reifen Früchten naschen. In der Natur von der Hand in den Mund schmecken sie am besten.

Weiter oben öffnet sich der Wald. Herrlich, ländliche Idylle umgibt uns, ein paar Obstbäume zieren den Feldrand, an sonnigen Tagen erscheint das Gesamtbild umso schöner und famoser. Auf dem ❶ **Kästenbruch** erhaschen wir einen Blick auf den Ort Vinningen. In einer Links-rechts-Kombination gelangen wir wieder in den Wald und wandern auf einem schönen Pfad kurzweilig bergab, allerdings sollte man sich auf den steileren

Kilometer: 11,5
Höhenmeter: 420
Stunden: 4
RUNDWEG

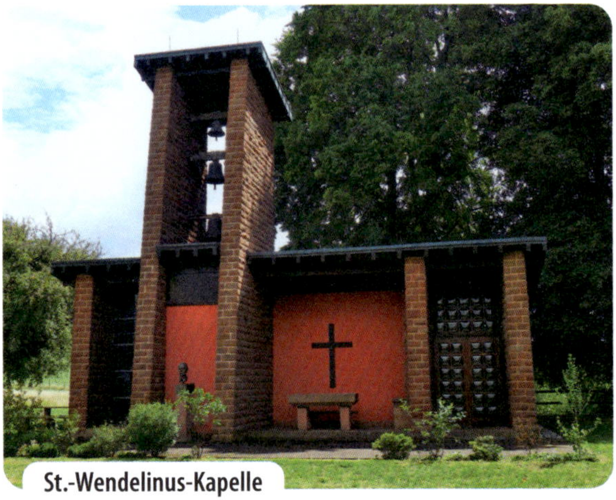

St.-Wendelinus-Kapelle

Der heilige Wendelin ist Schutzpatron der Tiere, Landwirte und Hirten. Die ***St.-Wendelinus-Kapelle*** *stammt aus dem 6. bis 7. Jahrhundert und ist dem Schutzheiligen gewidmet. Sie war der Vorgänger zu der im Jahr 1806 vollendeten Kapelle, die deutliche Baumängel aufwies und 1984 in heutiger Form entstand.*

Stücken in konzentriertem Gehen üben. An einer Kreuzung wenden wir uns scharf nach links und laufen auf den breiten Weg zu. Farne und Wildkräuter zieren den Wegesrand. Während wir entspannt dahinwandern, lassen wir die Schönheit des zauberhaften Walds auf uns einströmen. Allein das wirkt sich überaus positiv auf unser Nervenkostüm aus.

Wer möchte, kann in die Stille des Walds lauschen, vielleicht hört man das Raunen der Blätter, das Knacken der Äste oder den Ruf des Kuckucks. Mit etwas Glück und Ausdauer entdeckt man ein scheues Reh oder sieht ein Eichhörnchen am Baum entlangklettern. Oder es huscht einem der Sandhase über den Weg. Durch das Blätterdach glitzern einige Sonnenstrahlen und bieten ein eindrucksvolles Schattenspektakel auf dem Waldboden. Das sind die ganz magischen Naturmomente, die es lohnt, zu erleben.

Bald wechselt das Stimmungsbild und wir gelangen vorbei an einer Streuobstwiese mit Gärten. Wir folgen weiter unserer Ausschilderung mit dem **Hasen-Symbol** und erreichen einige Minuten später die **❷ St.-Wendelinus-Kapelle** auf 414 Metern Höhe, die sich hier wunderbar auf einer Wiesenlichtung ins Landschaftsbild einfügt. Sie wurde erst im Jahr 1984 wieder neu errichtet, nachdem sie im Zweiten Weltkrieg aus strategischen Gründen gesprengt wurde.

An diesem heiligen Ort legen wir für ein paar Minuten eine Pause ein und nehmen uns die Zeit zur inneren Einkehr. Einmal mehr wird uns bewusst, dass wir dankbar sein können, wie gut es uns eigentlich geht, und dass wir als Teil der Gesellschaft mit unseren Gedanken und Aktionen auch dazu beitragen, dass die Welt wieder ein Schauplatz von Frieden und Nächstenliebe werden kann. Denn alles fängt bereits in der kleinsten Einheit an, und zwar in uns selbst.

Für die Seele

„Heimat ist ein Gefühl" steht auf einem Stein am aussichtsreichen Krappenfelsen, wie wahr!

Mit dieser Erkenntnis gehen wir weiter und wandern in Richtung eines weiß-roten Senders, dann biegen wir vor einer Hecke links in einen Betonweg ab. Hübsche Gartenhäuschen zieren den Weg, während uns die Brombeeren buchstäblich in den Mund wachsen. Wenn wir uns entsprechend platzieren, könnten wir sie tatsächlich mit unserem Mund pflücken, allerdings lassen wir das lieber, denn die Ranken der schwarzen Beeren sind doch ziemlich stachelig. Nun biegen wir am Steinhübel rechts ab, gelangen in den Wald und verlieren über mehrere Kehren rasch an Höhe. Ein Wirtschaftsweg kreuzt, wir gehen rechts

Krappenfelsen

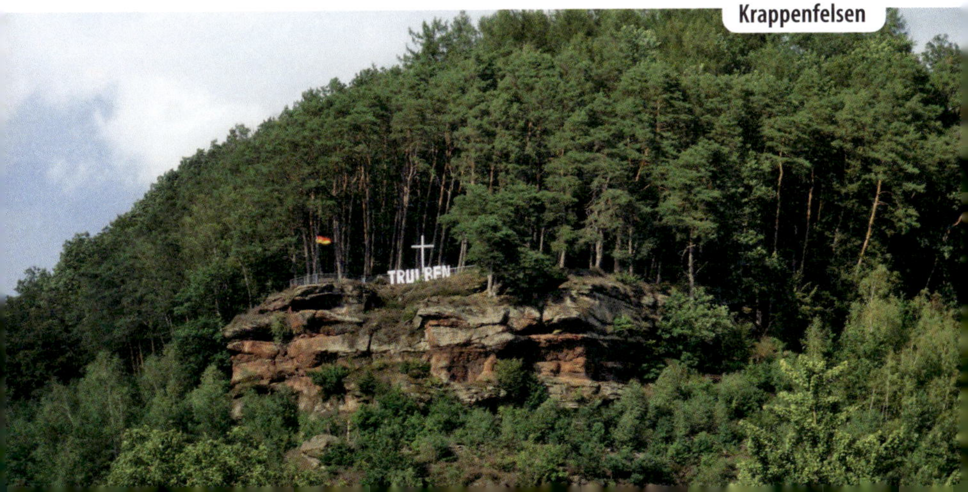

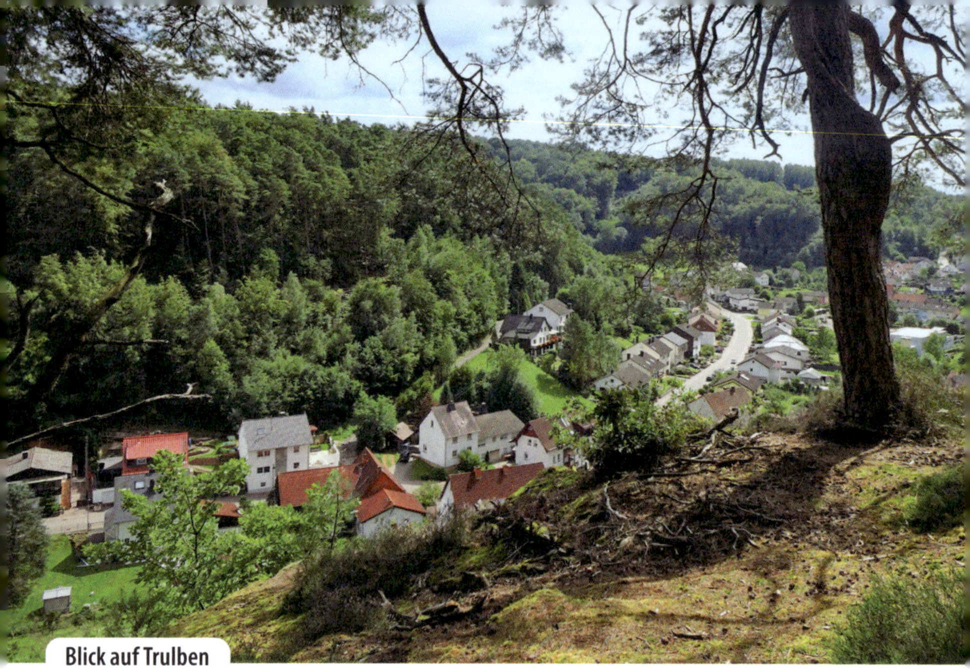
Blick auf Trulben

und blicken in das bewaldete Tal neben uns. Dann achten wir auf den Linksabzweig, der uns auf einen urromantischen Pfad ins **Ungertal** bringt. Wahnsinn, hier dürfen wir die wahre Urgewalt der Natur erfahren. Ein Baum hat mit reiner Wurzelkraft einen Felsen gesprengt, das ist schon sagenhaft.

Über einen kurzen Abstecher gelangen wir zur **3 Felsendusche.** Wir sind zutiefst beeindruckt, denn in einer kleinen Höhle rieselt Wasser aus der Decke und wir können darunterstehen um uns zu erfrischen. Über weitere Kehren steigen wir abwärts und erreichen so das kleine Tal. Unten angekommen, geht es gleich wieder aufwärts, und zwar über den sportlichen **Felsenweg,** der unterhalb einer mächtigen Bastion entlangführt. So erreichen wir den **4 Franzosenkopf.** Umringt von der wunderhübsch blühenden Besenheide blicken wir vielversprechend hinab ins Tal. Nun folgen wir dem Bergpfad weiter, der uns wieder ins Ungertal leitet, dort queren wir auf einem Baumstammsteg den Tobel des Gewässers der Trualbe. In der Folge wandern wir an einem kleinen Quellbrunnen vorbei, der uns durch ein sanftes Tal führt, und kommen bald am

Sportplatz des SV Trulben 1932 vorbei. Nun wechseln wir die Talseite und laufen durch das Gelände des Hundesportvereins. In Höhe eines Industriegeländes biegen wir links ab und erreichen entspannt **Trulben.**

Rechts vor uns in Sichtweite baut sich stolz der Krappenfelsen auf, dorthin wollen wir. Über die Bergstraße und die Hofstraße kommen wir zur Hauptstraße, die uns bis zum Ortsschild bringt, und wechseln dann die Straßenseite. Unsere Markierung führt uns halb links auf einen Pfad zur **5 Krappenhöhle.** Ohne Taschenlampe gehen wir in die Höhle hinein und folgen begeistert dem Gang, der uns zu einem Seitenausgang leitet. Schon genial, so eine Höhle. Ein paar Fotos später erkennen wir die unglaublichen Farbschattierungen der Buntsandsteine. Weiter geht es nun aufwärts, Meter um Meter steigen wir hinauf auf den Aussichtsbalkon des 334 Meter hohen **6 Krappenfelsens.** Uff, erst mal kurz durchatmen, ankommen und einen Schluck aus der Wasserflasche trinken – nun können wir uns umschauen. Ein Gipfelkreuz ziert den Felsen, überall um uns herum wachsen Farne und Heidekraut. Auch eine Schutzhütte entdecken wir. Von hier oben erhaschen wir einen eindrucksvollen Blick über die Gemeinde Trulben.

Unterhalb des Felsens leitet uns unser Pfad weiter Richtung Vinningen. Entspannt und leichten Fußes durchwandern wir den angenehmen Mischwald. Ein Anstieg bringt uns in ein Wiesenhochtal. Wir erhaschen einen Blick auf die Häuser des Orts, gehen links und bei einer Sitzbank rechts zu einem Wiesenpfad. Der kurzweilige Weg führt uns in den Wald hinab zu einer kleinen Klamm. Was für eine wilde Szenerie, die wir hier für einige Minuten beobachten, bevor wir weiter ins liebliche **Meisenbachtal** wandern. Dort angekommen, zweigen wir rechts ab und kurze Zeit darauf führt auch schon ein steiler Pfad aufwärts. Unterhalb eines überhängenden Sandsteins gehen wir weiter, der finale Anstieg fordert nochmals unser Kraftdepot.

Über einen Wiesenpfad gelangen wir zu einer Kreisstraße, hinter der wir uns links halten. Auf dem Kleinen Kirchberg passieren wir ein Ehrenmal und steigen gemütlich nach Trulben ab. Dort erreichen wir die 7 **Pfarrkirche St. Stephanus,** die sich oberhalb des Orts befindet. Wir erkunden das Kirchengelände und entdecken eine kleine **Grotte** und eine Marienstatue.

Unser Wanderweg leitet durch das Areal und anschließend folgen wir dem Weg, der uns unterhalb der Kirche weiterführt. Hier überqueren wir die Hauptstraße, folgen der Untergasse und gehen links zur Rathausstraße. Weiter geht es an der Feuerwehr vorbei, bis wir linker Hand den Festplatz erreichen, auf dem unser Auto bereits für die Heimreise wartet.

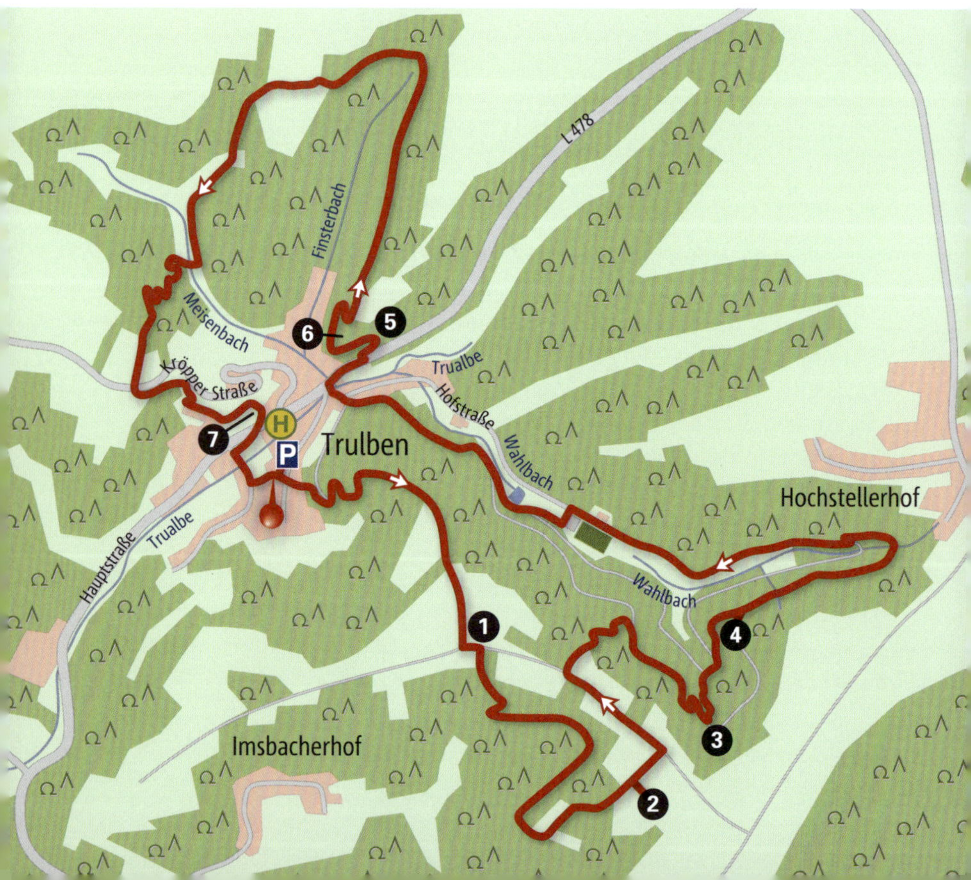

ALLES AUF EINEN BLICK

Entspannung

Abenteuer

Vielfalt

WIE & WANN

Die Wege sind oft schmal und verlangen konzentriertes Wandern. Beste Wanderzeit von April bis November.

HIN & WEG

Auto: Parkplatz an der Trualbhalle, Am Festplatz 2, 66957 Trulben

ÖPNV: Haltestelle Trulben Kindergarten

ESSEN & ENTSPANNEN

Bitte an Rucksackverpflegung denken.

ENTDECKEN & ERLEBEN

1. **Kästenbruch**
2. **St.-Wendelinus-Kapelle**
3. **Felsendusche**
4. **Franzosenkopf**
5. **Krappenhöhle**
6. **Krappenfelsen**
7. **Pfarrkirche St. Stephanus**

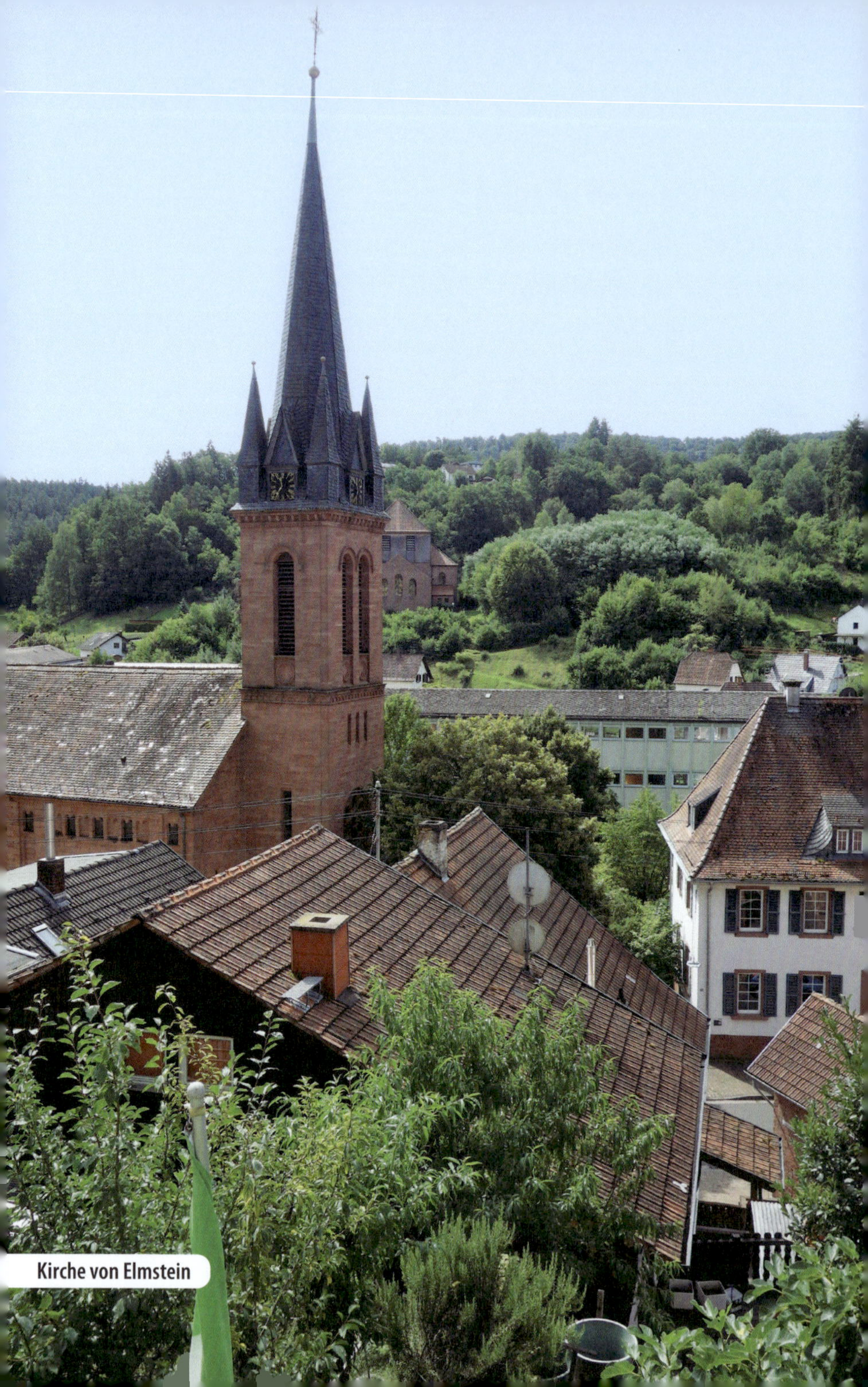

Kirche von Elmstein

Waldbaden

Kuckucksbähnelweg nach Elmstein

Heute erwartet uns ein erlebnisreicher Wandertag, der uns auf naturnahen Pfaden mit tollen Ausblicken rund um das idyllisch gelegene **Elmstein** führt. Wir genießen den Gleichklang mit Mutter Natur und gönnen uns zum Abschluss eine Fahrt mit dem Kuckucksbähnel.

*Bei dieser Tour sollte man unbedingt auf die **Wegführung** und ganz besonders auf die Schilder achten, um nicht vom Weg abzukommen – die perfekte Übung, um das Bewusstsein zu schulen.*

Unser Rundweg startet am Bahnhof in Elmstein. Als Orientierung dient uns die **Lokomotiv-Markierung,** die uns flussaufwärts am Speyerbach entlang in den schnuckeligen Ort bringt. Wir bestaunen die alten Buntsandsteinhäuser, die hier als Zeitzeugen stehen. Einige Meter später treffen wir auf das ❶ **Gasthaus Zum Rehfelsen.** Dort gehen wir steil empor zum Burgweg, gleich jagt unser Puls in die Höhe. Nach einigen Minuten sind wir schon oben angekommen und legen erst mal eine kurze Verschnaufpause ein. Von hier verschaffen wir uns einen wunderbaren Überblick über Elmstein. Leider können wir die **Burgruine Elmstein** nicht besuchen, da sie auf Privatgelände steht, das derzeit nicht zugänglich ist. Sie stammt aus dem 13. Jahrhundert und diente als sogenannte Spornburg zur Sicherung des Talwegs. Gut vorstellbar, denn von hier oben hat man eine super Sicht.

Weiter geht es und wir folgen einem breiten Waldweg mit leichtem Gefälle zu einer Straße. Kurz vorher biegen wir in einen schmalen Bergpfad ein, der uns wieder bergauf führt. In erhabener Lage wandeln wir mit Blick zum ❷ **Legelbach** und kommen kurze Zeit später am **Trifterlebnispfad** vorbei. Am dortigen Parkplatz gehen wir links, queren die Straße Richtung Kaiserslautern und tref-

Kilometer: 13,4
Höhenmeter: 390
Stunden: 4,5
RUNDWEG

fen auf ein Wasserwegle, das talwärts führt. Wie beruhigend das Plätschern auf uns wirkt, doch es währt nur für kurze Dauer, denn schon bald verlassen wir die unmittelbare Nähe zum Bach und gewinnen Meter um Meter weiter an Höhe. Unten im Tal erkennen wir eine alte Wappenschmiede sowie eine ehemalige Sägemühle. Beide kann man über den Förderverein historische Wappenschmiede Elmstein an bestimmten Tagen besichtigen.

Unsere Wandertour führt kurz darauf über Steinstufen auf die 263 Meter hohe ❸ **Felskanzel mit Ehrenmal.** Von dort haben wir einen noch besseren Überblick auf das vor uns liegende Tal. Geschafft, erst mal tief ein- und ausatmen und ankommen. Aus dieser Höhe wirkt alles viel entschleunigter, so friedlich. Einige Minuten genießen wir noch die Aussicht und laufen dann bedächtig rechts hinüber zu einem Graspfad. Nach zwei Kehren folgen wir einem Wiesenweg scharf links. Abermals gehen wir bergauf und erhaschen etwas wei-

Felskanzel mit Ehrenmal

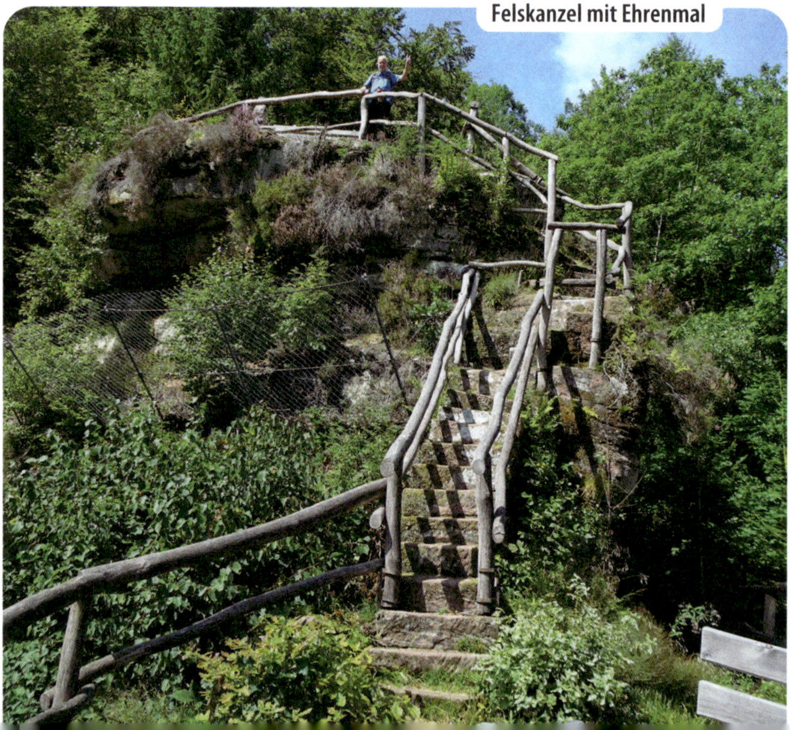

ter oben einen kurzen Blick zur **Ruine Elmstein.** Weiter wandern wir im **Wald das Möllbachtal** hinauf, umlaufen sage und schreibe auf 385 Meter den beträchtlichen Taleinschnitt und gelangen so auf den oberen Weg, der uns weiterführt. Gut, dass uns der Wald an sonnigen Tagen ausreichend Schatten spendet.

Am Möllberg Ost geht es scharf rechts weiter zur 600 Meter entfernten **4 Mirabellenbank.** Mit etwas Glück können wir noch ein paar der leckeren Früchte ergattern, doch zuerst genießen wir eine kleine Verschnaufpause auf der einladenden Bank. Schade, leider waren keine Mirabellen mehr am Baum. Nach der Rast geht es geradeaus weiter, wir behalten die Richtung bei. Am nächsten Querweg schwenken wir nach rechts zur Kreuzung am **5 Möllberg** auf 469 Metern Höhe. Hier biegen wir halb links auf einen breiteren Weg ab und gehen talwärts. Hin und wieder steigen uns moosig-erdige Gerüche in die Nase und ganz in der Ferne hören wir den Ruf des Kuckucks.

An der nächsten Kreuzung geht es erneut halb links. Der weitere Abstieg bringt uns leichten Fußes zu einem Taleinschnitt, bei dem wir uns dem zweiten Weg links zuwenden. So gelangen wir zum **6 Stamminger Brunnen.** Die kleine Erfrischung tut gut, wir kühlen uns den Nacken und die Stirn, aber auch die Arme und Beine erfrischen wir etwas mit Wasser. Achtung, rechts des Brunnens leitet uns ein kurzer, schmaler Pfad zu einem Forstweg, in den wir links abbiegen. Der naturnahe Forstweg leitet uns fast eben neben einem Tal. Er bringt etwas Abwechslung und bietet den Füßen eine kurze Entspannung. Plötzlich erkennen wir mitten im Wald Drahtseile des **Ziplineparks Elmstein.** Verrückt, wir lauschen gebannt hinein, ob wir irgendwas vernehmen können, Stimmen oder Sonstiges, doch alles ist still, nichts zu hören. Für ein Abenteuer an der Zipline muss man sich im Voraus anmelden.

Für die Seele

Die ausgedehnte Wanderung verspricht auf naturbelassenen Pfaden Entschleunigung beim Waldbaden.

*Shinrin Yoku, die japanische Bezeichnung für **Waldbaden,** bedeutet, den Wald mit allen Sinnen zu erfassen. Der positive Effekt ist wissenschaftlich erwiesen. In Japan hat sich Waldbaden bereits als fester Bestandteil der Gesundheitsvorsorge etabliert.*

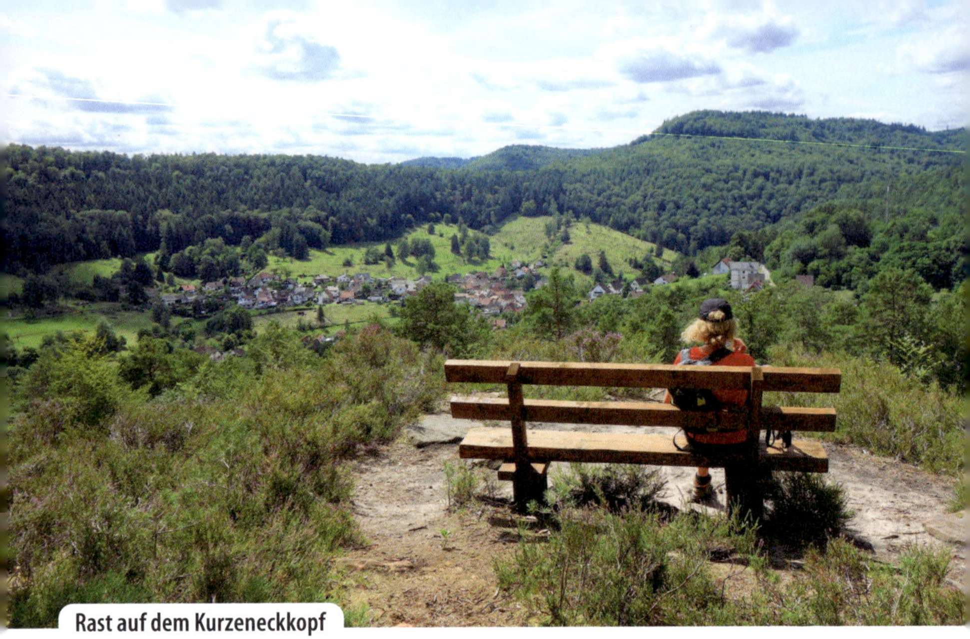

Rast auf dem Kurzeneckkopf

Während des sanften Anstiegs eröffnet sich uns ein wunderschönes Aussichtsfenster, das wir mit unserer Kamera festhalten. Bald knickt unser Weg nach rechts ab und bringt uns zu den Sportanlagen von Iggelbach, samt der 7 **Gaststätte Sportheim.** Hier weist eine überdimensionierte Plakatwand auf den Einstieg in die Zipline hin. Rechts des Sportplatzes laufen wir hinab in das beschauliche Dorf 8 **Iggelbach,** überqueren in der Ortsmitte die Dorfstraße und folgen dann halb links der Straße Am Tanzbaum, die uns bergwärts auf einen schönen Wiesenpfad bringt. Der Duft von frisch gemähtem Gras begleitet uns, während wir an Kirschbäumen vorbeigehen. Wir erreichen den Wald und erklimmen das großartige Aussichtsplateau des 9 **Kurzeneckkopfs.** Von hier oben genießen wir einen sagenhaften Blick über Iggelbach und die umliegenden bewaldeten Berge. An diesem besonderen Platz spüren wir die Leichtigkeit des Seins, von hier oben sieht alles so friedlich aus.

Jenseits der Kuppe folgen wir nun einem schmalen Pfad in eine urwüchsige Natur. Bei einem breiten Weg behalten wir die Richtung bei und können einmal mehr die Seele baumeln lassen und diesen besonderen

Wohlfühlmodus so richtig genießen. Immer wieder erhaschen wir einen Blick durch den lichten Wald und erkennen die sanften Hügelketten. In der warmen Mittagsluft schwirren die Schmetterlinge in der Luft und die Waldbienen verrichten flink ihr Tagewerk. Bei der nächsten Linkskurve wandern wir nun rechts. Ein Pfad leitet uns zu einem Wirtschaftsweg und wir erreichen bald einige Picknickbänke an einem Holzkreuz und dem **Ritterstein Treffnix.** Er wurde zu Ehren des einstigen Revierförsters Hahnus platziert, der von 1859 bis 1865 hier einen Schießplatz für Jäger der Gegend errichtet haben soll. Von den Einheimischen wurde dieser Platz dann ironischerweise nur noch Treffnix genannt. Wir gehen links hinunter und achten auf den Rechtsabzweig.

Am Wegpunkt Grünberg-Eck biegen wir in den zweiten Pfad rechts ab und passieren im Abstieg das **⑩ Naturdenkmal Hohe Buche.** Nach wenigen Metern erblicken wir auch schon die Häuser von **Appenthal** und folgen weiter unserer Ausschilderung, die uns kurzerhand hinab nach Elmstein leitet. Die letzten Meter zu unserem Startpunkt genießen wir noch einmal, wäh-

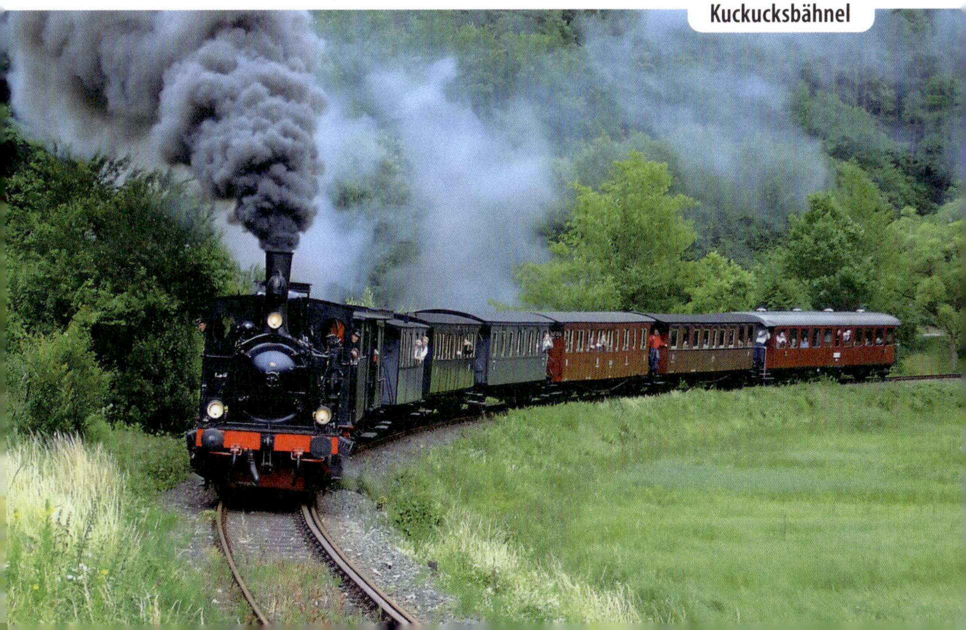

Kuckucksbähnel

rend wir die Tour langsam auslaufen lassen. Bei einem Geländer gehen wir rechts und sind dann bald zurück am Bahnhof. In der wunderschönen **Kuranlage** können wir unser Immunsystem bei einem kühlenden Kneippbad stärken. Wer Lust hat, kann den Wandertag auch beim Minigolfen ausklingen lassen oder aber den Tag zur Krönung mit einer historischen Fahrt mit dem **Kuckucksbähnel** beschließen. Es fährt allerdings nur jeden zweiten Sonntag, von August bis September wöchentlich. Seit 1984 pendelt der Museumszug von Neustadt nach Elmstein und zurück.

Der herrliche Wandertag verging wie im Flug. Schön war es, und wir freuen uns schon auf unseren nächsten Ausflug in den Pfälzerwald.

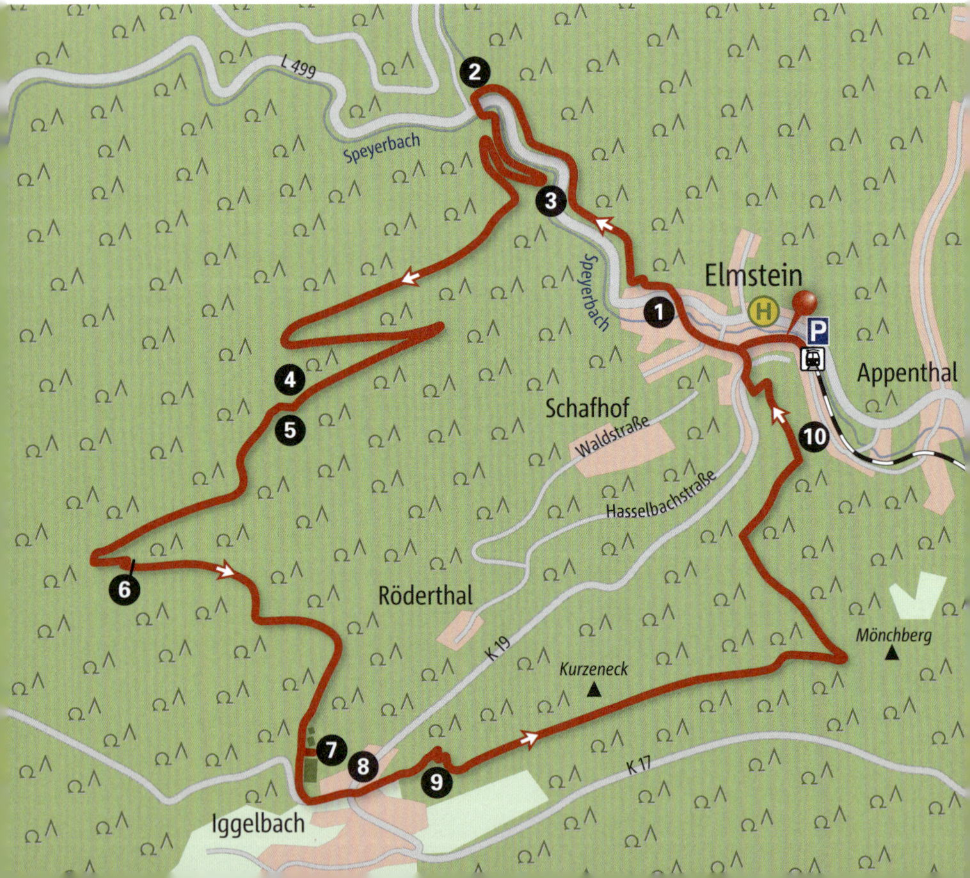

ALLES AUF EINEN BLICK

Entspannung ●●●●●
Abenteuer ●●●●○
Vielfalt ●●●○○

WIE & WANN

Die Wege sind anfangs teilweise schmal, aber ab der Felskanzel meist breit und durchweg sehr gut begehbar. Beste Wanderzeit von März bis November.

HIN & WEG

Auto: Parkplatz bei der Museumseisenbahn Kuckucksbähnel, Bahnhofstraße 60, 67471 Elmstein

ÖPNV: Bahnhof Elmstein oder Haltestelle Elmstein Friedhof, ca. 600 Meter Fußweg

ESSEN & ENTSPANNEN

1 **Gasthaus Zum Rehfelsen,** Bahnhofstraße 1, 67471 Elmstein, Tel. (0 63 28) 9 89 65 79

7 **Gaststätte Sportheim Iggelbach,** Leimener Weg, 67471 Elmstein, Tel. (0 63 28) 18 14, https://sportheimiggelbach-gaststaette.eatbu.com

ENTDECKEN & ERLEBEN

2 **Legelbach**
3 **Felskanzel mit Ehrenmal**
4 **Mirabellenbank**
5 **Möllberg**
6 **Stamminger Brunnen**
8 **Iggelbach**
9 **Kurzeneckkopf**
10 **Naturdenkmal Hohe Buche**

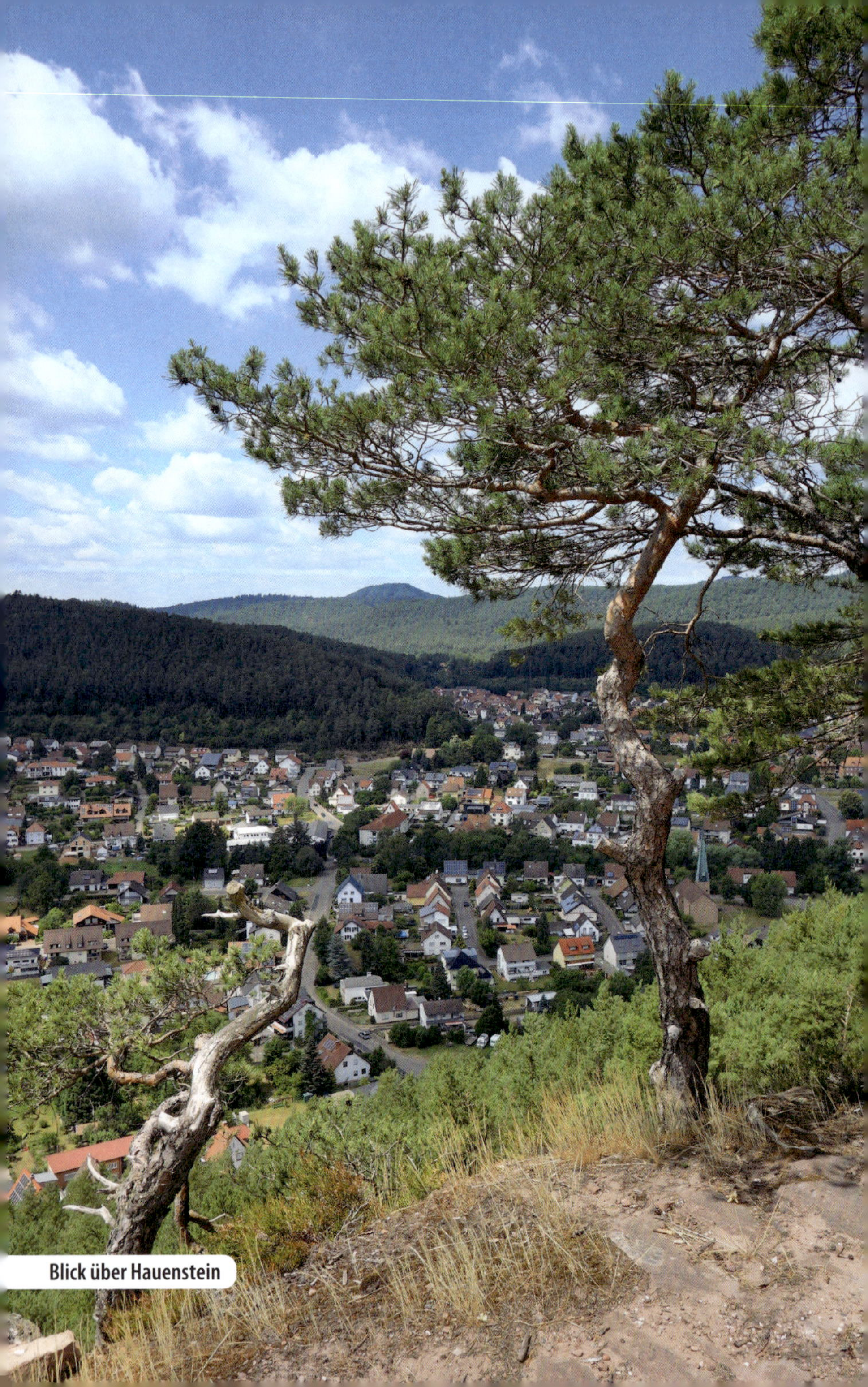

Blick über Hauenstein

Erquickend

Durch das Queichtal

Diese Tour führt uns durch schöne Waldabschnitte, entspannt wandern wir über wurzelige Pfade mit teils sportlichen Anstiegen, steigen ab ins liebliche Queichtal und genießen eine wohltuende Rast am hübschen Paddelweiher.

In **Hauenstein** beginnen wir am Bahnhof Mitte unsere heutige Tour, und zwar auf der Kuppe, etwas oberhalb der Bahngleise. Dort entdecken wir die gelbschwarze Markierung **Hauensteiner Schusterpfad,** die uns für heute als Orientierung dient. Halb links gelangen wir direkt auf einen schönen Pfad mit weichem Waldboden unter unseren Sohlen. Bald darauf erreichen wir den Nedingfelsen; ein Wurzelpfad führt uns hoch hinauf zum überdimensionierten Felsentor. Wow, wir sind zutiefst beeindruckt, mit so einem Hingucker hätten wir hier nicht gerechnet. Unterhalb der Felswand gehen wir weiter und sind bestens gestimmt, denn hier ist pures Wanderfeeling angesagt. Serpentinen führen uns weiter bergauf und, oben angelangt, statten wir dem **1 Nedinggipfel** auf 331 Metern Höhe einen Besuch ab. Wahnsinn, nicht nur die Gesteinsformation ist bemerkenswert, sondern wir haben auch einen tollen Blick auf Hauenstein.

Kilometer: 15,7
Höhenmeter: 490
Stunden: 5
RUNDWEG

Begeistert laufen wir über den Höhenrücken weiter, halten uns dann rechts, gehen an weiteren mächtigen Felsen vorbei und steigen in Kehren abwärts. Etwas weiter unten folgen wir der Ausschilderung nach links und gehen bald scharf rechts hinunter zum Ortsrand. Kurz laufen wir auf der Landauer Straße und

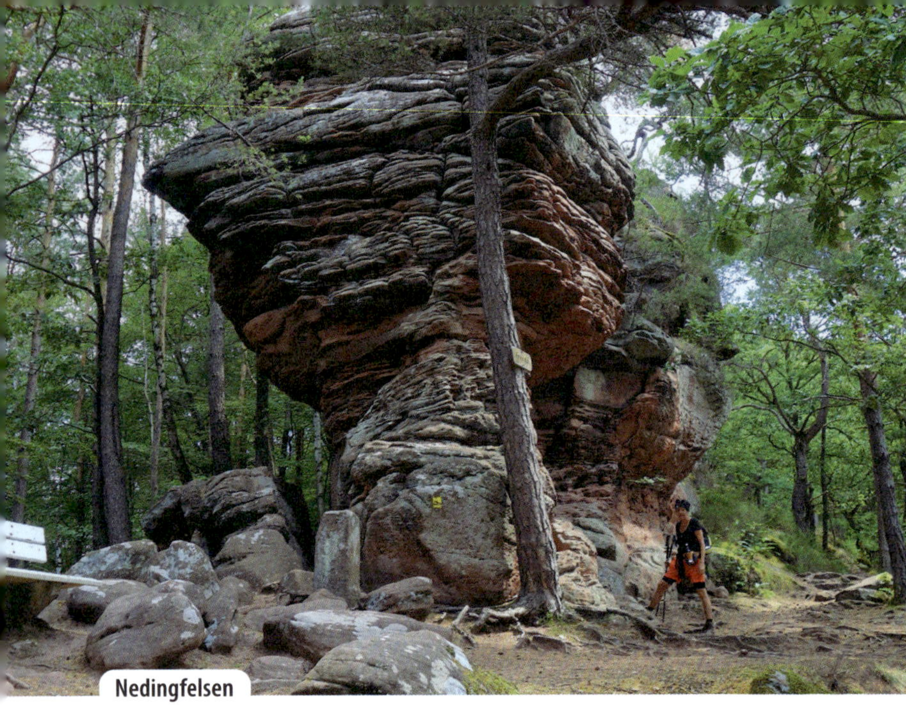

Nedingfelsen

erkennen bei der Queich einen Pfad, der uns durch ein Laubwäldchen bringt. Anschließend gehen wir neben Weidewiesen weiter Richtung **Katharienenkapelle,** biegen aber noch vor dem Gotteshaus links ab. Ein kurzer, aber schattiger Abschnitt erwartet uns, diese Erfrischung tut vor allem an heißen Sommertagen gut. Wir spazieren an Streuobstwiesen und Weiden entlang und achten darauf, den folgenden Rechtsabzweig nicht zu verpassen. So gelangen wir zum Gewann **Neue Äcker** und durch ein bäuerliches Landidyll.

Unsere Markierung führt uns nun kurzzeitig zurück nach Hauenstein. Dort gehen wir links durch ein kleines Wohngebiet, bis uns die Weißenburger Straße wieder aus dem Ort herausführt. Ein kleiner Pfad leitet in den Wald, aber aufgepasst, wir biegen gleich wieder rechts ab. Im Anstieg gelangen wir hinauf zum 341 Meter hohen **2 Kreuzfelsen.** Was für eine schöne Aussicht, hier vom Felsentisch. Unterhalb vom **Überhängenden Felsen** führt ein etwas abenteuerlicher Pfad zum **3 Kahlen Felsen,** von dem wir einen fabelhaften Blick auf Hauenstein und Umgebung genießen. Bald verlassen wir die steile Abbruchkante und gelangen in einen duftenden Kiefernwald. Die Aussichtspunkte **Dörreinfelsen** und **Backelstein** lassen wir rechts liegen, die Tour wird uns sonst zu lang. Auf uns wartet ein besonderes Highlight, für das wir unsere ganze Ausdauer und Energie noch benötigen.

Der folgende Wegabschnitt verdient ein uneingeschränktes Prädikat, und zwar „wunderbar wanderbar". Am imposanten **Soldatenkopffelsen** vorbei führt unser Weg zum **Backelsteinblick.** Eine Sitzbank lädt zur kurzen Pause ein. Über welliges Terrain wandern wir weiter Richtung **4 Schutzhütte Weimersborn** und gehen kurz davor rechts. Der Forstweg bietet nun die Gelegenheit, uns auf das Wesentliche, nämlich das Hier und Jetzt, zu besinnen und dabei den Augenblick unserer Lebenszeit bewusst und intensiv zu erleben. Bei einer solchen Übung kann man vieles wahrnehmen, das man sonst nicht bemerken würde. Ein paar Beispiele, die winzige Waldameise, die auf dem Forstweg unterwegs ist, das Vöglein, das im Geäst sitzt, oder auch die Eidechse, die an uns vorbeihuscht, und so vieles mehr. Das sind wahrhaftige und bereichernde Naturmomente, an die wir uns immer wieder gerne erinnern.

Unsere Tour läuft nun zur Hochform auf, denn jetzt erreichen wir den 429 Meter hohen **5 Hühnerstein.** Andächtig blicken wir hinauf zur Kanzel.

Für die Seele

Topaussichten und das romantische Queichtal – an diese Traumwanderung denkt man gerne zurück.

Leiter am Hühnerstein

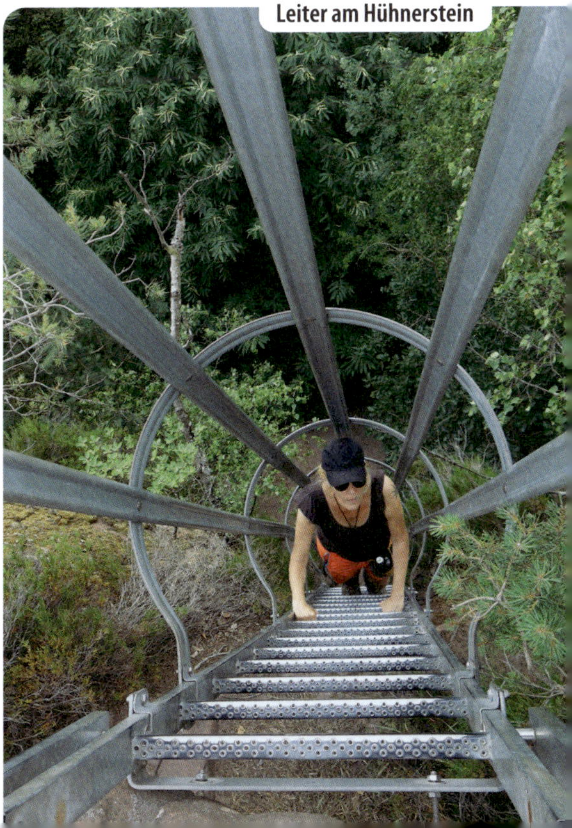

Eine Stahlleiter mit 46 Tritten führt hinauf auf das Aussichtsplateau. Ein Aufstieg lohnt sich unbedingt, aber schwindelfrei und kraftvoll sollte man schon sein. Tritt um Tritt steigen wir hinauf und sind überwältigt von dem sagenhaften Rundblick über den Pfälzerwald, ein absoluter Tageshöhepunkt, den wir in erhabener Lage erleben dürfen. Beschwingt laufen wir weiter und entdecken im Wald einen Stein mit Grenzlochzeichen aus längst vergangenen Zeiten. Bald darauf erreichen wir den **Hahnenfels,** den wir linksseitig umrunden. Dabei achten wir auf den Schusterpfad, der uns talwärts zum großen ❻ **Wanderheim Dicke Eiche (PWV)** bringt. Schade, heute ist Freitag und die Gaststube ist geschlossen. Geöffnet ist nur am Wochenende und feiertags, von Mai bis Oktober zusätzlich mittwochs.

Weiter geht es, aber Achtung, jetzt folgt ein Markierungswechsel, nun sind wir auf dem **Pfälzer Waldpfad** unterwegs, der mit der **grün-weißen Markierung** ausgewiesen ist. Vor der Wirtschaft biegen wir rechts ab und streifen durch die großzügige hübsche Gartenterrasse. Unser Weg schlängelt sich munter durch den Wald. Der wildromantische Pfad eignet sich besonders gut, um sich im konzentrierten Gehen zu üben, denn er ist durchzogen von Wurzeln und allerlei Gestein. So gelangen wir Meter um Meter weiter hinab zur ❼ **Queichquelle.** Neben dem Quellbrunnen entdecken wir ein Kneippbecken. Wie wunderbar, nichts wie raus aus den Schuhen, um eine feuchtkühle Erfrischung zu erlangen, die übrigens auch einen positiven Nutzen für unser Immunsystem hat – doch jetzt im Sommer steht Abkühlung an erster Stelle.

*Die **Queich** ist etwa 50 Kilometer lang und fließt durch Hauenstein, Wilgartswiesen, Annweiler und Landau. Sie mündet bei Germersheim in den Rhein.*

Von hier aus folgen wir dem Weg durch das liebliche Queichtal, passieren den mächtigen Felsen **Stephansturm,** der die Form eines Kamels hat, sowie die Gesteinsformation **Hoher Kopf.** Obwohl wir heute schon einige solcher Felsen entdeckt haben, sind wir immer noch zutiefst von den geologischen Formationen fasziniert. Das Wandern hier hat schon etwas Abenteuerliches, denn es gibt viel zu erkunden. Nun streifen wir einige Seen und laufen relaxt weiter. Wir folgen unserem Wegschild und lauschen dem Zirpen der Grillen, die unseren Weg begleiten, bis wir den hübsch gelegenen **8 Paddelweiher** erblicken. Kurz entschlossen kehren wir in der **9 Paddelweiher Hütte** ein und verspeisen einen der knusprigen hauchdünnen Flammkuchen. Sehr lecker. Wer etwas mehr Zeit einplanen möchte, kann auf dem Weiher eine Runde Tretboot fahren, um die idyllische Atmosphäre noch mehr in sich aufzusaugen.

Nach der genießerischen Rast wandern wir oberhalb der Gaststätte durch den Wald. Zuerst geht es aufwärts, dann wieder bergab und nach kurzer Zeit erreichen wir den Bouleplatz von Hauenstein. Von dort folgen wir weiter dem schmalen Pfad und blicken durch den lichten Wald über die Dächer des Orts. Am Steinbruch ist die Aussicht besonders attraktiv. Bald treffen wir wieder auf unseren Schusterpfad, biegen dann halb rechts ab und folgen einem breiten und san-

Paddelweiher

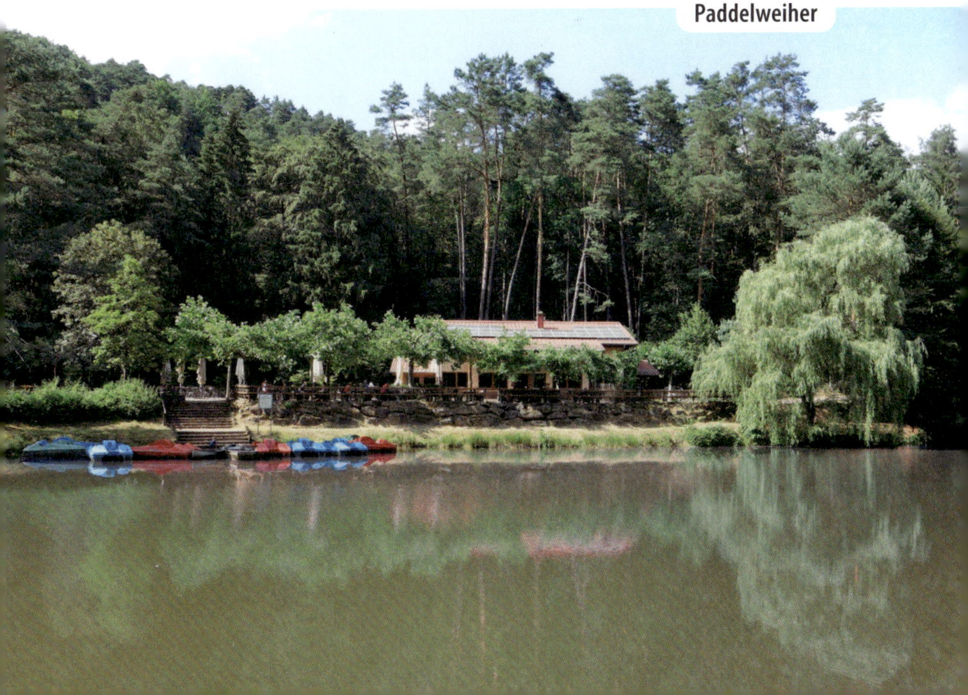

*Früher kamen die Arbeiter von **Hauensteins Schuhfabriken** täglich zu Fuß von Erfweiler über den Buckel und durch das Queichtal.*

digen Waldweg. Der angenehme Weg leitet uns gemütlich weiter, allerdings achten wir auf den Rechtsabzweig, der uns zu einer beachtlichen Felsnase führt. Noch kurz ein Foto und schon steigen wir ab nach Hauenstein und queren dort die Pirmasenser Straße. Auf der anderen Seite gehen wir bergauf und ein alpiner Pfad bringt uns zur Scharte des **10 Mischbergs.** Was für ein krönender Abschluss, einfach super.

In überaus schöner Aussichtslage wandern wir zum Bahnhof zurück, steigen in unser Auto und beschließen spontan, der berüchtigten **Schuhmeile** von Hauenstein einen Besuch abzustatten, denn der Ort und die Menschen hier wurden von der Schuhfertigung des 19. Jahrhunderts geprägt.

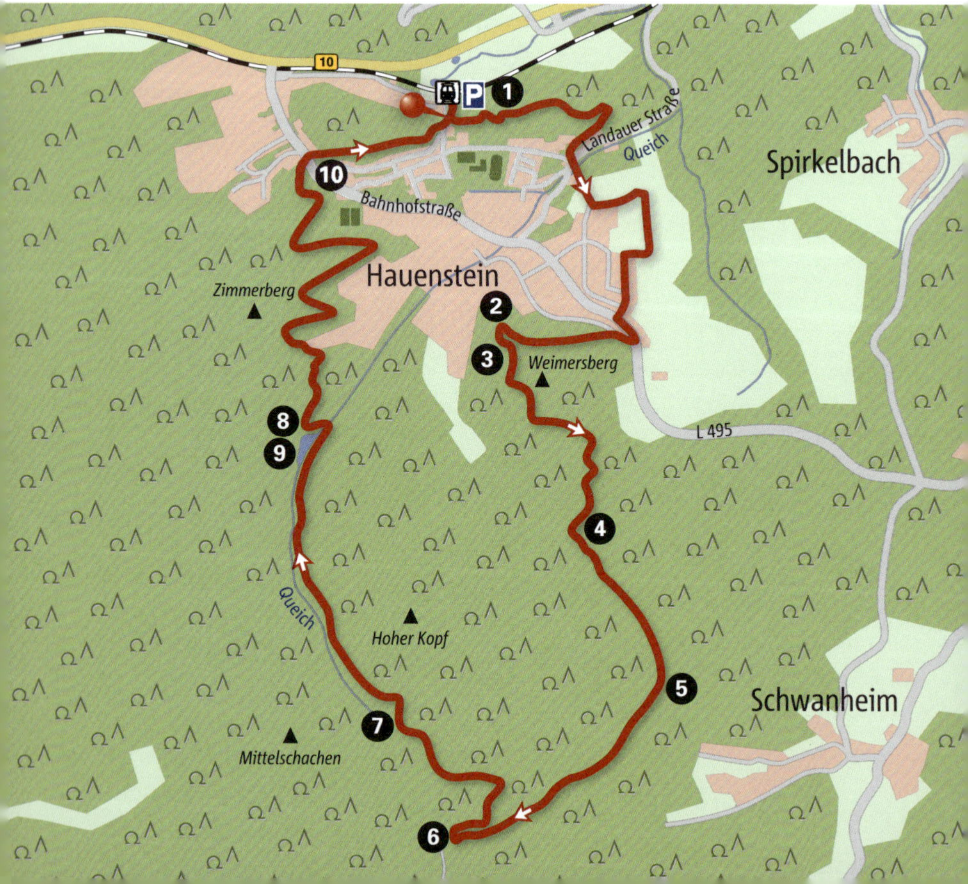

ALLES AUF EINEN BLICK

Entspannung ●●●●○
Abenteuer ●●●●●
Vielfalt ●●●●●

WIE & WANN

Die Wege sind durchweg gut zu begehen. Der Pfad vom Kreuzfelsen zum Kahlen Felsen ist sehr schmal, kann aber umgangen werden. Der Leiteraufstieg zum Hühnerstein ist optional. Beste Wanderzeit von März bis November.

HIN & WEG

Auto: Parkplatz am Bahnhof Hauenstein Mitte, Falkenburgstraße, 76848 Hauenstein
ÖPNV: Bahnhof Hauenstein Mitte

ESSEN & ENTSPANNEN

6 **Wanderheim Dicke Eiche (PWV),** 76846 Hauenstein, Tel. (0 63 92) 35 96, www.pwv-hauenstein.de

9 **Paddelweiher Hütte,** Dahner Straße 100, 76846 Hauenstein, Tel. (0 63 92) 99 45 18, www.paddelweiher.de

ENTDECKEN & ERLEBEN

1 **Nedinggipfel**
2 **Kreuzfelsen**
3 **Kahler Felsen**
4 **Schutzhütte Weimersborn**
5 **Hühnerstein**
7 **Queichquelle**
8 **Paddelweiher**
10 **Mischberg**

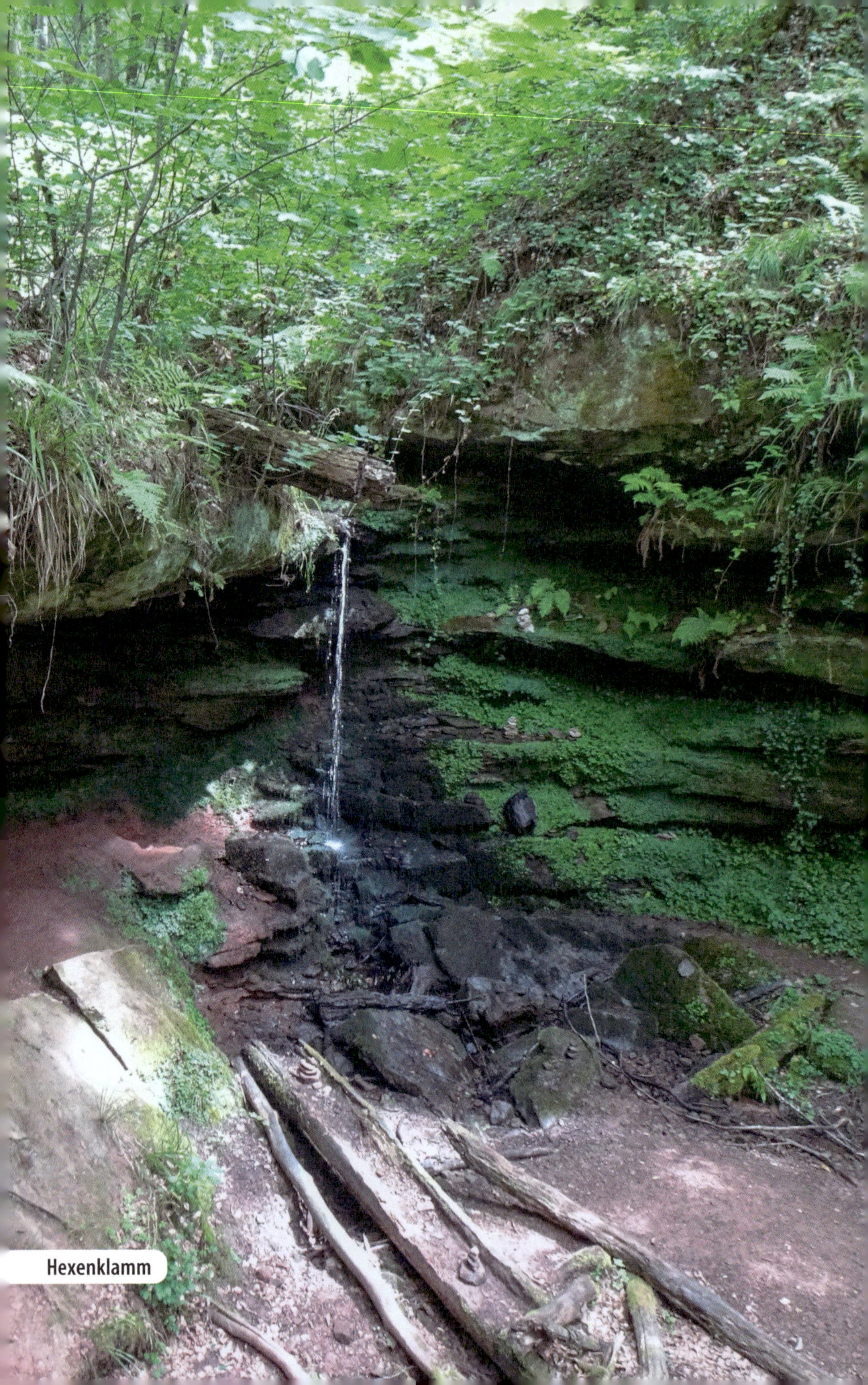

Hexenklamm

Naturdusche

Durch die Hexenklamm

Die Tour durch die Hexenklamm entführt uns in faszinierende Schluchten, bei denen man durchaus den Eindruck gewinnen könnte, dass irgendwo unter einem Felsvorsprung oder einer Nische eine Hexe nur darauf wartet, uns aufzulauern, also Obacht!

Am Sportplatz des SV Gersbach stellen wir unser Auto ab und brechen zur Hexenklamm-Wanderung auf. Wir sind schon mächtig gespannt, was uns erwartet. Auf jeden Fall klingt allein der Name der Tour vielversprechend. Vielleicht treffen wir ja unterwegs die ein oder andere Hexe. Von hier könnte man die Schlucht auf direktem Weg erreichen, doch wir wollen uns die sagenumwobene Hexenklamm als Highlight bis zum Finale aufheben. Wir wandern der **grünen Hexen-Markierung** folgend links neben dem Fußballplatz entlang und kommen an Feldern vorbei. Der breite Schotterweg führt uns durch ein kleines, nettes Wiesental. Ein sanfter Aufstieg bringt uns zu den Häusern von ❶ **Gersbach,** bei denen wir rechts versetzt über einen Graben gehen, um auf einem schmalen Pfad zu bleiben. Etwas weiter oben halten wir uns geradeaus und erreichen bald landwirtschaftliche Ländereien.

Dann taucht die Silhouette des Orts Winzeln vor uns auf. Beim Durchwandern einer kleinen Senke beobachten wir auf einer Wiese zahlreiche Grashüpfer, die sich munter auf und ab im Gras bewegen. In einer Mulde neben einem Strommast führt unser Weg rechts neben einem Taleinschnitt zu einem Feldweg. Wer schon das Bedürfnis nach einer Rast

Kilometer: 7,2
Höhenmeter: 155
Stunden: 2,5
RUNDWEG

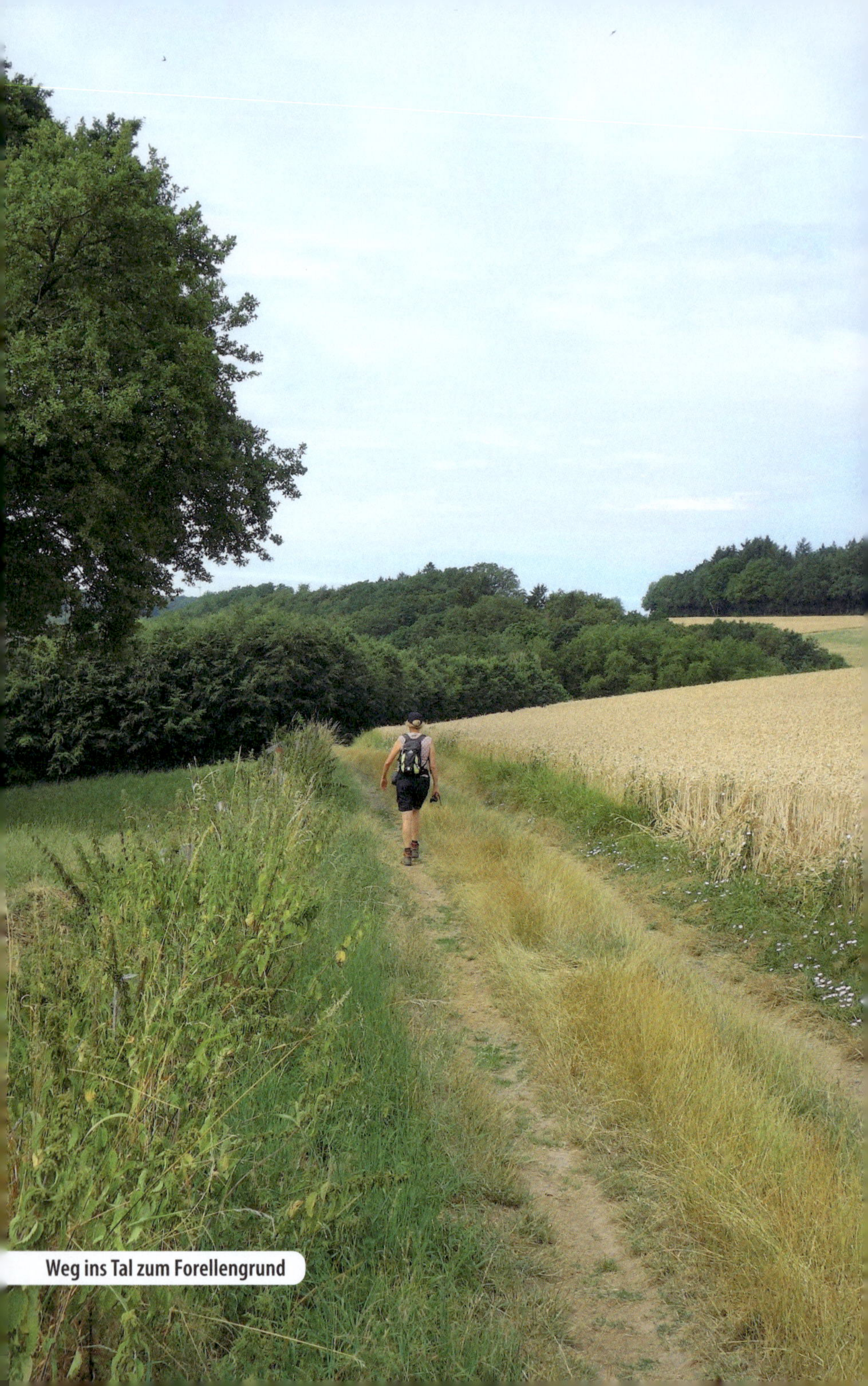

Weg ins Tal zum Forellengrund

verspürt, könnte nun etwas weiter oben links zur ❷ **Stockwaldhütte (PWV)** zur Einkehr abwandern. Wir aber bleiben auf unserem Weg, gehen zwischen einer Weide und einem Dinkelfeld bergab und genießen das schöne Umland. Unsere Laune ist bestens, ein freier Tag, gutes Wetter und eine schöne Wanderung, besser kann es gar nicht sein.

Für die Seele

Mitten in der verwunschenen Hexenklamm tauchen wir in wilde Waldromantik und tiefe Stille ein.

In zwei Schlaufen windet sich der Pfad im Wald weiter talwärts, neben uns das sanfte Plätschern eines kleinen Wildbachs. Rechts entdecken wir das Mahnmal des grünen Walls (ehemaliger Westwall). Nach der nächsten Rechtskurve wird es spektakulärer, denn wir biegen vor einer tiefen Schlucht scharf links auf einen Saumpfad ein. Konzentriert steigen wir auf teils wurzeligem, teils steinigem Boden abwärts. Etwas weiter unten lockt eine Bank unter dem mächtig moosbewachsenen Felsen zu einer kleinen Auszeit an diesem besonders friedlichen Ort ein. Pure Energie strömt zu uns, ein Waldbad der Extraklasse an einem faszinierenden, magisch anmutenden Platz.

Während wir über hölzerne Stege weiter hinab ins Tals wandern, genießen wir die natürliche Stille, die fast ausschließlich durch das Fließen des Bachs unterbrochen wird. Wildromantisch flanieren wir am Wasser entlang und kommen an abgelegenen Häuschen vorbei. Hier können wir dem Alltag vollkommen entsagen und unsere Sorgen imaginär im Bachlauf auf die Transformationsreise schicken. Im ❸ **Forellengrund** wird unser Weg nun breiter. Wir gehen rechts ab und erreichen kurz darauf eine Landstraße. An der Bushaltestelle halten wir uns noch vor dem ❹ **Gasthaus Eichelsbacher Mühle** halb rechts und kommen an den Häusern des kleinen Weilers vorbei. Wer zur Wirtschaft möchte, geht links über einen Pfad und gelangt über eine Brücke dorthin, allerdings hat die Eichelsbacher Mühle nicht immer geöffnet.

Im Felsalbetal stand einst eine ***Papiermühle.*** *Der Landgraf Ludwig IX. ließ sie dort 1772 bis 1774 durch Georg Grohe erbauen. Später wurden Pappkartons für Pirmasenser Schuhhersteller gefertigt. In Pirmasenser Schuhfabriken arbeiteten einst mehr als 30.000 Menschen.*

Schön und in ruhiger, harmonischer Umgebung gelangen wir nun ins **Felsalbetal.** Einige Obstbäume säumen den Weg und etwas weiter verwandelt sich die Naturkulisse in eine urwaldähnlichen Landschaft, die uns begeistert. Am Waldrand wandernd, erhaschen wir etwas Schatten und tauchen immer tiefer ins Tal ein. Während wir so durch die friedliche Atmosphäre wandeln, wird uns bewusst, dass genau in solchen friedlichen Momenten der Frieden so nah und doch der Welt so fern ist. Am Wegesrand finden wir Tafeln mit Informationen zu Grenzsteinen und einer ehemaligen **Papiermühle,** von der nichts mehr übrig geblieben ist.

Zwischen dem Lambacher Berg und dem Eselskopf treffen wir auf eine Wegkreuzung am **5 Brumbach** und gehen rechts in Richtung Hexenklamm. Plötzlich vernehmen wir ein leises Rauschen, das aus der Teichanlage Brumbachtal kommt. Der sandige Wurzel-Stein-Weg bringt uns leichtfüßig zum **6 Einstieg in die Hexenklamm.** Immer tiefer wandern wir in die dunkle, mystisch anmutende Klamm hinein und sind schon mächtig gespannt, ob uns eine der Hexen auf ihrem fliegenden Besen begegnet. Was für eine faszinierende Naturidylle, überall liegen Baumstämme in wilder Ordnung kreuz und quer und moosbewachsene Steine zieren das Bachbett. Wir streifen herauswuchernde Wurzeln von Bäumen, Kräuter und Pflanzen ranken über dem Weg. Schließlich erreichen wir das eindrucksvolle **7 Hexenloch.** Hier kann man an einem Picknickplatz rasten und zugleich die einzigartige Energie spüren, die von diesem zauberhaften Ort ausgeht. Sogar einen kleinen Wasserfall gibt es zu bestaunen. Ob die Hexen wohl in dieser Abgeschiedenheit in der Walpurgisnacht mit ihren Besen tanzen, wer weiß? Innehalten, Kraft tanken, auf alle Fälle handelt es sich um einen ganz besonderen, ja geheimnisvollen Platz.

Für uns geht es weiter, wir steigen über zwei Kehren aus dem Abgrund heraus. Auf der anderen Talseite fällt uns eine Holzhütte auf. Ob es sich hierbei wohl

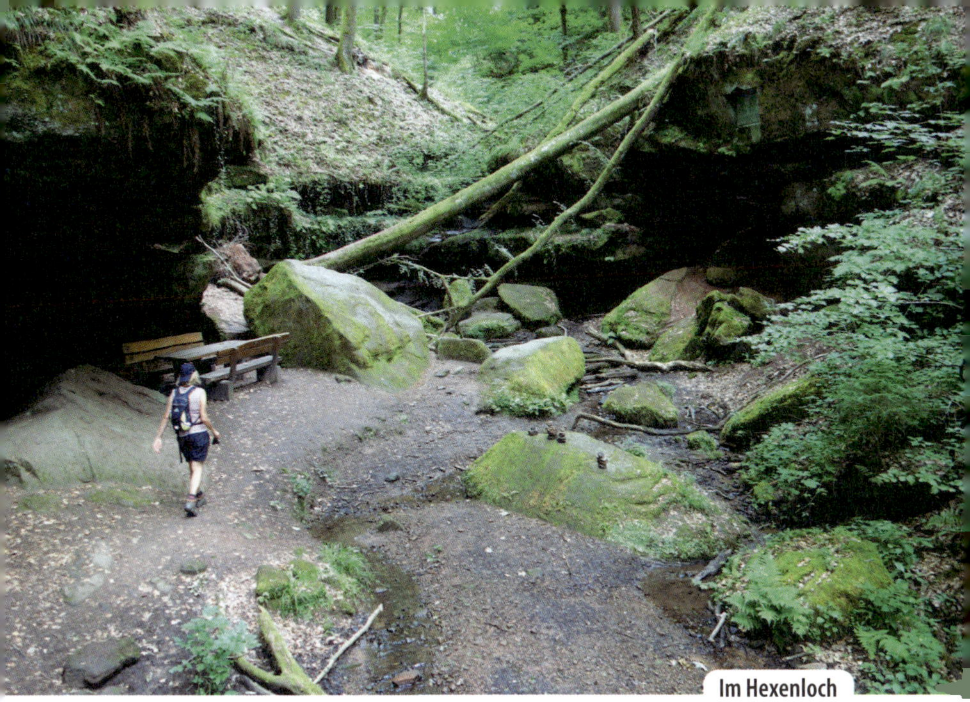
Im Hexenloch

um die Hütte aus dem Märchen „Hänsel und Gretel" handelt? Bei dem sich die beiden Kinder im Wald verirrten und auf ein Häuschen trafen, aus dem eine alte Hexe herausschaute und sie aus niederen Beweggründen hineinlockte – wer weiß? Ein Pfad schlängelt sich nun durch die Klamm und das Wasserrauschen lässt uns die Mühen des Anstiegs fast vergessen. Denn es gibt tatsächlich eine 8 **Natur-Hexendusche,** die uns im Hexenkessel erwartet. Super, bei dieser Temperatur steigen wir sofort hinab und genießen den angenehmen Wasserschauer. Im Schluchtengrund folgen wir dem verwunschenen Wegverlauf und wechseln mehrmals auf Sandsteinen die Seite. Wenn wir auf einen Querweg treffen, schwenken wir rechts aus der Klamm. Hier am Ausgang der Schlucht können wir an einer Bank eine Verschnaufpause einlegen und die vielen Eindrücke Revue passieren lassen, vielleicht fliegt ja doch noch eine Hexe vorbei.

Nach einer kleinen Pause bringt uns ein Waldweg links weiter. Entspannt schlendern wir nun immer geradeaus Richtung Parkplatz. Dabei kommen wir an einem riesigen **Brombeermeer** vorbei, das uns mit schwarzen Beeren versorgt. Am Auto angekommen, entscheiden wir uns, noch einen Abstecher nach **Pirmasens** zu unternehmen. Wir flanieren über den Schlossplatz mit seinem Brunnen und erkunden den historischen Exerzierplatz. Danach gönnen wir uns zum Abschluss des heutigen Ausflugs zur Belohnung ein leckeres Eis in der Fußgängerzone.

Naturerlebnisse und ein erfrischendes Gefühl von Entschleunigung an verwunschenen Plätzen und auf Waldpfaden haben uns den Tag verschönert. Eine Hexe haben wir leider nicht angetroffen, aber vielleicht ist das auch besser so, es sei denn, es wäre eine Kräuterhexe ohne Besen gewesen.

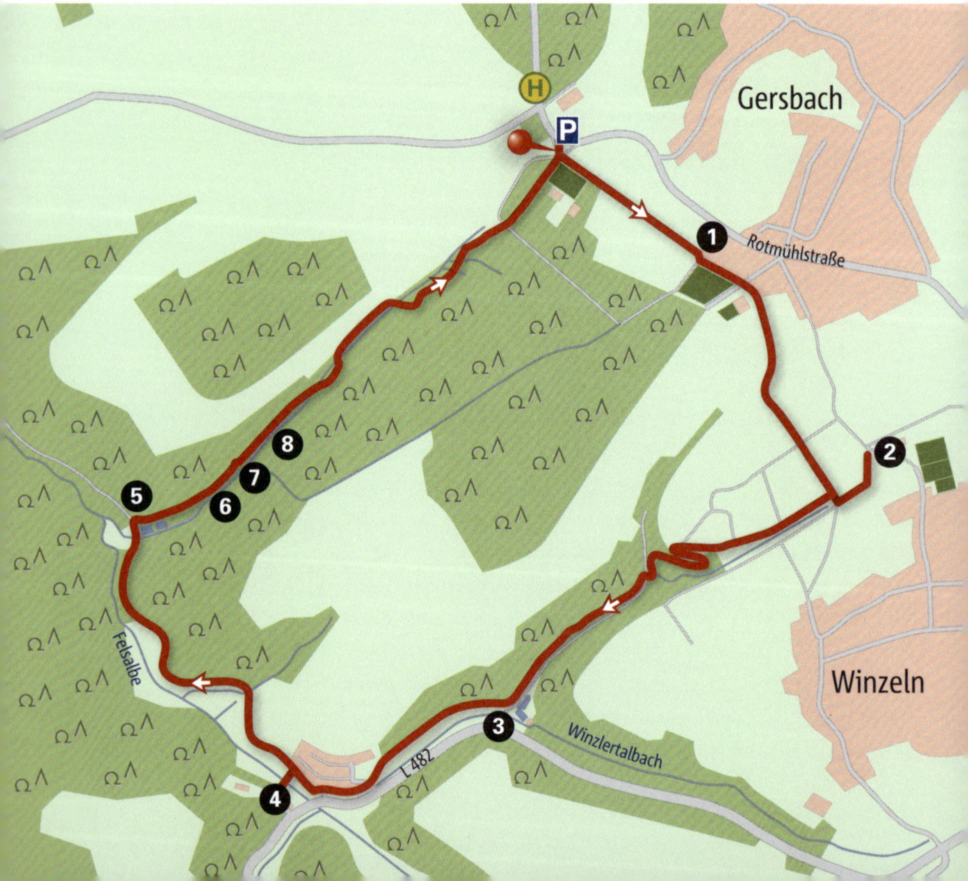

ALLES AUF EINEN BLICK

Entspannung 5/5
Abenteuer 5/5
Vielfalt 5/5

WIE & WANN

Die Wegbeschaffenheit ist durchweg sehr gut, aber in der Hexenklamm ist Trittsicherheit vorteilhaft; besonders nach längerem Regen können die Pfade etwas rutschig sein. Beste Wanderzeit ganzjährig, wenn trocken und schneefrei.

HIN & WEG

Auto: Parkplatz Hexenklamm, am Sportheim des SV Gersbach, Weberhof 1, 66954 Pirmasens
ÖPNV: Haltestelle Gersbach Hexenklamm

ESSEN & ENTSPANNEN

2 **Stockwaldhütte (PWV),** Am Stockwald 37, 66954 Pirmasens, Tel. (0 63 31) 9 88 29, www.stockwaldhütte.de
4 **Gasthaus Eichelsbacher Mühle,** Eichelsbachermühle 1, 66954 Pirmasens, Tel. (0 63 31) 8 08 99 21

ENTDECKEN & ERLEBEN

1 **Gersbach**
3 **Forellengrund**
5 **Brumbach**
6 **Einstieg in die Hexenklamm**
7 **Hexenloch**
8 **Natur-Hexendusche**

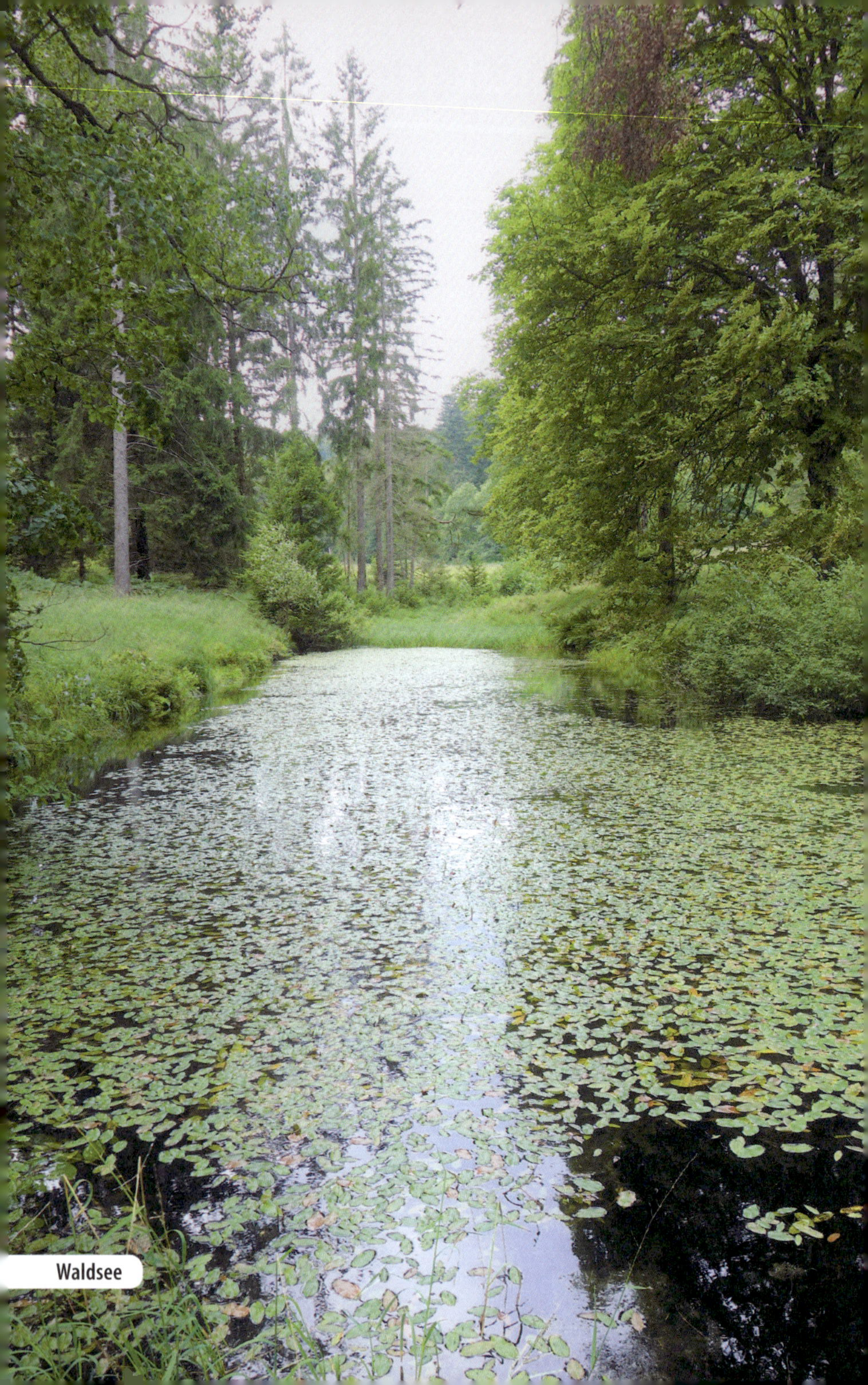

Waldsee

Waldidyll

Mosisbruch-Weg im Hochmoortal

Die Tour verspricht nicht nur pure Entschleunigung und herrliche Naturmomente, sondern zeigt auch eine ganz andere Facette des Pfälzerwalds, denn sie entführt uns zu einem der letzten Hochmoore dieser Gegend. Schon allein die Anfahrt ins Höhendorf **Hofstätten** über die kehrenreiche Passstraße ist ein kleines Abenteuer. Hofstätten hat einen ganz eigenen Charakter und strahlt Gelassenheit aus. Auf dem Mosisbruch-Weg trifft man nur wenige Menschen, und genau das macht ihn zu einem Geheimtipp.

*Das 100-Seelen-Dorf **Hofstätten** liegt im Herzen des Biosphärenreservats Pfälzerwald. In Hofstätten gab es in der Zeit zwischen 1972 bis zur Jahrtausendwende einen kleinen alpinen Skizirkus mit stolzen 500 Metern Pistenspaß.*

Wir beginnen unsere Tour in der Hofstätter Ortsmitte, wo wir auch die **grün-weiße Mosisbruch-Weg-Markierung** entdecken, der wir in die Triftstraße folgen. Flugs wandern wir aus dem beschaulichen Dorf hinaus und passieren in den Bergäckern ein paar schnuckelige Holzhäuser. Nun behalten wir die Richtung bei und laufen neben einer Viehweide zum Wald. Hier empfängt uns eine paradiesische Ruhe, wie man sie nur in abgelegenen Wäldern findet. Lediglich das Knacken von Ästen, das Rauschen der Blätter im Wind oder aber Vogelgesang unterbricht die Stille. Heute Morgen hat es geregnet, noch tröpfelt es leicht von den Blättern und Nadeln der Bäume herab. Die Luft ist durchtränkt mit allerlei Terpenen, die gerade nach Regen oder Nebel die höchste Konzentration kleinster Botenstoffe ausschütten.

Kilometer: 8
Höhenmeter: 230
Stunden: 3
RUNDWEG

Der Weg gabelt sich, wir gehen rechts und erfreuen uns an vielen kleinen Jungtannen, Buchen und Kiefern sowie an Farnen, Heidelbeerbüschen, Thymian und Ginster, die

__Terpene__ sind eine wahre Gesundheitswundertüte – sie stärken das Immunsystem, helfen bei Ängsten und Schlafproblemen und wirken entspannend auf unser vegetatives Nervensystem. Nicht zuletzt sind sie ideal für Asthmatiker, um die Bronchien zu entlasten.

unseren Wegesrand verschönern. Ein breiter Pfad lässt uns beständig an Höhe verlieren. Wir spazieren an der Lichtung am Blosenberg vorbei und folgen dort der Kehrtwende rechts hinunter. Bald breitet sich ein grün schimmernder **Moosteppich** auf dem Waldboden aus, der uns ein überaus stimmungsvolles und magisches Bild zeichnet. Die Sonne durchdringt die Lücken des Walddachs und Regentropfen lassen ihre Lichtspiele noch mehr funkeln. Beim nächsten Linksabzweig, quasi noch vor einer Kurve, biegen wir ab zu einem Gebirgsbach und genießen ein **Brombeerfeld,** das uns zu einem fruchtigen Wanderschmaus verführt, sowie das angenehme Plätschern des fließenden Bachs. Gleich darauf erreichen wir die Wildbachquelle **① Felsenbrunnen** auf 383 Metern Höhe. Hier kühlen wir unsere Arme und den Nacken, dann füllen wir das klare Wasser in unsere Flaschen.

Nach der kurzen Erfrischungspause steigen wir auf zur **② Steinernen Bank Hammer Ruhe,** wo wir abermals eine kleine Verschnaufpause einlegen, bevor wir nach rechts bergauf wandern. Beständig laufen wir den Forstweg hinauf und gelangen in einen Zustand von Ruhe und Gelassenheit. Im Wald entdecken wir unterwegs erneut ein Meer aus Heidelbeerbüschen. Etwas weiter oben erreichen wir den 483 Meter hohen **Sieben-Wege-Sattel** und gehen dort neben dem Felsen talwärts. Nach wenigen Minuten erreichen wir die Lich-

Hochmoor Mosisbruch

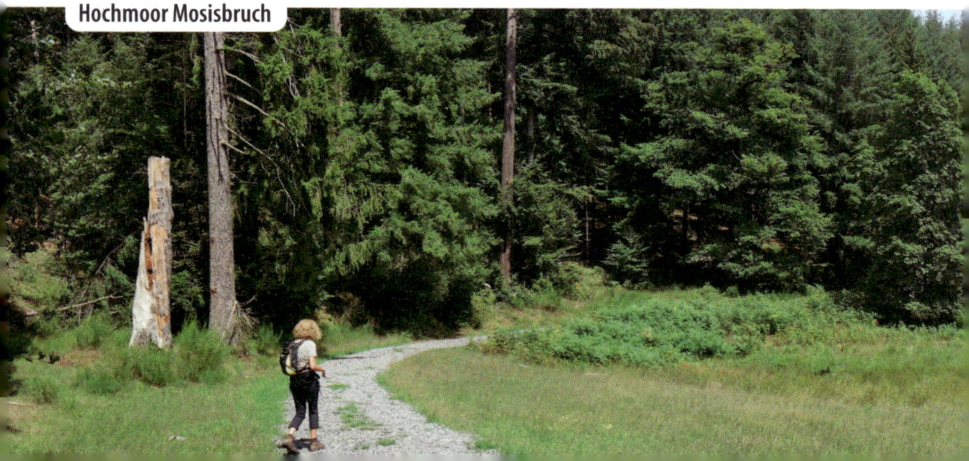

tung des ❸ **Hochmoors Mosisbruch** und genießen die überaus friedliche Stille, die uns in diesem wertvollen Habitat umgibt. Das Regenmoor bietet Schutz und Lebensraum für unzählige Tier- und Vogelarten und ist eines der letzten seiner Art im Pfälzerwald. Hochmoore entstehen überwiegend durch Nährstoff- sowie mineralstoffarmes Regenwasser und haben sich im Laufe der Evolution an die extremen Bedingungen mit der entsprechenden Flora und Fauna angepasst.

Für die Seele

Wir finden Ruhe und Gelassenheit im artenreichen Hochmoor und tanken dabei jede Menge Kraft.

Mitten in diesem faszinierenden Landstrich lädt eine Picknickbank zum Verweilen ein. Das lassen wir uns nicht entgehen und erfreuen uns an diesem besonderen Flecken Erde. Wir beobachten die Vögel und lauschen ihrem Gesang, auch das Brummen und Summen der Bienen und Libellen sowie das Zirpen der Grillen wirken ziemlich entspannend auf uns. Hier könnten wir noch Stunden sitzen und die wunderschöne Atmosphäre in uns aufsaugen, die sich wie eine enorme Energietankstelle anfühlt.

Als wir uns endlich aufrappeln, um weiterzuwandern, schlängelt sich unser Weg neben einem Taleinschnitt und entführt uns zu einem traumhaft gelegenen ❹ **Waldsee.** Friedlich und grün schimmernd liegt er in eine Waldschneise eingebettet. Am Ende des Ge-

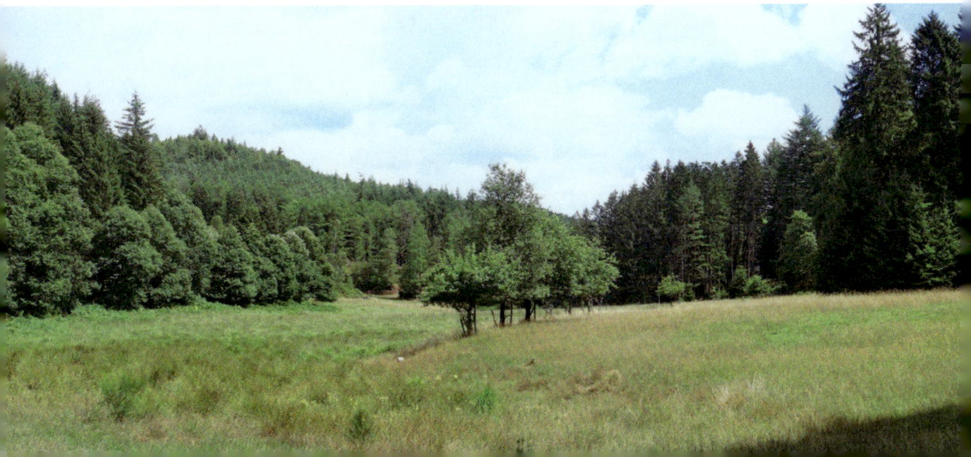

wässers geht es in einer Rechts-links-Kombination weiter und wir blicken linksseitig tief in eine Waldschlucht. Der Klang des Wildbachs rauscht zu uns empor. Meter um Meter wandern wir talwärts und laufen, unten angekommen, nicht über die Brücke, sondern kurz am Wiesenpfad entlang, bis uns links ein urig lauschiger Pfad halb links ins romantische Wellbachtal führt.

Völlig entspannt genießen wir diesen schönen Weg, queren die nach Hofstätten führende Straße und steigen scharf links zu Viehweiden hinab. Mit idyllischer Sicht auf den Häuselhof und seine Liegenschaften geht es Richtung **5 Hofkäserei Häuselhof** wieder leicht bergan. Hier gibt es Ziegen- und Schafskäse, Eier und Honig. Das hört sich sehr gut an, wir klingeln und nehmen zumindest einen Honig mit, für Käse und Eier ist es heute zu warm und wir haben noch ein paar Schritte vor uns.

Neben Weiden führt unser Weg steil hinauf, unten im Tal fließt urig der Flachsbach. Während des Aufstiegs werden wir von Hahn und Hennen und von Hinterwälder-Rindern beobachtet. Der Wald bietet uns etwas Schutz vor der inzwischen strahlenden Mittagssonne. Der glucksende Klang des Wassers begleitet uns einige Zeit, fasziniert betrachten wir die moosbewachsenen Felsbrocken, die den Wegesrand säumen. Das sind wahrlich kraftspendende Momente, die zwar durchaus herausfordernd sein können, aber dennoch unendlich viel Energie in uns freisetzen. Völlig eins mit Mutter Natur gelangen wir fast in einen meditativen Zustand, während wir Meter um Meter nach oben wandern.

Endlich oben angekommen, atmen wir erst einmal tief durch und genießen das Gefühl von nachlassender Anstrengung, bevor wir eine Wasserkandel queren und kurzweilig zurück nach Hofstätten wandern. Bei gemütlichem Tempo lassen wir das dörfliche Flair des Orts auf uns wirken, während wir durch die Ortsstra-

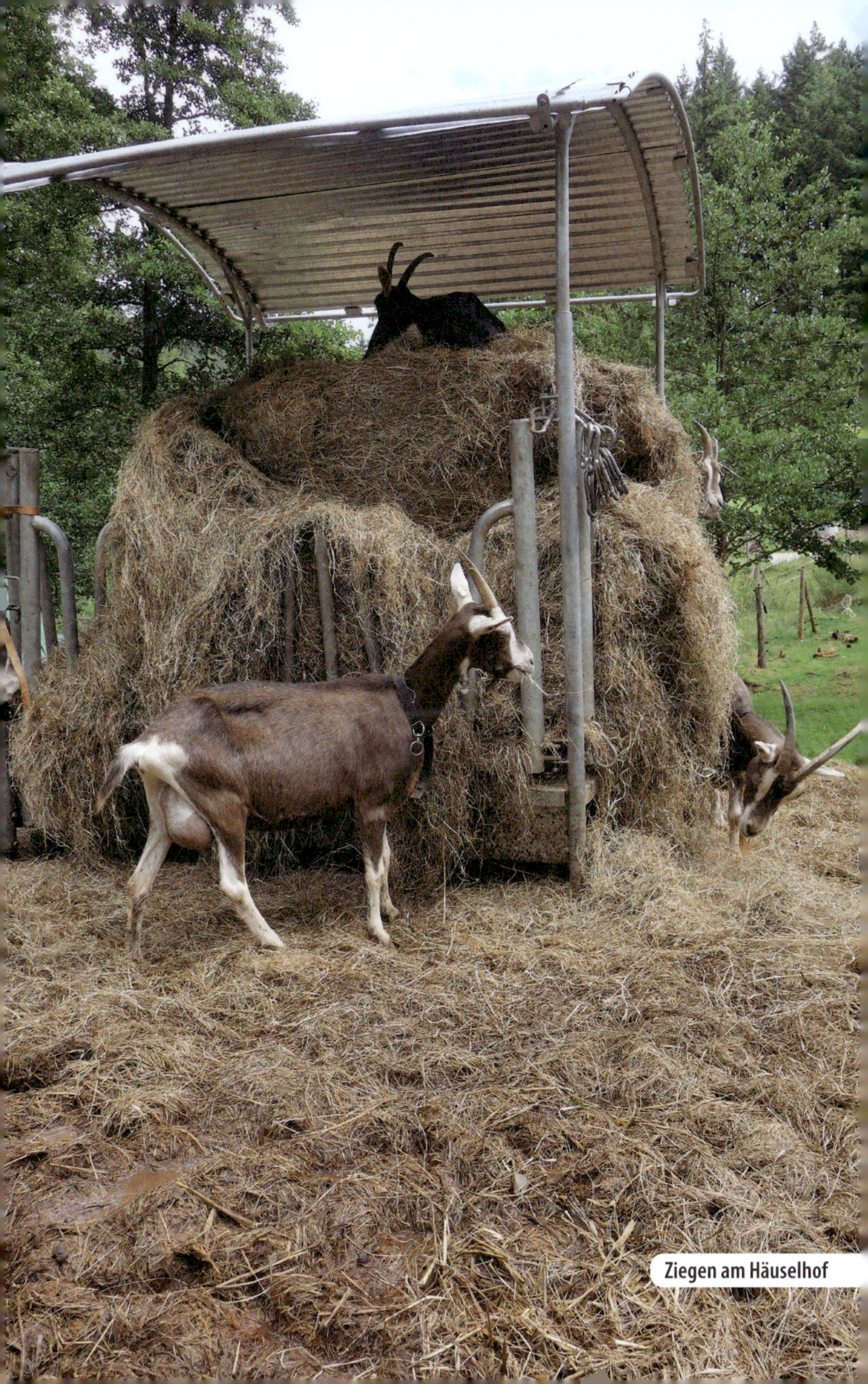

Ziegen am Häuselhof

ße an der evangelischen Kirche vorbei zum **6 Landgasthaus Müllers Lust** laufen, bei dem wir den Tag ausklingen lassen. Übrigens, das Gasthaus war einst ein Forsthaus, das Hauptgebäude ist über 110 Jahre alt, auf jeden Fall ein traditionsreiches Haus, das von seinen heutigen Besitzern liebevoll restauriert wurde, die Gaststube im sogenannten Kolonialstil. Der Landgasthof hat donnerstags bis sonntags geöffnet, weitere Infos findet man im Netz. Nach einem ausgiebigen Gaumenschmaus geht es am nur einige Schritte entfernten Dorfgemeinschaftshaus vorbei zu unserem Ausgangspunkt zurück.

Überwältigt von einem wunderbaren Wandertag machen wir uns auf den Heimweg.

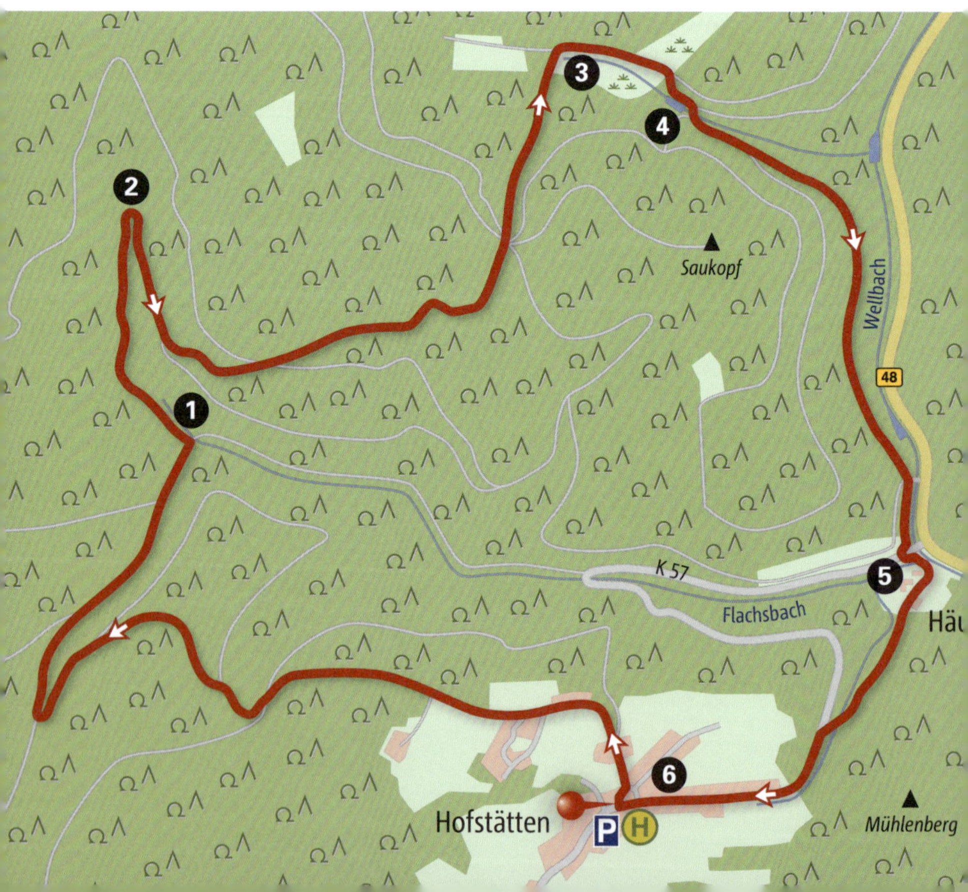

ALLES AUF EINEN BLICK

Entspannung 5/5
Abenteuer 4/5
Vielfalt 4/5

WIE & WANN

Die Wege sind fast durchgehend breit und durchweg sehr gut begehbar. Beste Wanderzeit (wenn schneefrei) ganzjährig.

HIN & WEG

Auto: Parkplatz Ortsmitte Hofstätten in der Ortsstraße, 76848 Wilgartswiesen
ÖPNV: Haltestelle Hofstätten Schulhaus

ESSEN & ENTSPANNEN

6 **Landgasthaus Müllers Lust,** Ortsstraße 12–13, 76848 Wilgartswiesen-Hofstätten, Tel. (0 63 97) 99 31 88, www.muellerslust.de

ENTDECKEN & ERLEBEN

1 **Felsenbrunnen**
2 **Steinerne Bank Hammer Ruhe**
3 **Hochmoor Mosisbruch**
4 **Waldsee**
5 **Hofkäserei Häuselhof**

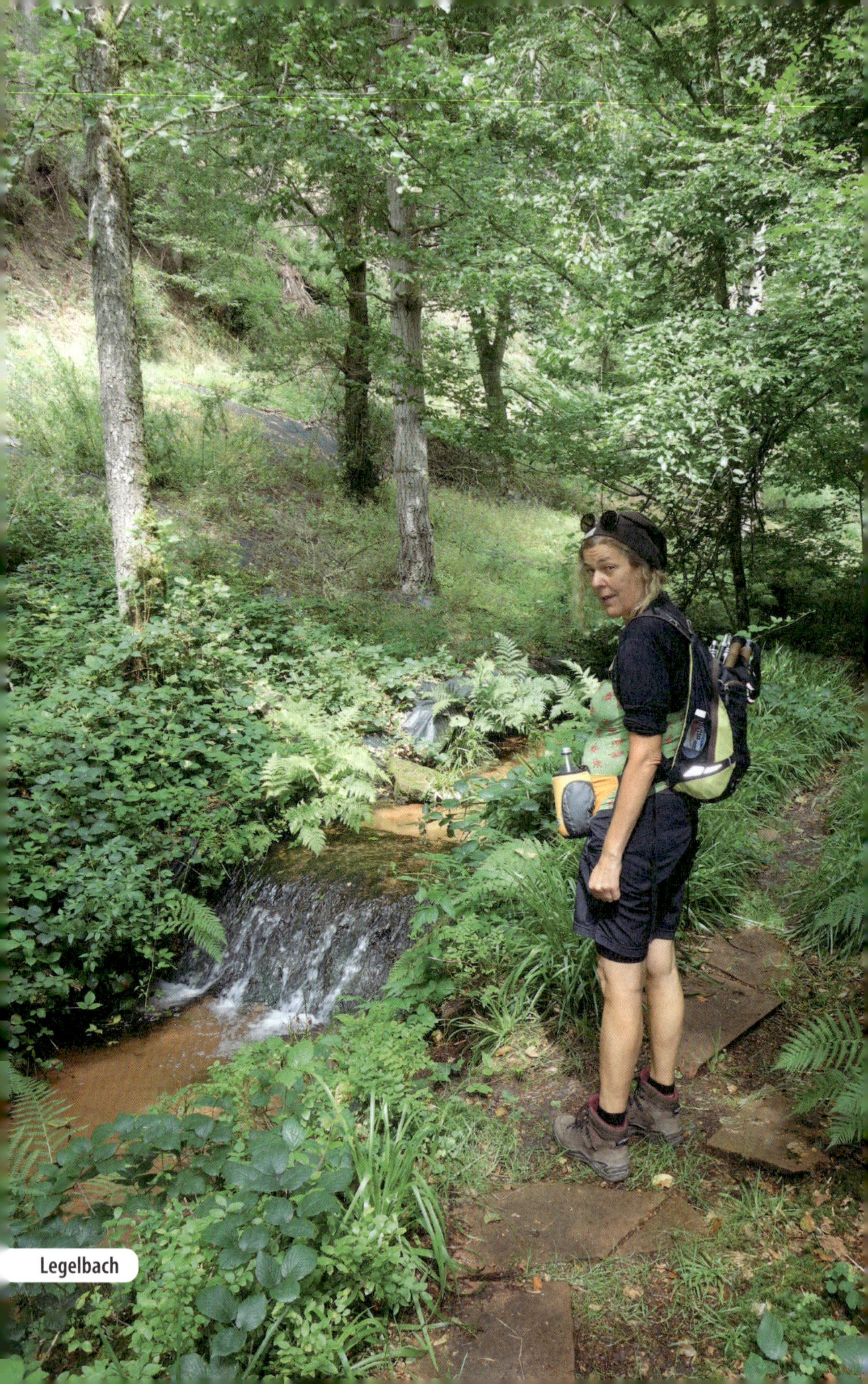

Legelbach

Unter Linden

Auf dem Trifterlebnispfad

Diese Wanderung steht ganz im Zeichen des Holztransports. Zuerst erkunden wir die 1820 erbaute Triftanlage des Legelbachs in unmittelbarer Nähe von **Elmstein.** Damals war Holz ein sehr gefragter Rohstoff und die wichtigste Einnahmequelle dieser Region. Heute können wir nicht nur unser Wissen in diesem Bereich vertiefen, sondern einen Eindruck davon gewinnen, wie mühselig und aufwendig es für frühere Generationen war, das Holz auf dem Wasser von einem Ort zum anderen zu transportieren – oder wie man es in der damaligen Zeit nannte, zu triften.

*Für diese Wanderung gibt es **drei Optionen,** je nach Kondition gibt es sie als kleine, mittlere oder große Runde. Alle drei folgen zunächst der Ausschilderung mit dem schwarzen Flößer auf weißem Grund.*

Wir haben uns für die große Runde entschieden, folgen der Markierung **schwarzer Flößer auf weißem Grund** und gelangen so durch sagenhafte Bachtäler. Am **Parkplatz An der Schmelz** ganz in der Nähe von Elmstein starten wir unseren Rundkurs, der uns neben dem **Legelbach** zunächst mehrere Stufen hoch zum ① **Mühlweiher** führt. Zum Glück haben wir uns zuvor ein Prospekt an der Infotafel geholt und können so per QR-Code an verschiedenen Stellen wissenswerte Audiotracks auf unserem Handy abspielen. Wir wandern über einen herrlichen Pfad durch eine überaus urwüchsige Natur und prompt stellt sich pure Wanderfreude ein. Bald queren wir den Bach, das sanfte Plätschern beruhigt ungemein, was wir vollkommen genießen. Immer wieder vermitteln uns Tafeln reichlich Wissen über die alte Tradition des Triftens. Die Markierung behalten wir fest im Auge und gehen an der Weggabelung nach rechts die steile Hangkerbe hinauf. Selbst

Kilometer: 11,9
Höhenmeter: 315
Stunden: 4
RUNDWEG

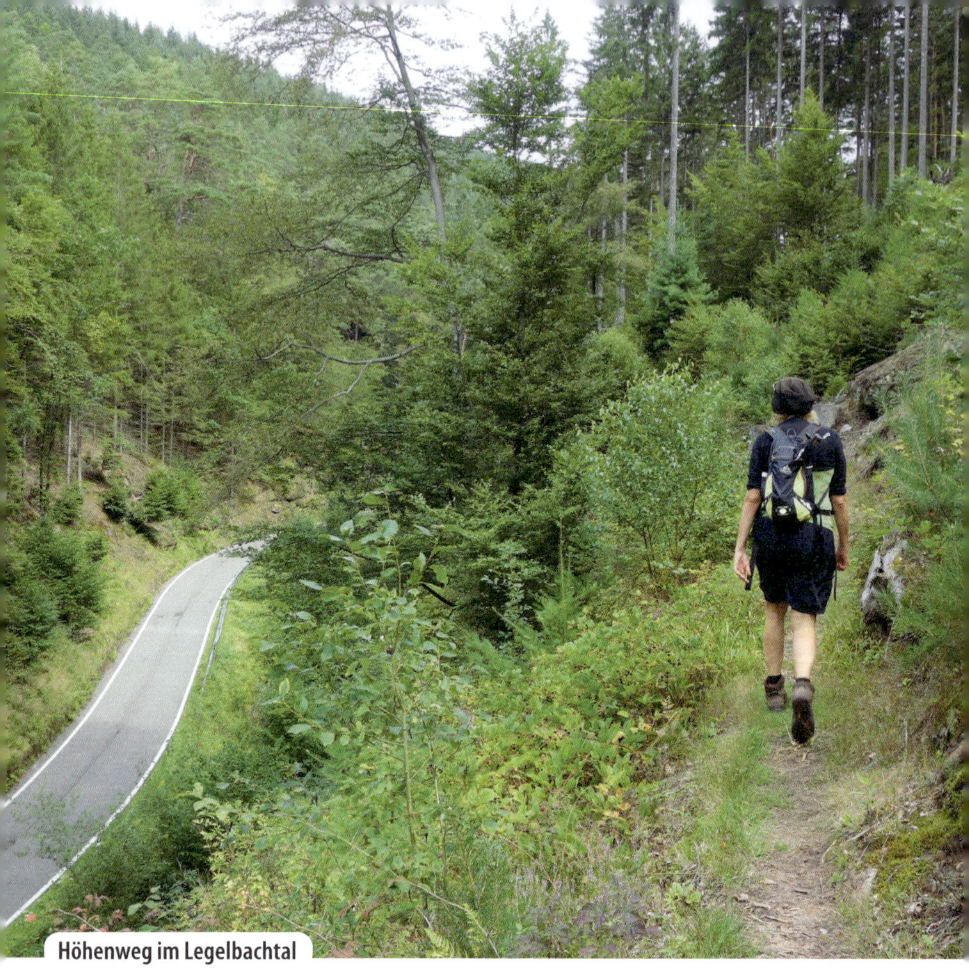

Höhenweg im Legelbachtal

heute noch erkennen wir die mächtigen Stützmauern, die den Hang sichern.

Hoch oben, weit über dem Talgrund, wandern wir auf einem hübschen Traumpfad und werden beständig vom Wasserrauschen des Legelbachs begleitet. Etwas später treffen wir auf die Mündung des Seitenbachs, hier fließen der Kleine und der Große Legelbach zusammen. Gegenüber erkennen wir den **Nibelungenfelsen,** was für ein Koloss. Wer die kleine Runde geht, wandert jetzt links weiter. Wir behalten die Richtung bei und können entspannt durch das kleine Bachtal laufen. Der breite Weg wird beständig vom Wildbach begleitet, das ist purer Genuss für unsere Sinne. An einer riesigen **Brombeerhecke** können wir uns so richtig an den leckeren Beeren satt essen und unserem Immunsystem eine wertvolle Vitamin-C-Quelle zuführen. Köstlich, was die Naturküche so alles für uns bereithält. An der nächsten Abzweigung gehen wir jetzt links und folgen weiter dem Wasser.

Für die Seele
Das Wasserrauschen des Legelbachs klingt sanft in unsere Ohren und wir können tiefenentspannt wandern.

Einmal mehr genießen wir die herrliche Ruhe, die nur durch das sanfte Rauschen des Wildbachs unterbrochen wird. Nachdem wir das Bachbett überquert haben, erreichen wir einen **Triftwoog,** eine sogenannte Wasseranstauung. Direkt dahinter steht eine Schutzhütte aus Holz, vor der wir nach links abbiegen und dann das liebliche Trockental verlassen. Der weitere Wegeverlauf führt uns zu einer Schlucht, durchzogen von einer wilden Ordnung. Überall liegen gefallene Baumstämme und Wurzelteller herum, was einerseits chaotisch wirkt, aber andererseits ein überaus uriges Flair vermittelt. Spätestens wenn das Wasser völlig versiegt, steigen wir in Serpentinen höher und höher hinauf, bis wir irgendwann auf einen Forstweg treffen, dem wir links weiter bergan folgen. Die friedliche Atmosphäre im Wald lädt uns ein, immer mal wieder in uns hineinzuspüren, ob wir in unserer Mitte fest verankert sind und ob wir bewusst den Augenblick genießen können. So wandern wir in aller Stille und mit offenem Gemüt, bis uns die Ausschilderung scharf rechts zum Rote-Erde-Weg bringt.

Beständig geht es bergwärts, was mit unserer guten Ausdauer und Kondition spielend zu meistern ist. Wir erreichen das **❷ Nibelungenheim** auf 453 Metern Höhe. Das Kulturdenkmal liegt ziemlich idyllisch mitten auf einer Waldlichtung, umringt von verschiedenen Bäumen. Die Grundmauern des ehemaligen Jagdhauses des Pfalzgrafen Johann Casimir von Pfalz-Lautern (1543–1592), besser bekannt als der „Jäger aus Kurpfalz“, stammen aus dem 15. Jahrhundert. Darauf er-

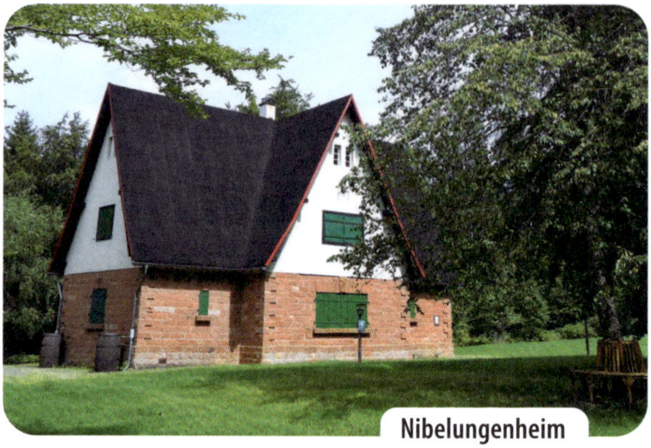

Nibelungenheim

richtete eine Burschenschaft aus Ludwigshafen in den Jahren 1927 bis 1934 das heutige Nibelungenheim. Sie hatten sich dem einfachen Leben der Freundschaft und dem Wandern verschrieben und nannten sich selbst „Nibelungengefolgschaft Pfälzer Wandervögel". Während der NS-Zeit diente das Anwesen teilweise der Hitlerjugend und der Arbeitsfront. Danach wurde es als Schutzhütte von Waldarbeitern genutzt. Erst seit 1950 wird es wieder von Mitgliedern des neu gegründeten Nibelungenheim Waldgemeinschaft e. V. verwendet.

Unter den Linden finden wir auf einer Rundsitzbank Platz und legen hier an diesem hübschen Flecken eine kleine Auszeit ein. Spontan kommt uns das alte Volkslied „Kein schöner Land" in den Sinn. Da heißt es sinngemäß „wo wir uns finden wohl unter Linden zur Abendzeit". Na ja, Abend ist es zwar noch nicht, aber so war es in Zeiten ohne Fernsehen und Handy. Da traf man sich noch, hat sich unterhalten, ausgetauscht und gegenseitig unterstützt.

Nach einer kleinen Verweildauer halten wir uns vor dem Haus rechts. Die mittlere Runde des Wegs führt jetzt nach links. Unser Weg aber steigt noch etwas an und am Wegpunkt **Heidelbeereneck** halten wir uns später ebenfalls links. Gemächlich geht es erst mal durch den Wald, dann biegen wir mit Sicht zur Landstraße abermals links ab und überqueren kurz darauf die schmale Hochstraße. Auf der Bank am **3 Ritterstein der Schönlaublinden** auf 468 Metern Höhe legen wir noch mal eine Pause ein. Frisch erholt folgen wir dem grasbewachsenen Waldweg, der ins Große Legelbachtal hinableitet. Unten im Tal schlängelt sich eine Straße parallel zu unserem Wanderweg. Immer wieder erhaschen wir einen Blick hinab und können Motorräder beobachten, die die Serpentinenstraße hinauf- oder hinabrasen. Wir genießen jeden Augenblick des Wegs, bis wir nach längerer Wanderstrecke an die Straße unten stoßen und sie sodann schnellen Schrittes überqueren. Auf dem folgenden Pfad erreichen wir bald die Quelle des **4 Großen Legelbachs.**

Hier passieren wir gleich mehrere Staubecken. Anscheinend handelt es sich um das größte Wasserreservoir, das im Tal existiert, die sogenannte **Große Klause.** Ab hier begann die Trift, hier startete der Holztransport. Nach der letzten Schleuse wandern wir mit dem Gewässer wildromantisch und ursprünglich ins Tal. Ach, wie ist das schön, einzigartig und faszinierend. Man muss es einfach selbst erlebt haben. Bei der Schmidt-Linde wechseln wir die Talseite und folgen

*Die Quellwassertemperatur des **Legelbachs** beträgt konstant 10 Grad Celsius. Das Wasser ist nährstoffarm, weich und sauber.*

Großes Legelbachtal

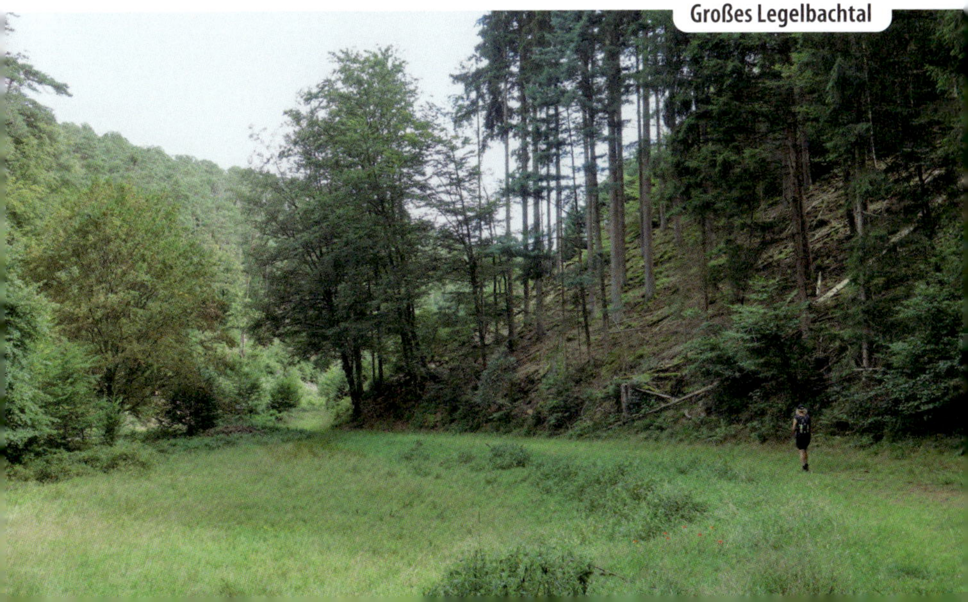

noch vor einem Holzhaus der Wiesenspur nach links. Der Trifterlebnispfad bringt uns zu einer Picknickbank bei der 5 **Heinrichsklause.** Einfach bezaubernd, wie sich das Blätterdach des Walds auf der Wasseroberfläche widerspiegelt.

Nun stehen wir vor einer Triftklause mit einem sogenannten Tosbecken (Staubecken), das aus dem Jahr 1829 stammt. Es handelt sich um eine Schleuse, durch die das angestaute Wasser (aus dem Tosbecken) durch das rasche Öffnen des Schleusentors Baumstämme mit der Kraft des Wasserschwalls zum nächsten Staubecken beförderte. Verrückt, mit welchem Aufwand man in früheren Zeiten Holz bewegen musste.

Etwas weiter talwärts erreichen wir an der **Ludwigsklause** die nächste Schleuse mit Staubecken. Becken für Becken wurde das Holz ins Tal transportiert. Wir wandern weiter und erreichen bald den 6 **Hutbrunnen.** Hier treffen wir wieder auf die mittlere Runde. Wir folgen kurzweilig dem hübschen Saumpfad und gelan-

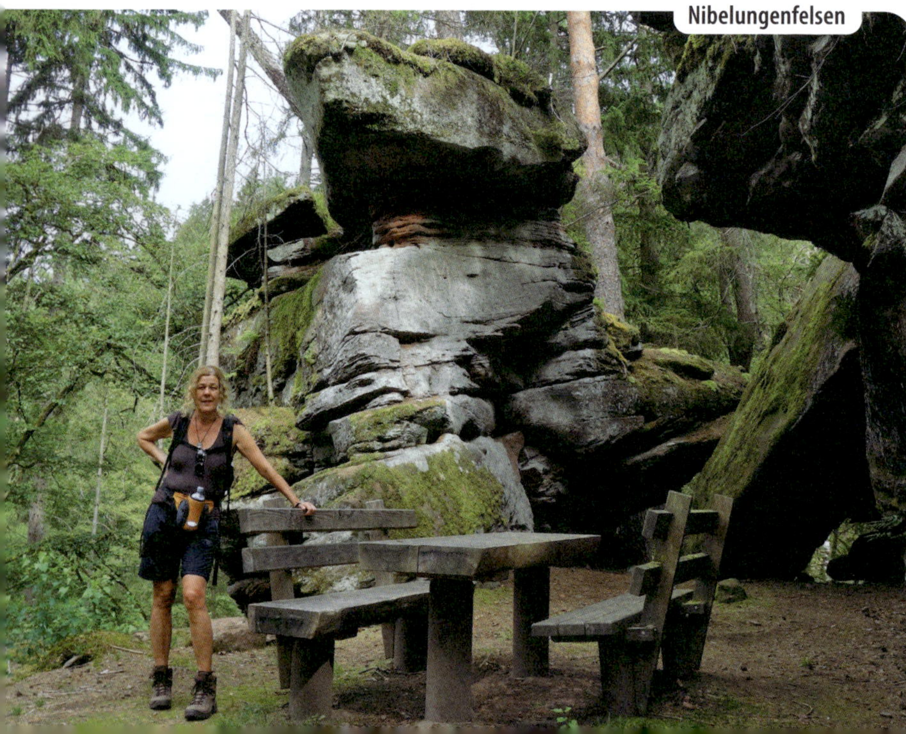

Nibelungenfelsen

gen zum Aussichtspunk **Franzosenklause,** der uns einen schönen Talblick beschert. Wunderbar rosa-weiß wächst die Besenheide zuhauf am Wegesrand. Tief unter uns rauscht der Legelbach. Schon wenig später schreiten wir rechts in einen Taleinschnitt, den wir bergwärts umwandern. So gelangen wir zu einem nachgebauten **7 Kohlenmeiler.** Achtung, jetzt leitet ein schmaler Pfad talwärts und wir kommen an eine Straßenkreuzung. Wir halten uns rechts und passieren den Wegpunkt Patrizia- oder auch Johannisquelle. Über einen Bergpfad gelangen wir über eine Straße, die uns zum **8 Nibelungenfelsen** bringt.

Tief beeindruckt von dem steinernen Koloss, der terrassenförmig anmutet, legen wir eine kurze Verschnaufpause ein und hätten nicht gedacht, dass wir auf der Rückseite des Felsklotzes von einer überwältigenden Steingravur überrascht werden. Wir erkennen eine übergroße Gestalt mit Schwert, die aus der Nibelungensage stammt. Auch eine Inschrift ist dort in Stein gemeißelt. Unseren Recherchen zufolge handelt es sich um eine Runenschrift. Das ist überaus sehenswert und wir fragen uns, ob sich die Nibelungensage vielleicht in dieser Gegend abgespielt haben könnte. Wer weiß? Die Figur wurde im Jahr 1928 von einem Bildhauer erstellt, und zwar im Auftrag des Nibelungenvereins Ludwigshafen, demselben Verein, der auch das Nibelungenheim errichtet hat. Als wir uns endlich loseisen können, haben wir mindestens 30 Fotos aus verschiedenen Perspektiven im Kasten.

Nun geht es noch ein kurzes Stück im Wald bergab, bevor wir noch einmal die Straße überqueren. Hier folgen wir dem **Triftkanal** und genießen abermals den wunderschönen wassergesäumten Pfad und die zauberhafte Atmosphäre, die wir bereits vom Anfangsweg kennen. So können wir im völligen Einklang mit der Natur unsere heutige Wanderung ausklingen lassen und gelangen ziemlich kurzweilig zurück zu unserem Parkplatz.

Heute haben wir viel Input über die alte Kunst des Holztransports bekommen und konnten uns ein ganz neues Bild von den Lebensbedingungen der Menschen machen, die hier dieser Arbeit nachgingen. Es war wunderschön, durch die stillen Waldtäler zu wandern, die zauberhaften Pfade zu durchstreifen und immer wieder innezuhalten, um tiefer in die Kraft der Natur einzutauchen. Die Tour kann durchaus mehrmals erwandert werden, denn eins ist sicher: Die vielen Infos und die schöne Umgebung kann man gar nicht auf einmal erfassen. Auf der Rückfahrt entscheiden wir uns für einen Zwischenstopp an der **Totenkopfhütte (PWV),** denn dort gibt es leckere Flammkuchen, auch vegetarisch.

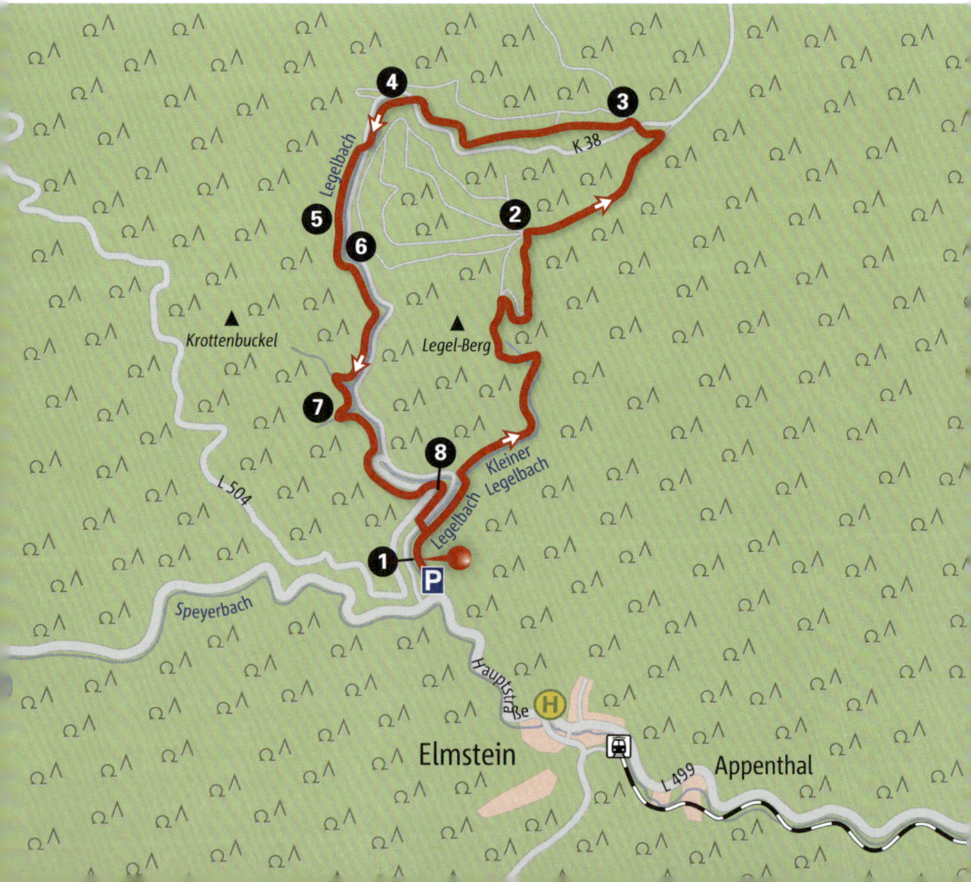

ALLES AUF EINEN BLICK

Entspannung 👟👟👟👟👟
Abenteuer 👟👟👟👟👟
Vielfalt 👟👟👟👟👟

WIE & WANN

Die Pfade im Legelbachtal sind manchmal etwas schmal und verlangen konzentriertes Gehen. Beste Wanderzeit von April bis November.

HIN & WEG

Auto: Wanderparkplatz An der Schmelz, L 504, 67471 Elmstein
ÖPNV: Haltestelle Elmstein Schule oder Bahnhof Elmstein, ca. 2 Kilometer Fußweg

ESSEN & ENTSPANNEN

Bitte an Rucksackverpflegung denken.

Abseits der Tour empfehlenswert:
Totenkopfhütte (PWV), L 514, 67487 Maikammer, Tel. (0 63 23) 27 64, www.pwv-maikammer.de

ENTDECKEN & ERLEBEN

1. **Mühlweiher**
2. **Nibelungenheim**
3. **Ritterstein der Schönlaublinden**
4. **Großer Legelbach**
5. **Heinrichsklause**
6. **Hutbrunnen**
7. **Kohlenmeiler**
8. **Nibelungenfelsen**

Ein gebührender Dank gilt dem Pfälzerwald-Verein (PWV) für die Wanderhütten und gepflegt markierten Wanderwege.

Die GPS-Daten zu jeder Tour gibt es auf www.droste-verlag.de

Auf dem YouTube-Kanal „Wanderkult mit Martin Kuhnle" gibt es Clips zu allen Touren dieses Buches.

Konzeption/Satz: Droste Verlag, Düsseldorf
Einbandgestaltung: Britta Rungwerth, Düsseldorf, unter Verwendung von Bildern von © Fotolia.com: Andrey Kuzmin, undrey, dabost, niroworld; © Stock.adobe.com: wsf-fX
Fotos: Heidi Maria und Martin Kuhnle, außer: Jürgen Lemke/Kuckucksbähnel: S. 155
Textlektorat: Petra Sparrer, Köln
Karten: Angelika Solibieda, Karlsruhe
Druck und Bindung: LUC GmbH, Greven

FSC www.fsc.org MIX Papier | Fördert gute Waldnutzung FSC® C011279

ISBN 978-3-7700-2566-4
www.droste-verlag.de